Lokale Infrastruktur für alle Generationen

Ergebnisse aus dem Aktionsprogramm
Mehrgenerationenhäuser

Christoph Emminghaus, Melanie Staats, Christopher Gess (Hg.)

Lokale Infrastruktur für alle Generationen

Ergebnisse aus dem Aktionsprogramm Mehrgenerationenhäuser

Das dieser Veröffentlichung zugrunde liegende Vorhaben wurde mit Mitteln des Bundesministeriums für Familie, Senioren, Frauen und Jugend gefördert sowie in Teilen aus Mitteln des Europäischen Sozialfonds der Europäischen Union kofinanziert.

Die Verantwortung für den Inhalt dieser Veröffentlichung liegt bei den Autorinnen und Autoren von Rambøll Management Consulting GmbH, die im Auftrag des Bundesministeriums für Familie, Senioren, Frauen und Jugend die Wirkungsforschung im Aktionsprogramm Mehrgenerationenhäuser verantworten.

© W. Bertelsmann Verlag GmbH & Co. KG
Bielefeld 2012
Gesamtherstellung:
W. Bertelsmann Verlag, Bielefeld
wbv.de

Das Werk einschließlich seiner Teile ist urheberrechtlich geschützt. Jede Verwertung außerhalb der engen Grenzen des Urheberrechtsgesetzes ist ohne Zustimmung des Verlags unzulässig und strafbar. Insbesondere darf kein Teil dieses Werkes ohne vorherige schriftliche Genehmigung des Verlages in irgendeiner Form (unter Verwendung elektronischer Systeme oder als Ausdruck, Fotokopie oder unter Nutzung eines anderen Vervielfältigungsverfahrens) über den persönlichen Gebrauch hinaus verarbeitet, vervielfältigt oder verbreitet werden.

Umschlagfoto:
www.shutterstock.de

Bestellnummer: 6004243
ISBN (Print): 978-3-7639-4955-7
ISBN (E-Book): 978-3-7639-4956-4

Printed in Germany

Für alle in diesem Werk verwendeten Warennamen sowie Firmen- und Markenbezeichnungen können Schutzrechte bestehen, auch wenn diese nicht als solche gekennzeichnet sind. Deren Verwendung in diesem Werk berechtigt nicht zu der Annahme, dass diese frei verfügbar seien.

Bibliografische Information der Deutschen Nationalbibliothek
Die Deutsche Nationalbibliothek verzeichnet diese Publikation in der Deutschen Nationalbibliografie; detaillierte bibliografische Daten sind im Internet über http://dnb.d-nb.de abrufbar.

Inhalt

Vorwort 7

Teil I: Ziel, Evaluation, Methode

1 Aktionsprogramm Mehrgenerationenhäuser
 Dr. Melanie Staats/Christopher Gess/Anna Iris Henkel 13

2 Darstellung der Evaluationsmethoden
 Dr. Melanie Staats/Christopher Gess/Anna Iris Henkel 19

Teil II: Der Weg zum Mehrgenerationenhaus

3 Wirksame Entwicklungs- und Steuerungsprozesse
 Jann Nestlinger 29

4 Vernetzung mit Kooperationspartnern und Zusammenarbeit mit der Kommune
 Christopher Gess 41

Teil III: Entwicklung zur sozialen Anlaufstelle

5 Mehrgenerationenarbeit
 Meike Reinecke/Christine Rösch 59

6 Stärkung des Freiwilligen Engagements
 Anna Iris Henkel 73

7 Impulse im ländlichen Raum
 Dr. Olaf Jürgens 85

Teil IV: Unterstützung für alle Altersgruppen

8 Haushaltsnahe Dienstleistungen
 Christopher Gess/Anna Iris Henkel 101

9 Kinderbetreuung
  Dr. Olaf Jürgens/Maria Puschbeck 115

10 Pflege und Demenz
  Nina Jablonski/Christopher Gess 129

Teil V: Nachhaltigkeit

11 Einführung in die Nachhaltigkeitsanalyse
  Christopher Gess/Nina Jablonski 145

12 Finanzielle Nachhaltigkeit
  Anna Iris Henkel 151

13 Organisatorische Nachhaltigkeit
  Jann Nestlinger 161

14 Inhaltliche Nachhaltigkeit
  Christopher Gess 169

Literaturverzeichnis 181

Abbildungsverzeichnis 187

Tabellenverzeichnis 190

Vorwort

UNTERABTEILUNGSLEITER CHRISTOPH LINZBACH
BUNDESMINISTERIUM FÜR FAMILIE, SENIOREN, FRAUEN UND JUGEND

Ein Sprichwort besagt: „Jahre lehren mehr als Bücher". Dieser Satz beschreibt in aller Kürze ein Kernanliegen der 500 Mehrgenerationenhäuser: Sie bieten Menschen jeden Alters – unabhängig von ihrem Lebensentwurf, Bildungsstand oder kulturellem Hintergrund – Raum für Begegnung, Austausch und für ein generationenübergreifendes Voneinander-Lernen, von dem Jung und Alt gleichermaßen profitieren. Durch vielfältige und interessante Möglichkeiten, sich für andere zu engagieren, bieten sie Raum für Freiwilliges Engagement. Mehrgenerationenhäuser schaffen – abstrakt formuliert – eine „lokale Infrastruktur für alle Generationen".

Mit dem Ziel, das generationenübergreifende Mit- und Füreinander auch außerhalb von Familien zu stärken, hat das Bundesfamilienministerium im Jahre 2006 das Aktionsprogramm Mehrgenerationenhäuser gestartet. Jedes der 500 Mehrgenerationenhäuser wird über einen Zeitraum von maximal fünf Jahren jährlich mit 40.000 Euro gefördert.

Mehr als 20.000 Menschen aller Generationen sind derzeit freiwillig und auf vielfältige Weise in Mehrgenerationenhäusern engagiert. So übernehmen z. B. Seniorinnen als „Leihomas" in den Häusern die Kinderbetreuung, Berufstätige oder Rentner geben ihr Wissen an Berufseinsteiger weiter und Jugendliche unterstützen Demenzkranke in ihren täglichen Aufgaben.

Die hohe Anzahl an Freiwilligen jeden Alters in Mehrgenerationenhäusern bestätigt, dass ein starker Wunsch nach einem gemeinschaftlichen, generationenübergreifenden Miteinander besteht. Dies zu unterstützen und umzusetzen, war für die Mehrgenerationenhäuser nicht immer leicht. Nur wenige Mehrgenerationenhäuser sind neu entstanden, die meisten von ihnen waren bestehende Einrichtungen, wie Mütterzentren, Familienbildungs- und Kindertagesstätten oder Kirchengemeinden. Da fiel das „Loslassen" von Traditionen und von Altbekanntem und das Beschreiten neuer Wege häufig schwerer als anfangs vermutet. Wir können heute feststellen, dass die meisten der 500 Häuser mit dem „Rückenwind" aus dem Aktionsprogramm weit vorangekommen sind. Eines ist seit dem Programmstart deutlich geworden: Es braucht Zeit, um als soziale Einrichtung das Vertrauen auch von Menschen zu gewinnen, die bisher nicht zu den Zielgruppen gehörten; es braucht Zeit, um Menschen unterschiedlicher Generationen zusammenzubringen; und es braucht Zeit, das notwendige Vertrauen nachhaltig zu verankern.

Und es braucht Zeit, sich als Mehrgenerationenhaus in der lokalen Infrastruktur zu platzieren. Die Häuser agieren nicht „im luftleeren Raum", und so war es in allen Bereichen und Handlungsfeldern des Aktionsprogramms von hoher Bedeutung, dass sich die Mehrgenerationenhäuser mit anderen Akteuren in Politik und Zivilgesellschaft vernetzen. Zusammen mit ihren Kooperationspartnern haben sie zur Weiterentwicklung der lokalen Infrastruktur beigetragen und dabei einmal die lokale Infrastruktur selbst aufgewertet, aber auch von der Expertise ihrer Kooperationspartner profitiert. Mehrgenerationenhäuser entbinden jedoch die lokalen Verwaltungen nicht von der Aufgabe, koordinierend und brückenbauend tätig zu sein. Wie alle Akteure in einer zivilgesellschaftlichen Infrastruktur brauchen auch sie verlässliche Ansprechpartner in der Kommunalverwaltung.

Bei der Gestaltung des Programms war uns von Anfang an klar, dass das Aktionsprogramm nur erfolgreich umgesetzt werden kann, wenn wir die ausgewählten Einrichtungen eng auf ihrem Weg begleiten. Angesichts der Unterschiedlichkeit der Einrichtungen wären maßgeschneiderte Lösungswege nicht machbar gewesen. Wir haben stattdessen Ziele vorgegeben und den Häusern damit ermöglicht, ihren eigenen Weg zu finden. Bei der „Wegfindung" standen den Häusern eine Serviceagentur als Beratungsstelle und eine Agentur für Öffentlichkeitsarbeit mit Rat und Tat zur Seite. Die wissenschaftliche Begleitung, deren Ergebnisse dieses Buch zusammenfasst, war und ist ebenfalls ein unverzichtbarer Bestandteil dieser Programmbegleitung. Denn damit können wir die Erfolge und Fortschritte nachvollziehen, aber auch Risiken und Misserfolgsfaktoren identifizieren.

Dieser Abschlussbericht bestätigt aus meiner Sicht, dass das Konzept des Aktionsprogramms aufgegangen ist und nachhaltig wirkt: Die Häuser konnten sich vielfach zu zentralen Anlaufstellen für Jung und Alt entwickeln und trotz aller Hürden das generationenübergreifende Miteinander stärken und das Freiwillige Engagement befördern. Sie haben sich zu einem elementaren Teil lokaler Engagement-Infrastruktur entwickelt und sind durch ihre Vernetzungsarbeit auch selbst strukturbildend tätig. Sie stärken damit die Zivilgesellschaft in direkter Weise vor Ort. Diese positive Entwicklung des Aktionsprogramms ist primär eine Leistung der Mehrgenerationenhäuser selbst, die sich als Einrichtungen neu erfunden und weiterentwickelt haben.

Mit der Förderphase seit 2006 haben die Häuser vielfach große Erfolge erzielt und sich vor Ort eine hohe Akzeptanz erarbeitet. Es sind Strukturen entstanden, die auch dauerhaft gesichert und „zukunftsfest" gemacht werden sollen. Um dies mit einer gezielten Weiterentwicklung der Einrichtungen, basierend auf den Erfahrungen aus dem ersten Programm zu verbinden, gibt es seit Anfang 2012 ein Folgeprojekt: 450 Mehrgenerationenhäuser werden im Aktionsprogramm II gefördert – mit neuen

Schwerpunkten in der generationenübergreifenden Arbeit: Pflege und Alter, Integration und Bildung, Haushaltsnahe Dienstleistungen sowie Freiwilliges Engagement.

Zwar lehren, wie eingangs gesagt, Jahre mehr als Bücher, dennoch wollen wir mit dem vorliegenden Buch die in fünf Jahren gesammelten Erfahrungen der Mehrgenerationenhäuser allen Interessierten zugänglich machen, damit dieses Wissen in der Praxis genutzt werden kann. Insbesondere neuen Einrichtungen, die sich (auch ohne finanzielle Förderung) zu Mehrgenerationenhäusern weiterentwickeln möchten, kann die Publikation Anregungen liefern, wie sie sich in ihrer jeweiligen Region zu zentralen Anlaufstellen für Menschen aller Altersgruppen entwickeln können. Der Wissenschaft wiederum kann es dienen, um die Erkenntnisse in die weitere Forschung zu integrieren.

Lassen Sie uns daher von den Mehrgenerationenhäusern lernen, wie Generationen zusammengebracht, Engagement generationenübergreifend gefördert und lokale Strukturen zukunftsorientiert weiterentwickelt werden können.

Christoph Linzbach

Teil I: Ziel, Evaluation, Methode

1 Aktionsprogramm Mehrgenerationenhäuser

Dr. Melanie Staats/Christopher Gess/Anna Iris Henkel

Der demografische Wandel und seine gesellschaftlichen Auswirkungen bringen vielfach einen Verlust des alltäglichen, familiären Miteinanders zwischen den Generationen und einen Zerfall traditioneller Sozialstrukturen mit sich. Familien wohnen heute immer seltener unter einem Dach. Häufig leben Kinder, Eltern und Großeltern nicht einmal mehr in gut erreichbarer Nähe.

Eine wachsende Zahl älterer Menschen steht einer stetig schrumpfenden Gruppe junger Menschen gegenüber, und beide Altersgruppen müssen sich auf veränderte Lebensverhältnisse einstellen. Die steigende Lebenserwartung geht einher mit einer größeren Leistungsfähigkeit und auch Leistungsbereitschaft bis ins hohe Alter. Diese wertvollen Ressourcen für die Gesellschaft zu nutzen, ist von zentraler Bedeutung. Gleichzeitig stellt die Reduktion sozialer Netzwerke im direkten lokalen Umfeld z. B. bei der Betreuung von Kindern eine zunehmende Herausforderung dar. Eltern müssen sich einerseits wachsenden beruflichen Anforderungen stellen und sich andererseits in einem oft sehr engen Zeitfenster bestmöglich der Erziehung ihrer Kinder widmen. Dabei können die Mütter und Väter in ihrem direkten Umfeld immer seltener auf das Erfahrungswissen und die Unterstützung älterer Generationen zurückgreifen.

Als Antwort auf die sich wandelnden Bedürfnisse von Jung und Alt hat das Bundesministerium für Familie, Senioren, Frauen und Jugend im Jahr 2006 das Aktionsprogramm Mehrgenerationenhäuser ins Leben gerufen. Ziel des Aktionsprogramms ist es, ein generationenübergreifendes Miteinander zu fördern, einen Dienstleistungsmarkt um Haushalt und Nachbarschaft aufzubauen und bürgerschaftliches Engagement aktiv in die Arbeit der Häuser einzubinden. Zu diesem Zweck wurden bundesweit 500 Einrichtungen gefördert, um sich zu Mehrgenerationenhäusern weiterzuentwickeln, für alle Generationen zu öffnen und als niedrigschwellige soziale Anlaufstellen zu etablieren.[1] Jedes dieser Mehrgenerationenhäuser wurde zunächst für zwei Jahre und bei Erfüllung der Zielkriterien für maximal fünf Jahre mit 40.000 Euro jährlich gefördert.

Im Rahmen des Aktionsprogramms erhielten im Jahr 2007 zunächst 205 Mehrgenerationenhäuser diese Förderung. Von ihnen wurden 59 bereits 2006 ausgewählt, weitere 146 Einrichtungen nahmen ihre Arbeit als Mehrgenerationenhaus im Laufe des Jahres 2007 auf. In einer dritten Förderwelle wurden weitere 300 Häuser ausgewählt und im Laufe des Jahres 2008 Teil des Aktionsprogramms. Innerhalb dieser letzten Gruppe werden 200 Häuser aus Mitteln des Europäischen Sozialfonds (ESF) gefördert. Bei der Auswahl der zu fördernden Einrichtungen wurde auf ein Jurorenverfahren zurückgegriffen und für eine flächendeckende Präsenz des Aktionsprogramms in fast jedem Landkreis und jeder kreisfreien Stadt mindestens ein Mehrgenerationenhaus etabliert (siehe Abbildung 1).

Abb. 1: Standorte der Mehrgenerationenhäuser in der Bundesrepublik Deutschland

Quelle: Bundesministerium für Familie, Senioren, Frauen und Jugend

---

1   Fälschlicherweise wurde der Name „Mehrgenerationenhaus" in der Öffentlichkeit häufig mit speziellen, generationenübergreifenden Wohnarrangements verbunden. Stattdessen sind Mehrgenerationenhäuser offene Tagestreffpunkte und Anlaufstellen für Menschen aller Generationen. Nur in wenigen Ausnahmefällen wohnen Menschen in durch das Aktionsprogramm Mehrgenerationenhäuser geförderten Einrichtungen.

Wie arbeiten Mehrgenerationenhäuser?

Mit dem Aktionsprogramm wurden in der Regel keine neuen Einrichtungen aufgebaut, sondern bestehende weiterentwickelt. Im Unterschied zu anderen Programmen wurde dabei nicht ein spezieller Typ von Einrichtungen wie etwa Kindertagesstätten gefördert, sondern Wert darauf gelegt, eine breite Vielfalt an Einrichtungen ins Aktionsprogramm aufzunehmen.

Die geförderten Einrichtungen haben ihre Vorerfahrungen aus verschiedenen Tätigkeitsfeldern mit in das Aktionsprogramm eingebracht und wiesen daher zu Beginn des Programms beträchtliche Unterschiede auf. Um dieser Ausgangslage Rechnung zu tragen und die Häuser dennoch zu systematisieren, wurden sie nach dem Ursprungstyp der bereits bestehenden Einrichtungen sowie damit einhergehenden Vorerfahrungen und traditionellen Zielgruppen den entsprechenden Prototypen zugeordnet. Es existieren sechs verschiedene Prototypen, auf die sich die Einrichtungen wie folgt verteilen:

Tab. 1: Anteil der Ursprungseinrichtungen beziehungsweise Prototypen an den Mehrgenerationenhäusern

Ursprungseinrichtung/Prototyp	Anteil der Mehrgenerationenhäuser
Familienbildungsstätte	24 Prozent
Familien- oder Mütterzentrum	21 Prozent
Kirchengemeinde oder Bürgertreff	20 Prozent
Seniorenbildungsstätte oder Seniorentreff	14 Prozent
Eltern-Kind-Zentrum oder Kita	12 Prozent
Schule, Sportverein oder Kultureinrichtung	9 Prozent

Je nach Ursprungseinrichtung beziehungsweise Prototyp standen die Mehrgenerationenhäuser bei ihrer Öffnung für alle Generationen vor unterschiedlichen Herausforderungen. Als ersten Schritt sollten die Häuser daher einen Offenen Treff einrichten, um einen niedrigschwelligen Zugang zu gewährleisten. Dieser Offene Treff sollte zunächst im Zentrum der Aufmerksamkeit stehen und erste Anlaufstelle für alle Besucherinnen und Besucher sein.

Als weiteren Schritt sollten die Mehrgenerationenhäuser Angebote für alle Generationen aufbauen. Der Begriff „Angebot" bezeichnet dabei regelmäßig stattfindende Aktivitäten, die sich an die Nutzerinnen und Nutzer beziehungsweise Besucherinnen und Besucher der Einrichtungen wenden. Dies können Kurse, Betreuungsleistungen, Essensangebote wie ein Mittagstisch, Selbsthilfegruppen oder Ähnliches sein.

Die Angebote dieser Art verfolgen vielseitige Ziele: Kinder zu fördern, Eltern in der Erziehung zu unterstützen, Familien zu beraten, familiennahe Dienstleistungen zu entwickeln und zu vermitteln, Freiwilliges Engagement zu stärken, die Potenziale und Kompetenzen der älteren Generationen zu nutzen und damit insgesamt den Zusammenhalt zwischen den Generationen zu intensivieren. In jedem Fall steht in Mehrgenerationenhäusern als soziale Anlaufstellen die Begegnung von Menschen im Vordergrund. Die Angebote der Häuser dienen sowohl ihrem eigentlichen Inhalt (beispielsweise dem Spracherwerb bei Sprachkursen) als auch der Förderung des Kontaktes zwischen den Nutzerinnen und Nutzern.

In welchen Bereichen sind die Mehrgenerationenhäuser aktiv?

Die Mehrgenerationenhäuser sollen in die Gesellschaft hinein wirken und ein breites Themenspektrum abdecken. Daher wurden vom Bundesministerium für Familie, Senioren, Frauen und Jugend sieben Handlungsfelder definiert, in denen die Häuser aktiv sein müssen (siehe Abbildung 2). Für jedes Handlungsfeld wurden eigene Zielvorgaben festgelegt und in regelmäßigen Abständen überprüft. Nur bei positiver Entwicklung erfolgte eine Verlängerung der Förderung auf die maximale Gesamtdauer von fünf Jahren.

Folgende Handlungsfelder sieht das Aktionsprogramm Mehrgenerationenhäuser I vor:
- Offener Tagestreff: Durch den Aufbau eines Offenen Treffs und begegnungsorientierter Angebote soll Nutzerinnen und Nutzern des Mehrgenerationenhauses der gegenseitige Kontakt ermöglicht werden. Dabei kann die Begegnung innerhalb von Angeboten stattfinden, aber auch unabhängig in gemeinsam genutzten Räumen, beispielsweise im Offenen Treff oder beim Mittagstisch.
- Einbeziehung der vier Lebensalter: Kinder und Jugendliche, Erwachsene, junge Alte und Hochbetagte sollen das Mehrgenerationenhaus nutzen. Die geförderten Einrichtungen sollen sich für alle Generationen öffnen und ihre Angebote für alle Generationen ausrichten.
- Generationenübergreifende Angebote: Es sollen Angebote aufgebaut werden, in denen sich Menschen der verschiedenen Lebensalter begegnen und füreinander aktiv sind. Ein Nebeneinander der Generationen in der Einrichtung soll verhindert werden.
- Stärkung des Freiwilligen Engagements: Die Potenziale Freiwilligen Engagements sollen genutzt werden. Mehrgenerationenhäuser sollen Freiwillig Engagierte motivieren und einbinden sowie nachbarschaftliches Engagement fördern. Dabei ist zu beachten, dass die Engagierten nicht nur Hilfstätigkeiten übernehmen, sondern entsprechend ihren Erfahrungen, Wünschen und Fähigkeiten tätig sein können. Dieser Ansatz verbindet die Generationen und setzt zudem auf die Zusammenarbeit von Profis und „Laien", von Hauptamtlichen und Freiwillig Engagierten.
- Einbeziehung der lokalen Wirtschaft: Die Mehrgenerationenhäuser sollen die Kooperation zwischen den Sektoren Staat, Markt und Zivilgesellschaft anregen. Unternehmen sollen als Kooperationspartner gewonnen und in die soziale Arbeit eingebunden werden.

- Kinderbetreuung: Durch Kinderbetreuung sollen es Mehrgenerationenhäuser Angehörigen erleichtern, Familienarbeit und berufliche Beschäftigung miteinander zu vereinbaren. Auch die Stärkung der Elternkompetenz soll in diesem Rahmen gefördert werden.
- Entwicklung zur Informations- und Dienstleistungsdrehscheibe vor Ort: Mehrgenerationenhäuser sollen zur Etablierung eines Marktes für Haushaltsnahe Dienstleistungen beitragen und auf diese Weise die Attraktivität der Kommune und Region für Familien und Menschen aller Altersgruppen stärken. Die Häuser sollen eigene Dienstleistungen anbieten und Dienstleistungen von Kooperationspartnern vermitteln.

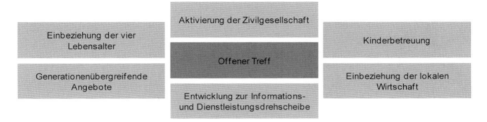

Abb. 2: Sieben zentrale Handlungsfelder im Aktionsprogramm Mehrgenerationenhäuser.

2 Darstellung der Evaluationsmethoden

Dr. Melanie Staats/Christopher Gess/Anna Iris Henkel

Seit August 2006 wurde das Aktionsprogramm Mehrgenerationenhäuser wissenschaftlich begleitet. Dabei waren drei grundsätzliche Ziele maßgeblich:

Erstens wurden die Wirkungen des Programms analysiert und bewertet. Im Mittelpunkt stand hier die Evaluation der Zielerreichung sowie einer Reihe von Effekten des Modellprogramms. Diese Effekte umfassen sowohl gesellschaftliche und wirtschaftliche Impulse sowie die Bedarfsgerechtigkeit von Angeboten und Aktivitäten als auch die Akzeptanz, Inanspruchnahme und Nachhaltigkeit der geschaffenen Strukturen. Zugrunde gelegt wurden dabei Untersuchungen in den sieben Handlungsfeldern des Aktionsprogramms (siehe Kapitel 1).

Zweitens hat die Wissenschaftliche Begleitung durch fortlaufende Berichterstattung und Beratung über den Verlauf des Aktionsprogramms zu einer effektiven Steuerung und optimierten Umsetzung des Programms beigetragen. Indem identifizierte Einfluss- und Erfolgsfaktoren zeitnah und praxisorientiert aufbereitet und kommuniziert wurden, konnten die Mehrgenerationenhäuser bereits während der Programmlaufzeit von den Erkenntnissen der Wirkungsforschung profitieren. Diesem Ziel dienten unter anderem jährliche Zwischenberichte, quartalsweise Ergebnispräsentationen und Fallstudienberichte[2] sowie insbesondere die enge Zusammenarbeit mit der programmbegleitenden Serviceagentur, die für die Beratung der Mehrgenerationenhäuser zuständig ist.

Drittens hat die Wissenschaftliche Begleitung die Mehrgenerationenhäuser bei der Steuerung ihrer Einrichtungen unterstützt. Dafür wurden zentrale Kennzahlen in einem Benchmarking veröffentlicht und allen Häusern zugänglich gemacht. Anhand dieser Daten konnten sich die Häuser miteinander vergleichen. Außerdem wurden die Erkenntnisse aus der Wirkungsforschung in Telefonkonferenzen sowie bei Fachtagen präsentiert und auf diese Weise auch Handlungsempfehlungen direkt an die Häuser weitergegeben.

---

2 Bei den Fallstudienberichten handelt es sich um Zusammenfassungen von Erkenntnissen, die im Rahmen von Vor-Ort-Analysen erzielt wurden. Siehe Abschnitt „Vor-Ort-Analysen" weiter unten.

Die einzelnen Untersuchungsschritte und Instrumente der Wirkungsforschung werden in den nächsten Abschnitten im Detail erläutert.

Untersuchungsschritte der Wirkungsforschung

Die Wirkungsforschung hat im Laufe der fünfjährigen Begleitung des Aktionsprogramms drei zentrale Untersuchungsschritte durchlaufen: Umsetzungs-, Wirkungs- und Nachhaltigkeitsanalyse (siehe Abbildung 3). Zusätzlich wurde zu Beginn des Programms eine Vorab-Analyse durchgeführt. Auf Basis der Ergebnisse dieser jeweils ersten Monitoring-Erhebung wurden Aussagen zur Ausgangssituation und zu den Rahmenbedingungen für die Etablierung der Mehrgenerationenhäuser getroffen.

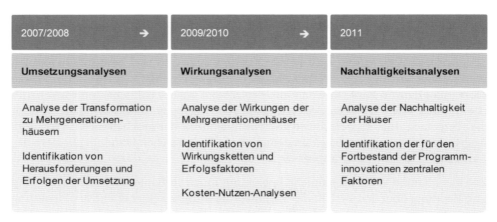

Abb. 3: Untersuchungsschritte der Wirkungsforschung

Im Untersuchungsschritt der Umsetzungsanalysen (2007/2008) wurde zunächst ermittelt, wie die Mehrgenerationenhäuser ihre Arbeit aufgenommen und die Vorgaben des Aktionsprogramms umgesetzt haben. Ziel der Umsetzungsanalysen war es, die Implementierung der Mehrgenerationenhäuser struktur-, prozess- und nutzerbezogen zu untersuchen sowie die Häuser fachlich im Hinblick darauf zu bewerten, ob sie mögliche Impulse für die Gesellschaft, für Inhalt und Organisation von familienunterstützenden Dienstleistungen und insbesondere für das aktive Zusammenleben der Generationen bieten. Zudem sollten relevante Einflussfaktoren erkennbar werden, von denen die Projektträger der Mehrgenerationenhäuser zeitnah profitieren konnten. Um sowohl die Arbeitsmethoden und Ansätze als auch konkrete Angebote in den jeweiligen Aktionsfeldern abbilden zu können, standen für die Wirkungsforschung vier Schwerpunktthemen im Vordergrund der Betrachtung: Bürgerschaftliches Engagement, Offener Treff, Kinderbetreuung und Haushaltsnahe Dienstleistungen.

Ausgehend von den beobachteten Erfolgs- und Misserfolgsfaktoren aus den Umsetzungsanalysen wurde der Fokus auf die Frage gelegt, welche Wirkungen die Mehrgenerationenhäuser erzielen. Diese wurden anschließend auf individueller, organisatorischer und systemischer Ebene untersucht – dabei waren mögliche Effekte und Veränderungen bei den Nutzerinnen und Nutzern ebenso von Bedeutung wie bei der geförderten Einrichtung und im Umfeld.

Dabei wurden Indikatoren und Einflussfaktoren sowohl der finanziellen und organisatorischen als auch der inhaltlichen Nachhaltigkeit von Programminnovationen bewertet, die im Folgenden näher erläutert werden: Selbstmonitoring der Mehrgenerationenhäuser, Nutzerbefragung und qualitative Vor-Ort-Analysen.

Selbstmonitoring

Um den Mehrgenerationenhäusern die Möglichkeit zu geben, eigenständig die Qualität und die Ergebnisse ihrer Arbeit zu überprüfen, entwickelte die Wirkungsforschung zusammen mit der programmbegleitenden Serviceagentur ein Selbstmonitoring-System. Mittels eines im Internet zugänglichen Fragebogens wurden von den Projektträgern der Mehrgenerationenhäuser halbjährlich (Stichtage 31.03. und 30.09.) diese quantitativen Basisinformationen erfragt[3]:

- Rahmendaten der Einrichtung und der Kommune,
- Finanzierung und Personalstruktur der Mehrgenerationenhäuser,
- Durchführung von Bedarfsanalysen und Öffentlichkeitsarbeit,
- Angebote und familienunterstützende Dienstleistungen durch die Mehrgenerationenhäuser sowie
- bestehende Kooperationen der Mehrgenerationenhäuser mit anderen Institutionen, Unternehmen und lokalen Akteuren.

Zunächst dienten sie als Grundlage für die Wirkungsforschung und wurden jeweils quantitativ ausgewertet, um Aussagen zum Programmverlauf treffen zu können. Diese quantitativen Aussagen bildeten zusammengenommen den Indikator für die Entwicklung des Aktionsprogramms und für die Zielerreichung der Mehrgenerationenhäuser innerhalb der einzelnen Wirkungsbereiche. Um alle beteiligten Akteure mit aktuellen Daten zu versorgen, wurden zentrale Indikatoren im Längsschnitt ausgewertet und regelmäßig zur Verfügung gestellt.

Die quantitativen Daten wurden ebenfalls dazu herangezogen, um Schwerpunktbetrachtungen in den jeweiligen Handlungsfeldern durchzuführen, und für diesen weiteren Ansatz mit Erkenntnissen aus den qualitativen Vor-Ort-Analysen verknüpft. Hypothesen aus den Vor-Ort-Analysen konnten statistisch anhand der Selbstmonitoringdaten überprüft werden. So war es möglich, die ermittelten Aussagen über Umfang und Qualität einzelner Handlungsfelder, Angebote und Aktivitäten sowie über Personalstrukturen und -anteile den Ergebnissen der qualitativen Analysen gegen-

---

3   Der vorliegenden Publikation liegen die Selbstmonitoringdaten vom März 2011 zugrunde. Im März 2011 haben sich 496 Häuser beteiligt.

überzustellen. Vereinzelt wurde für die Analysen ergänzend auf aggregierte Daten des Benchmarking zurückgegriffen. Beispielsweise ist der Generationenindex[4] ein aggregierter Indikator, der regelmäßig zur Beurteilung und Bewertung des Gesamtprogramms zum Einsatz kam.

Zudem wurden die Monitoringdaten halbjährlich für ein Benchmarking der Mehrgenerationenhäuser aufbereitet. Neben dem Zugang zu Informationen über Stand und Entwicklung der eigenen Einrichtung erhielten die Träger auch die Möglichkeit, sich über das Internet entlang ausgewählter Kernkennzahlen und Ordnungsmerkmale – wie beispielsweise Prototypen oder Regionen – mit anderen Mehrgenerationenhäusern zu vergleichen. Die Daten lagen durch das onlinegestützte Benchmarking-System aggregiert vor, sodass die Mehrgenerationenhäuser diese auch für Zwecke ihrer Öffentlichkeitsarbeit und internen Steuerung einsetzen konnten. Darüber hinaus wurden auch die Ergebnisse der jährlich im September stattfindenden Nutzerbefragungen in das System integriert sowie 23 Benchmarkingschulungen durchgeführt, um die Verantwortlichen in den Mehrgenerationenhäusern im Umgang mit dem Benchmarking-System zu unterstützen.

Nutzerbefragung

Ein zentraler Faktor für die Evaluation von Wirkungen des Aktionsprogramms waren neben (infra-)strukturellen Entwicklungen auch die Effekte und Veränderungen bei den Nutzerinnen und Nutzern. Um Wirkungsdimensionen wie beispielsweise die verbesserte Vereinbarkeit von Familie und Beruf oder die Begegnung der Generationen auch auf individueller Ebene erfassen zu können, entwickelte die Wirkungsforschung eine Nutzerbefragung. Diese konnte sowohl online als auch handschriftlich auf Fragebogen durchgeführt werden. Für Kinder und Jugendliche war die Formulierung der Fragen an das entsprechende Alter angepasst. Die Nutzerbefragung fand jährlich im September in einem Zeitraum von drei Wochen statt, und es nahmen in jedem Jahr etwa 7.000 Nutzerinnen und Nutzer teil.

Diese Befragungen hatten zum Ziel, Aussagen im Zeitverlauf sowohl über die Zusammensetzung der Nutzergruppen als auch über die Akzeptanz und Zufriedenheit der Nutzerinnen und Nutzer bezüglich der Mehrgenerationenhäuser zu erhalten. So konnte unter anderem die Höhe der Übereinstimmung zwischen angestrebten Zielgruppen und tatsächlichen Nutzergruppen festgestellt werden. Darüber hinaus war es möglich, anhand der Befragungsergebnisse die Wirkungen der Aktivitäten in Mehrgenerationenhäusern auf die Nutzerinnen und Nutzer zu konkretisieren – beispiels-

---

[4] Der Generationenindex gibt an, inwiefern die Angebote eines Mehrgenerationenhauses von allen vier Lebensaltern (Kinder und Jugendliche, Erwachsene, ältere Menschen und Hochbetagte) genutzt werden. Bei einem perfekten Wert von 1 würden alle vier Lebensalter im Mehrgenerationenhaus gleichermaßen – also zu je 25 % – vertreten sein. Falls alle Nutzerinnen und Nutzer eines Mehrgenerationenhauses in eines der vier Lebensalter fallen, nimmt der Generationenindex einen Wert von 0 an.

weise durch die angegebene Stundenanzahl, die durch Haushaltsnahe Dienstleistungen eingespart werden konnte, oder durch Angaben zum Umfang des Kontakts, den die unterschiedlichen Altersgruppen im jeweiligen Generationenhaus zueinander haben.

Als Zielgruppen wurden sowohl die Freiwillig Engagierten in den Häusern als auch die Nutzerinnen und Nutzer der Angebote und Dienstleistungen befragt. In Bezug auf die erste Gruppe ermöglichte es die Nutzerbefragung beispielsweise, Unterstützungsbedarfe zu ermitteln und die Einbindung der Freiwillig Engagierten genauer zu bestimmen. Für die zweite Zielgruppe, die sich aus allen Nutzerinnen und Nutzern der Häuser zusammensetzt, wurden Fragen zur Nutzung von Angeboten der Mehrgenerationenhäuser sowie zum Generationenkontakt gestellt. Durch eine gezielte Filterung der jeweils relevanten Zielgruppen war es schließlich möglich, auch auf komplexe Forschungsfragen mit relativ geringem Aufwand Antworten zu erhalten. Entscheidende Angaben der Nutzerinnen und Nutzer wurden den Mehrgenerationenhäusern zudem in aggregierter Form im Benchmarking-System zur Verfügung gestellt. Damit erhielten alle am Programm Beteiligten die Möglichkeit, auf die konkreten Zufriedenheitswerte ihrer Nutzerinnen und Nutzer sowie der Freiwillig Engagierten einzugehen.

Vor-Ort-Analysen

Um neben den umfangreichen quantitativen Daten auch qualitative Informationen zu erhalten, fanden jährlich 20 Vor-Ort-Analysen zu jeweils speziellen Themen in ausgewählten Mehrgenerationenhäusern statt. Auf diese Weise konnten vielseitige vertiefende Informationen zu den einzelnen Schwerpunkten des Programms ermittelt werden. Die inhaltliche Festlegung der Schwerpunktanalysen erfolgte in Zusammenarbeit mit den jeweiligen Programmpartnern, um die Steuerung des Aktionsprogramms gezielt zu unterstützen.

Im Rahmen der qualitativen Fallstudien wurde zunächst die Wirkung des Aktionsprogramms genauer untersucht. Darüber hinaus galt es hier, sowohl Faktoren zu identifizieren, die zum Erreichen der gesteckten Ziele beigetragen haben, als auch Strategien zu analysieren, die von den Mehrgenerationenhäusern für unterschiedliche thematische Schwerpunkte des Aktionsprogramms eingesetzt wurden.

Für die Vor-Ort-Analysen wurde zu Beginn des Aktionsprogramms ein fester Pool von 40 Mehrgenerationenhäusern ausgewählt. Die eine Hälfte dieser Häuser wurde dreimal besucht, die andere zweimal. Anhand dieser wiederholten Besuche konnte ein Entwicklungsverlauf der Häuser nachgezeichnet werden, in dem die jeweiligen Veränderungen zu den vorangegangenen Vor-Ort-Analysen festgehalten wurden. Die für Vor-Ort-Analysen vorgesehenen Mehrgenerationenhäuser wurden vorab auf Basis von definierten Kriterien zur Repräsentativität ausgewählt. Zentrale Anforderung war dabei die Abdeckung aller Bundesländer sowie aller Prototypen beziehungsweise Ur-

2007	2008	2009	2010	2011
Identifizierung mit den Zielen des Aktionsprogramms	Kinderbetreuung	Kinderbetreuung und Elternverantwortung	Etablierung eines lokalen Marktes an haushaltsnahen Dienstleistungen	Integrationsangebote
Organisationsentwicklung in den Mehrgenerationenhäusern	Kooperation und Vernetzung	Generationenübergreifende Beziehungen	Vereinbarkeit von Pflege und Beruf/Familie	Einbindung Freiwillig Engagierter
Entwicklung und Umsetzung von Angeboten	Mehrgenerationenhäuser im ländlichen Raum	Einbindung von Unternehmen	Kosten-Nutzen-Analyse	Finanzielle, organisatorische und inhaltliche Nachhaltigkeit

Abb. 4: Schwerpunktanalysen der Wirkungsforschung

sprungseinrichtungstypen. Zur Festlegung der Anzahl an Vor-Ort-Analysen je Bundesland und Prototyp hat sich die Wirkungsforschung zudem an der Einwohnerzahl der Bundesländer sowie an der Verteilung von Mehrgenerationenhäusern entsprechend der Prototypen orientiert. Darüber hinaus wurden weitere spezifische Merkmale bei der Auswahl für Vor-Ort-Analysen berücksichtigt, beispielsweise die Größe der Häuser, die Zeit ihres Bestehens sowie ihr jeweiliger Regionstyp (siehe Tabelle 2).

Tab. 2: Regionstypen und ihre Definition

Regionstyp	Definition
Metropolregion	Über 300.000 Einwohner/innen
Großstadt	Über 100.000 bis 300.000 Einwohner/innen
Mittelgroße Stadt	Über 50.000 bis 100.000 Einwohner/innen
Kleinstadt	Über 20.000 bis 50.000 Einwohner/innen
Ländlicher Raum	Bis 20.000 Einwohner/innen

Aus dem Pool der 40 ausgewählten Mehrgenerationenhäuser wurden jährlich 20 Häuser besucht. Im Vorfeld der Vor-Ort-Analysen wurden Datenblätter an die Häuser verschickt und dort ausgefüllt. Diese enthielten Fragen zu zentralen Eckdaten sowie zum jeweiligen Schwerpunktthema. In Ergänzung der Datenblätter wurden auch die Informationen aus dem Selbstmonitoring zur Vorbereitung der Vor-Ort-Analysen verwendet, um mögliche Auffälligkeiten beispielsweise hinsichtlich Kooperationsstrukturen, Netzwerken oder der Ansprache von Freiwillig Engagierten entsprechend berücksichtigen zu können.

Für jede Schwerpunktanalyse wurden gesonderte Gesprächsleitfäden entwickelt, sodass während der Vor-Ort-Analysen spezifische, leitfadengestützte Interviews geführt wurden.[5] Die Gesprächspartnerinnen und Gesprächspartner waren dabei jeweils folgende:
- Die Leiterin beziehungsweise der Leiter des Mehrgenerationenhauses
- Eine Vertreterin beziehungsweise ein Vertreter der Kommune

---

5 Die Gesprächsleitfäden wurden jeweils im Vorfeld an die Gesprächspartnerinnen und -partner versandt.

- Zwei bis drei Kooperationspartner des Mehrgenerationenhauses
- Nutzerinnen und Nutzer des Mehrgenerationenhauses
- Freiwillig Engagierte im Mehrgenerationenhaus

Die Auswertung der Vor-Ort-Analysen fand mit unterschiedlichen Instrumenten statt. Zum einen wurden für alle Interviews ergebnisorientierte Protokolle erstellt, in denen die im Interview diskutierten Fragen und Aspekte dokumentiert wurden. Darüber hinaus kamen für die einzelnen Schwerpunktthemen spezielle Analyseraster zum Einsatz, deren Kriterien sich an den Fragestellungen der Wirkungsforschung orientierten und die somit eine Gesamtauswertung über alle befragten Personen hinweg ermöglichten.

Sowohl die Erkenntnisse aus den Vor-Ort-Befragungen als auch die Ergebnisse aller vor Ort eingesetzten Instrumente sind in Fallstudienberichte und Schwerpunktanalysen eingeflossen. Die Fallstudienberichte wurden dem Bundesministerium für Familie, Senioren, Frauen und Jugend, den besuchten Mehrgenerationenhäusern sowie der programmbegleitenden Serviceagentur zur Verfügung gestellt.

In gleicher Weise wie das Selbstmonitoring und die Nutzerbefragung fanden auch die Vor-Ort-Analysen im zeitlichen Längsschnitt statt. Es wurden alle 40 ausgewählten Mehrgenerationenhäuser zunächst zweimal besucht und 20 Häuser während der Nachhaltigkeitsanalysen dazu ein drittes Mal. Um eine Betrachtung im Längsschnitt zu ermöglichen, wurde bei dem jeweils zweiten und dritten Besuch auf die Ergebnisse des vorangegangenen Besuchs aufgebaut. Daher waren zur Vorbereitung der Vor-Ort-Analysen bei Wiederholungsbesuchen neben Datenblättern und Selbstmonitoringdaten auch die vorherigen Fallstudienberichte zu den betreffenden Häusern grundlegend.

Teil II: Der Weg zum Mehrgenerationenhaus

3 Wirksame Entwicklungs- und Steuerungsprozesse

Jann Nestlinger

In der sozialen Arbeit werden zunehmend zielgruppen- und bereichsübergreifende Ansätze verfolgt. An die Stelle von Angeboten, die ausschließlich innerhalb der Zuständigkeitsbereiche einzelner Institutionen und Ämter erfolgen, treten vermehrt Aktivitäten der sozialen Arbeit, die über Ressortgrenzen hinweg angelegt sind. Diese Entwicklung wird häufig als Entsäulung der sozialen Infrastruktur beschrieben (vgl. Spatscheck 2008). Zwischen bisher nebeneinander existierenden Angeboten können Synergieeffekte entstehen und somit zahlreiche Politikfelder wie z. B. Familie, Bildung, Gesundheit und Kultur ganzheitlich „gedacht" werden. Bei diesem Ansatz stehen nicht mehr die institutionellen Strukturen im Vordergrund, sondern der konkrete Bedarf der Adressatinnen und Adressaten sowie die Vernetzung von Angeboten und Dienstleistungen.

Solche Veränderungen gehen nicht automatisch vonstatten, sondern stellen große Anforderungen an die Organisationsstrukturen einer sozialen Einrichtung. Für eine erfolgreiche und nachhaltige Öffnung hinsichtlich neuer Themen und Zielgruppen sind komplexe Anpassungsleistungen erforderlich, die nur unter einer professionellen Steuerung zu erreichen sind. „Steuerung" im Allgemeinen benennt in der Systemtheorie zunächst eine gerichtete Beeinflussung des Verhaltens eines Systems von außen und umschreibt „eine bewusste Veränderung eines naturwüchsigen Ablaufs von Ereignissen" (Wilke 1995, S. 77). Zwar beruht jede bewusste Steuerung auf klaren Zielvorstellungen, erfordert jedoch auch Flexibilität und Offenheit (Miller 2005, S. 111). Somit ist Steuerung nicht mit „Kontrolle" gleichzusetzen, sondern als Prozess zu verstehen, um in gegenseitiger Abstimmung aller personellen und materiellen Ressourcen konkrete Entscheidungen vorzubereiten (Gehrmann/Müller 2006, S. 41). Diese gezielte Vorgehensweise setzt eine Entscheidungsebene voraus, die bereit ist, alle involvierten Akteure sowohl an der Planung als auch an der Umsetzung zu beteiligen.

Aus der Wirkungs- und Implementationsforschung sind Aspekte der Steuerung bekannt, die eine erfolgreiche Umsetzung von Projektzielen bedingen (Durlak/DuPre 2008, S. 337 f.). Bezüglich der Projektebene lassen sich insbesondere zwei übergeordnete Faktoren benennen: Eine wesentliche Voraussetzung ist zunächst die Identifikation der Einrichtung mit den gesetzten Zielen, denn nur unter dieser Prämisse besteht die Motivation, weitere Schritte zur Umsetzung einzuleiten. Darauf aufbauend sind als weitere Bedingung geeignete Organisationsstrukturen innerhalb der Einrichtung erforderlich, die zur Umsetzung der formulierten Ziele in praktisches Handeln beitragen.

Das Aktionsprogramm Mehrgenerationenhäuser hat sich zum Ziel gesetzt, die Öffnung sozialer Einrichtungen für neue Themen und Zielgruppen zu befördern. Durch ihre Teilnahme am Modellprogramm konnten die einzelnen Einrichtungen die Chance nutzen, aktiv am Prozess der Entsäulung mitzuwirken und ihre inhaltliche Arbeit breiter und damit nachhaltiger zu gestalten. Die Einrichtungen sollten sich zu einer ganzheitlichen Anlaufstelle für alle Generationen entwickeln und generationenübergreifende Angebote für Nutzerinnen und Nutzer jedes Alters bereitstellen. Die Erfüllung dieser Anforderungen führt zu einer veränderten Bedeutung der Einrichtung für das Umfeld, und das Mehrgenerationenhaus erhält so die Möglichkeit, eine zentrale Rolle in der kommunalen sozialen Landschaft einzunehmen. In dieser erweiterten Funktion wird eine Einrichtung nicht nur stärker von der Kommune wahrgenommen, sondern gewinnt auch einen höheren Stellenwert im Netzwerk der lokalen sozialen Infrastruktur. Ihr „Querschnittscharakter" prädestiniert die Mehrgenerationenhäuser dafür, unterschiedliche lokale Akteure z. B. in den Bereichen Haushaltsnahe Dienstleistungen sowie Betreuungs- und Beratungsangebote zusammenzubringen und engere Kooperationsbeziehungen anzustoßen.

Im Folgenden werden die beiden genannten Faktoren für eine erfolgreiche Umsetzung von Projektzielen in Bezug auf das Aktionsprogramm Mehrgenerationenhäuser betrachtet. Zunächst wird die Identifikation der Mehrgenerationenhäuser mit den Zielen des Aktionsprogramms dargestellt und es werden Erfolgsbedingungen für eine gelungene Harmonisierung der Ziele herausgearbeitet. Im Anschluss wird der Blick auf die Organisationsstrukturen der Mehrgenerationenhäuser gelegt. Ausgehend von den Erkenntnissen der Wirkungsforschung werden idealtypische Bereiche der Organisationsstruktur skizziert, die im Sinne der Programmziele eine effektive und langfristige Arbeit der Mehrgenerationenhäuser ermöglicht haben. Dies hat Relevanz auch über das Aktionsprogramm Mehrgenerationenhäuser hinaus. Denn die Faktoren, die hier in der Organisationsgestaltung zu einer Öffnung bzw. Erweiterung der Zielsetzungen geführt haben, können auch für andere soziale Einrichtungen einen Ausgangspunkt bilden, die neue Zielgruppen ansprechen und sich in ihrem Sozialraum für Menschen aller Generationen öffnen wollen.

Identifikation mit den Zielen des Modellprogramms

Ein erster Schritt zur erfolgreichen Arbeit als Mehrgenerationenhaus ist die Identifizierung mit den Zielen des Aktionsprogramms. Diese bedeuten für die geförderten Einrichtungen in der Regel eine Neuausrichtung oder zumindest eine Erweiterung der bisherigen Ziele. Um ein Modellprogramm erfolgreich in der Ursprungseinrichtung verankern zu können, sollten alle beteiligten Akteure eine gemeinsame „Vision" haben (Durlak/DuPre 2008, S. 337). Aus der Evaluationsforschung in anderen Politikbereichen ist bekannt, dass die Akzeptanz der Projektziele von zentraler Bedeutung für die effektive Arbeit der jeweiligen Einrichtung ist (vgl. Stockmann et al. 2000). Vor diesem Hintergrund hat die Wirkungsforschung des Modellprogramms Mehrgenerationenhäuser besondere Aufmerksamkeit auf die Identifikation der geförderten Häuser mit den Zielen des Aktionsprogramms gelegt.

In der Implementationsphase konnten hinsichtlich der Identifikation mit den Programmzielen im Wesentlichen zwei Gruppen unterschieden werden. Der überwiegende Teil der Häuser bzw. deren Leitung wies zu Modellbeginn eine hohe Identifikation mit den Zielen auf und richtete das Haus auch entsprechend strategisch und mit der notwendigen Umsetzungsbereitschaft aus. Der andere Teil der untersuchten Häuser wies zwar ebenfalls eine hohe emotionale Identifikation mit den Zielen auf, was sich aber weder in einer entsprechenden strategischen Ausrichtung noch in einer tatsächlichen Umsetzungsbereitschaft widerspiegelte.

Bei den Häusern, die eine hohe Identifikation mit den Zielen aufwiesen, konnte diese unterschiedliche Aspekte des Aktionsprogramms umfassen. Das Zusammenkommen von Jung und Alt sowie das Bewusstsein für die Notwendigkeit, entsprechende generationenübergreifende Angebote zu entwickeln, war für alle diese Häuser von grundlegender Bedeutung. Darüber hinaus wurden weitere Ziele – insbesondere die Entwicklung von Kooperationsstrukturen, die Stärkung der Zivilgesellschaft und die Bereitstellung von Haushaltsnahen Dienstleistungen – unterschiedlich stark verfolgt. Die Häuser haben dabei ihre eigenen Schwerpunkte gesetzt. Diese ergaben sich häufig aus den Bedarfen der Nutzergruppen des Hauses und den sozio-strukturellen Rahmenbedingungen des Umfeldes, aber auch aus der inhaltlichen Ausrichtung und den Interessenlagen der Träger der geförderten Einrichtungen.

Ausgehend von der weitreichenden Bedeutung einer Identifikation mit den Zielen wurde der Frage nachgegangen, ob sich Merkmale der Häuser erkennen lassen, die eine hohe Identifikation befördern oder behindern. In qualitativen Vor-Ort-Analysen konnten verschiedene organisations- und regionsspezifische Merkmale identifiziert werden, die einen positiven oder auch negativen Einfluss auf die Identifizierung mit den Zielen des Aktionsprogramms und die entsprechende Umsetzung haben können. Die Ziele des Aktionsprogramms können von der Einrichtung bzw. den beteiligten Akteuren nur dann internalisiert werden, wenn die Leitungsebene des Mehrgenerationenhauses sich zum einen dieser Ziele bewusst ist und zum anderen diese Ziele aktiv mitträgt und befördert. Das persönliche Einverständnis mit den Zielen bildet auf jeder

Ebene eine grundsätzliche Voraussetzung dafür, dass die Beteiligten für Veränderungen und neue Zielgruppen offen sind. Sehr positiv hat sich bei den untersuchten Häusern ausgewirkt, wenn auf schon vorhandene Erfahrungen mit dem Mehrgenerationenansatz zurückgegriffen werden konnte. Dies betraf in vielen Fällen Häuser, die bereits früher auf Landesebene – z. B. durch das Niedersächsische Ministerium für Soziales, Frauen, Familie und Gesundheit im Jahr 2003 – über das Mehrgenerationenhausprogramm gefördert wurden. Auch andere Einrichtungen, wie z. B. Familienzentren, die aufgrund eines kommunalen Programms bzw. der strategischen Ausrichtung des Trägers über Erfahrungen in der altersgruppenübergreifenden Zielgruppenansprache verfügen, zeigten sich eher offen für Veränderungen.

Als hinderlich für die strategische Neuausrichtung eines Hauses bzw. für die praktische Umsetzungsbereitschaft trotz hoher Identifikation mit den Zielen erwiesen sich sowohl interne organisationsspezifische als auch übergeordnete regionale Merkmale. Auf der Ebene des Hauses sind insbesondere unzureichende analytische Fähigkeiten sowie mangelndes Bewusstsein für die Notwendigkeit einer Veränderung zu nennen. Zu den analytischen Fähigkeiten zählen vor allem Problemlösungskompetenz, strategisches Denken, Risikoabwägung sowie ein ganzheitliches Verständnis der Funktionsweise einer Einrichtung (vgl. Robbins/DeCenco 2004). Ein Mangel an diesen Fähigkeiten wirkt sich insbesondere dann negativ auf die Umsetzung aus, wenn es nicht gelingt, die erforderlichen Schritte einzuleiten, beispielsweise weil keine Bedarfsanalyse durchgeführt wird oder es nicht möglich ist, relevante Kooperationspartner zu gewinnen oder Strategien zur erfolgreichen Ansprache neuer Nutzergruppen zu entwickeln. Teilweise sieht aber auch das Management keine Notwendigkeit für Veränderungen, etwa weil das Haus in Teilen schon Ziele des Aktionsprogramms erfüllt oder bereits verschiedene Nutzergruppen das Haus besuchen. Hier wird dann zwar das Ziel der Generationenbegegnung geteilt, aber keine Strategie entwickelt, um dieses Zusammenkommen aktiv anzuregen und damit einen tatsächlichen Austausch und ein Miteinander der Generationen zu ermöglichen. Ein anderes Hemmnis die Ziele des Aktionsprogramms aufzunehmen kann auch darin bestehen, dass das Haus über eine sehr lange Tradition verfügt und die Leitungspersonen eine sehr enge Verbindung zur Ursprungseinrichtung haben.

Neben organisationsspezifischen Merkmalen können auch regionale Merkmale die Identifikation mit den Zielen des Aktionsprogramms beeinflussen. Häufig wirkt sich ein externer Problemdruck positiv auf die Identifikation mit den Zielen sowie die strategische Ausrichtung und Umsetzungsbereitschaft aus. Ein Beispiel dafür kann der demografische Wandel sein, der in einer betroffenen Region überdurchschnittlich stark zum Tragen kommt, z. B. durch Abwanderung junger Leute oder das Vorhandensein von überproportional vielen Single-Haushalten von Seniorinnen und Senioren. Diese externen Rahmenbedingungen können auf unterschiedliche Art und Weise zu einer hohen Identifikation mit den Zielen beitragen, etwa durch die Einsicht, dass die Häuser auf eine veränderte Nachfragesituation treffen oder dass sich die bisher vorhandene Nutzerstruktur so verändert hat, dass neue Nutzergruppen angesprochen werden müssen, damit die Einrichtung weiterhin bestehen kann.

Auch der Einfluss der Kommune auf die Arbeit des Hauses kann die Identifikation mit den Zielen beeinflussen. Positiven Einfluss können besonderes Engagement und Aktivitäten vonseiten der Kommune haben, die auf eine zeitnahe Implementierung der Ziele aus dem Aktionsprogramm, z. B. die Schaffung eines Offenen Treffs oder Angebote zur Entlastung von pflegenden Angehörigen hinwirken. Das Gleiche gilt, wenn sich Kommunen bzw. kommunale Einrichtungen oder Stellen aktiv in die Arbeit des Hauses und die Konzeption neuer Angebote einbringen, indem beispielsweise Beratungsangebote der Frauen- oder Behindertenbeauftragten im Mehrgenerationenhaus stattfinden oder kommunale Bedarfsanalysen zur Angebotsentwicklung genutzt werden. Gleichzeitig kann die Kommune auch für stärkere (politische) Akzeptanz sorgen, indem Veränderungen innerhalb des Hauses als positiver Mehrwert sowohl an die Öffentlichkeit als auch innerhalb politischer Gremien kommuniziert werden. Umgekehrt kann sich der Einfluss der Kommune auch negativ im Sinne der Beibehaltung eines bestehenden Ansatzes auswirken. Die Identifikation mit den Zielen des Aktionsprogramms wird erschwert, wenn Entscheidungsträgerinnen und Entscheidungsträger kommunaler Gremien im Mehrgenerationenhaus aktiv sind, die Veränderungen durch das Aktionsprogramm eher skeptisch gegenüberstehen, z. B. weil sie die Tradition der Ursprungseinrichtung in Gefahr sehen.

Es ist festzuhalten, dass in der Ursprungseinrichtung das Bewusstsein für die Ziele des Aktionsprogramms sowohl auf der Umsetzungs- als auch auf der strategischen Ebene vorhanden sein muss, damit eine erfolgreiche Eingliederung der Ziele des Aktionsprogramms in die Agenda der Einrichtung stattfinden kann. Nur unter dieser Voraussetzung können erste wichtige Schritte in Richtung eines Mehrgenerationenhauses erfolgen. Auch für das Aktionsprogramm Mehrgenerationenhäuser gilt somit, was in der Implementationsforschung durch Stockmann u. a. allgemeingültig für eine erfolgreiche Projektetablierung als zentral herausgestellt wird: „Vor Projektbeginn oder in Pilotphasen ist unbedingt ein Zielkonsens aller wichtigen Entscheidungsträger und der unmittelbaren Zielgruppen herzustellen" (vgl. Stockmann et al. 2000). Diese Anforderung setzt neben personellen Kompetenzen wie Motivationsfähigkeit und analytisches Geschick der Leitung geeignete Strukturen voraus, um die Einbindung aller beteiligten Akteure und somit eine Verständigung auf gemeinsame Ziele zu erreichen.

Institutionalisierte Strukturen und Prozesse: Grundlage einer effektiven Steuerung

Um die Ziele des Aktionsprogramms zu verwirklichen, reicht es jedoch nicht aus sich mit diesen zu identifizieren. Es müssen auch konkrete Schritte unternommen werden, die eine Öffnung für neue Zielgruppen und Themen strukturell ermöglichen. Es wurde bereits auf die Bedeutung der personellen Kompetenzen der Leitung und die Bereitschaft der Akteure zur Veränderung verwiesen. Neben diesen individuellen

Voraussetzungen bedarf es für eine erfolgreiche Steuerung vor allem geeigneter Organisationsstrukturen, die eine institutionelle Grundlage für die gesteuerte Umsetzung der gesetzten Ziele bilden.

Aus der Organisationsforschung ist bekannt, dass institutionalisierte Strukturen die Beständigkeit der internen und externen organisationalen Beziehungen erhöhen und dazu beitragen, mögliche Turbulenzen zu glätten (Meyer/Rowan 1977, S. 351). Institutionalisierte Abläufe geben den Akteuren einen Rahmen für ihr Handeln und helfen damit, Instabilitäten zu reduzieren. Eine Einrichtung sollte vor diesem Hintergrund ein gesundes Maß an formaler Organisation aufweisen, das in der Regel als „organisatorisches Gleichgewicht" bezeichnet wird (Pracht 2008, S. 58). Dabei sollten auf der einen Seite zwar feste Strukturen, Regeln und Normen existieren, auf der anderen Seite sind jedoch auch individuelle und situative Gestaltungsspielräume erforderlich, um die nötige Anpassungsfähigkeit zu gewährleisten (ebd.). Die reibungslose Arbeit innerhalb einer Organisation hängt somit auch von der Ausgestaltung der Prozesse ab, die über das reine Vorhandensein von Strukturen hinausgeht. So können Gremien zwar die Grundlage für eine geregelte Zusammenarbeit schaffen, jedoch nicht ohne weitere Anstrengungen eine vertrauensvolle Zusammenarbeit gewährleisten.

Vor allem in der Implementations- und Wirkungsforschung werden Anforderungen an die Ausgestaltung von Strukturen und Prozessen in Organisationen benannt, die zu einer erfolgreichen Umsetzung von Modellprogrammen führen. In zahlreichen Studien wurden konkrete Bedingungen auf Einrichtungsebene identifiziert, die eine Erreichung der Projektziele wahrscheinlicher machen. Nach Durlak und DuPre können folgende Aspekte als zentral für die Organisationsgestaltung herausgestellt werden (Durlak/DuPre 2008, S. 337):

- *Klare Rollenverteilung:* Durch die eindeutige Formulierung von Aufgabenbereichen innerhalb der Organisation und eine professionelle Leitungsstruktur kann ein reibungsloser Ablauf der Prozesse erreicht werden.
- *Partizipative Entscheidungsprozesse:* Entscheidungen sollten unter Einbeziehung aller relevanten Akteure ermöglicht werden, um die Akzeptanz von Entscheidungen und Nachhaltigkeit zu erhöhen.
- *Vernetzung:* Die Einbeziehung aller relevanten lokalen Akteure führt zu einem regen Austausch von Perspektiven, Kenntnissen und Ressourcen zur Umsetzung der Programmziele.
- *Offene Kommunikation:* Die Kommunikationswege sollten einen regelmäßigen, offenen und wertschätzenden Dialog und Informationsaustausch zwischen allen beteiligten Akteuren fördern.

Insgesamt haben die im Aktionsprogramm geförderten Einrichtungen in den letzten Jahren ihre Organisationsgestaltung zunehmend entlang dieser Anforderungen ausgerichtet. Die Wirkungsforschung konnte in einem Großteil der Mehrgenerationenhäuser Organisationsstrukturen und Prozessabläufe identifizieren, die zumindest einige der oben genannten Steuerungsaspekte berücksichtigen. Die Bandbreite der Ausgestaltung ist hier sehr groß, sodass nur einige Häuser alle vier Aspekte gleichermaßen in ihren Strukturen berücksichtigen. Anhand der empirisch vorgefundenen Strukturen und im Hinblick auf die genannten Aspekte kann ein idealtypischer Organisationsaufbau abgeleitet werden. Dafür wurden gute Ansätze in Teilbereichen der Häuser identifiziert und in einer modellhaften Gesamtstruktur zusammengeführt. Soziale Einrichtungen sind in ihrem Aufbau, ihrer Beschaffenheit, ihren Zielsetzungen und Akteurskonstellationen allerdings sehr unterschiedlich, sodass nicht *eine* allgemeingültige und übertragbare Organisationsgestaltung gefunden werden kann. Der im Folgenden dargestellte Idealtypus beansprucht also nicht, die einzig mögliche Organisationsstruktur zu sein. Vielmehr müssen je nach lokalen Gegebenheiten eigene Antworten auf die Frage gefunden werden, wie Kommunikation und Teilhabe gewährleistet werden können. Ein Idealtypus kann aber durchaus anhand musterhafter Strukturen und Prozesse veranschaulichen, welche Anforderungen an die verschiedenen Funktionsbereiche einer sozialen Einrichtung gestellt werden. Einrichtungen, die sich selbst das Ziel der (generationenübergreifenden) Öffnung und Entsäulung gesetzt haben, können auf dieser Basis Anregungen für die eigene Organisationsentwicklung erhalten.

Abbildung 5 zeigt als Prozessdiagramm den Idealtypus der Organisationsstruktur. Es werden dabei unterschiedliche Funktionsbereiche des Mehrgenerationenhauses berücksichtigt und ihre Kommunikationswege nachgezeichnet.

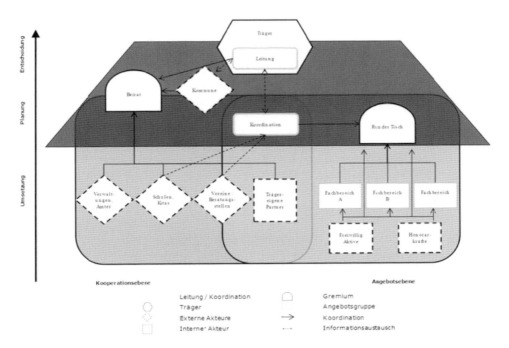

Abb. 5: Das „ideale" Mehrgenerationenhaus: Organisationsstrukturen und Prozesse zur wirksamen Steuerung

Quelle: Wirkungsforschung Aktionsprogramm Mehrgenerationenhäuser, Vor-Ort-Besuche 2011, N = 20

Zum einen unterscheidet die Abbildung zwischen Umsetzungs-, Planungs- und Entscheidungsebene. Diese drei Ebenen sind in der Praxis nicht isoliert voneinander zu betrachten. Zwischen den einzelnen Gremien und Akteuren existieren Schnittstellen, die für die notwendige Kommunikation zwischen Umsetzung, Planung und Entscheidung sorgen. Die Umsetzungsebene umfasst die praktische Durchführung von Angeboten und Aktivitäten. Hier erbringen Freiwillig Engagierte oder Honorarkräfte vielseitige Angebote für die Nutzerinnen und Nutzer des Hauses. Auf der Planungsebene werden diese Angebote und Aktivitäten zeitlich und inhaltlich aufeinander abgestimmt sowie dafür notwendige Ressourcen bereitgestellt. Die Entscheidungsebene bezeichnet schließlich die Akteure und Gremien, die die Verantwortung für die Einrichtungen als Ganzes tragen und die (formale) Entscheidungskompetenz innehaben. Zum anderen wird in der Abbildung eine idealtypische Trennung zwischen einem Kooperations- und einem Angebotsbereich gezogen. Der Angebotsbereich umfasst den Teil des Hauses, der eigene Dienstleistungen, wie Essens- oder Betreuungsmöglichkeiten für die Nutzerinnen und Nutzer bereitstellt. Der Kooperationsbereich meint die Zusammenarbeit mit Partnern des Mehrgenerationenhauses, mit denen u. a. gemeinsame Veranstaltungen oder Netzwerkarbeit gestaltet werden. Auch diese Bereiche hängen eng zusammen, beispielsweise erbringen andere soziale Einrichtungen aus dem Umfeld ihre Angebote in den Räumlichkeiten des Mehrgenerationenhauses. Die zur Organisationsstruktur beitragenden unterschiedlichen Akteure und Gremien werden in der Abbildung durch verschiedene grafische Formen berücksichtigt.

Wie oben dargestellt, sind eine klare Rollenverteilung sowie Partizipation, Vernetzung und Kommunikation wichtig für eine erfolgreiche Umsetzung von Projekt- und Programmzielen. Daher wurden innerhalb der Mehrgenerationenhäuser Organisationsbereiche untersucht, in denen diese Aspekte besonders zum Tragen kommen:
1. Leitung und Koordination des Mehrgenerationenhauses
2. Strukturen zur Einbindung von Freiwillig Engagierten
3. Einbindung der Kommune und weiterer Kooperationspartner

Die Aufgaben dieser Bereiche und ihre Ausgestaltung werden im Folgenden anhand des in der Abbildung dargestellten Idealtypus skizziert. Auf dieser Basis können anschließend die Grundlagen einer effektiven Steuerung zur erfolgreichen Umsetzung der Programmziele herausgearbeitet werden.

Leitung und Koordination des Mehrgenerationenhauses

Steuerung setzt voraus, dass eine beobachtungs- und beurteilungsfähige Instanz den Ausgangszustand vorhandener Strukturen mit einem gewünschten Zielzustand vergleicht. Nur auf Basis dieser Unterscheidung kann ein Ergebnis durch „intentionale" Veränderung erwirkt werden (Willke 1995, S. 77). Damit kommt den einzelnen Leitungs- und Entscheidungsstrukturen im Steuerungsprozess des Mehrgenerationenhauses eine zentrale Rolle zu: Für eine erfolgreiche Umsetzung der Projektziele in Form einer erweiterten Zielgruppenansprache und thematischen Verbreitung der Einrichtung gilt es, die notwendigen Veränderungen gezielt und „intentional" vorzunehmen.

In der Implementationsforschung werden innerhalb der Führungsebene häufig zwei Funktionsbereiche unterschieden – die strategische Leitungsrolle und die operative Koordinierungsrolle. Studien zeigen, dass sich eine solche Trennung vorteilhaft auf eine erfolgreiche Implementierung auswirken kann (Durlak/DuPre 2008, S. 337). Auch in den Führungsstrukturen der Mehrgenerationenhäuser lassen sich empirisch in unterschiedlichen Facetten diese beiden Funktionsbereiche ausmachen, die im Folgenden idealtypisch voneinander abgegrenzt werden.

Die Leitung bildet idealtypisch eine wichtige Schnittstelle zwischen dem Träger und den relevanten Akteuren der Einrichtung sowie dem Umfeld. Als übergeordnete Instanz bereitet sie Entscheidungen auf strategischer Ebene vor, pflegt den Kontakt zur Kommune sowie zu anderen wichtigen Kooperationspartnern im Sinne der Vernetzung und betreibt Fördermittelakquise. Auf diese Weise behält die Leitung den Überblick – sowohl über den Gesamtprozess zur Planung und Entwicklung der Einrichtung als auch über einzelne Aufgabenbereiche – und fungiert im Organisationsgefüge als zentrales Steuerungsorgan. Allerdings ist „Steuerung" in diesem Kontext als Gestaltung eines partizipativen Kommunikationsprozesses zu verstehen. Zwar kann ein beabsichtigter Veränderungsprozess „von oben" initiiert werden, die Veränderung selbst muss jedoch unter Beteiligung aller relevanten Akteure gestaltet werden (Kostka/Mönch 2009, S. 21). Die Leitung wird in diesem Prozess also in erster Linie als Agent der Umsetzung gesehen, der die Organisationsentwicklung professionell moderiert. Hier bedarf es individueller Stärken, um den Prozess der Projektumsetzung aktiv zu gestalten. Insbesondere die Fähigkeit Prioritäten zu setzen und Kompromisse zwischen beteiligten Akteuren herbeizuführen, wird in der Implementationsforschung betont (Durlak/DuPre 2008, S. 337).

Im Unterschied zur Leitungsrolle wirkt die Koordinationsrolle in erster Linie nach innen. So ist der Koordinator oder die Koordinatorin für den reibungslosen Ablauf der Aktivitäten im Haus verantwortlich und übernimmt insbesondere die Planung der konkreten Angebotserbringung sowie des Einsatzes von Freiwillig Engagierten und lokalen Partnern für bestimmte Angebote. Eine weitere Aufgabe besteht darin, (potenziell) Engagierte zu ihren Einsatzmöglichkeiten im Haus zu beraten und während ihres Einsatzes zu begleiten. In der gemeinsamen Angebotsplanung wird vonseiten der Koordination darauf geachtet, dass die Aktivitäten zielkonform mit dem Aktionsprogramm sind. Sie organisieren Weiterbildungsmöglichkeiten für die Freiwillig Engagierten, moderieren den Austausch zwischen Freiwillig Engagierten und stehen in persönlichem Kontakt zu Nutzern und Nutzerinnen, um auch die Bedarfsgerechtigkeit der Angebote im Blick zu haben.

Diese idealtypische Trennung der Aufgabenbereiche zwischen Koordinations- und Leitungsfunktion ist in den Mehrgenerationenhäusern nicht immer empirisch zu belegen. Zum Teil überschneiden sich die Aufgabenbereiche oder werden bei einer Person zusammengeführt. Eine solche Überlappung der Verantwortlichkeiten ist aus Steuerungssicht nicht von vornherein nachteilig. Entscheidend für eine qualitative Bewertung der Strukturen sind insbesondere ihre Funktionalität und Nachhaltigkeit, die im Kapitel zur Nachhaltigkeit (Teil V) vertiefend diskutiert werden.

Strukturen zur Einbindung von Freiwillig Engagierten

Die Einbindung von Freiwilligen stellt im Modellprogramm ein wertvolles Mittel dar, um das zivilgesellschaftliche Engagement in der Gesellschaft zu aktivieren und zu stärken. Auf der Ebene jeder einzelnen Einrichtung sind Freiwillig Engagierte für die Arbeit des Hauses von großer Bedeutung.[6] Insbesondere bei den zahlreichen Angeboten wird ihre tragende Rolle deutlich. So setzen die Freiwillig Engagierten knapp 70 Prozent ihrer investierten Zeit für die Durchführung von Angeboten im jeweiligen Mehrgenerationenhaus ein. Im Sinne einer dauerhaften Motivation als Voraussetzung für langfristiges Engagement und damit auch für die Nachhaltigkeit der Angebote ist es wichtig, das individuelle Potenzial zu erkennen, zu fördern und gezielt einzusetzen. Um den Freiwilligen entsprechend praktische und passende Möglichkeiten für ihr Engagement zu geben, sind geeignete Strukturen notwendig. Diese müssen eine kontinuierliche und selbstverständliche Abstimmung untereinander sowie mit der Koordinatorin oder dem Koordinator vorsehen. Um ihre Identifikation mit der Einrichtung und den Zielen des Modellprogramms zu stärken, sollten die Freiwillig Engagierten durch partizipative Strukturen auch gestalterisch eingebunden werden.

Die Mehrgenerationenhäuser haben auf diese Ziele ausgerichtete Strukturen geschaffen. Vielerorts wurde ein „runder Tisch" eingerichtet, der die Freiwilligen – neben anderen im Haus tätigen Personen – verbindlich und regelmäßig in die Planung auf Angebotsebene einbezieht. Über dieses institutionalisierte Gremium wird gleichberechtigte Kommunikation und eine Teilhabe an der gemeinsamen Entscheidungsfindung gewährleistet. Dies führt insgesamt zu einer besseren zeitlichen sowie inhaltlichen Abstimmung der Aktivitäten und trägt zum effektiven und zielgruppenorientierten Einsatz der personellen Ressourcen bei.

Als strukturelle Grundlage für erweiterte inhaltliche Gestaltungsmöglichkeiten der Freiwillig Engagierten bietet sich die Organisation der inhaltlichen Arbeit entlang von Fachbereichen an. Dabei wird das vielfältige Themenspektrum einer Einrichtung in einzelne Arbeitsgemeinschaften untergliedert, sodass jeweils ein festes Team aus Freiwilligen beispielsweise für den Bereich Kinderbetreuung, Offener Treff oder Gartenarbeit zuständig ist. Durch eine solche Struktur können Aktivitäten mit ganzheitlichem Charakter in die Verantwortung weitgehend autonom arbeitender Gruppen von Freiwillig Engagierten verlagert werden (Pracht 2008, S. 151), wodurch sich diese leichter mit den Inhalten ihrer Tätigkeit identifizieren. Dies schafft Motivation und setzt Kreativität frei, die Aktivitäten und Angebote des Hauses „von unten" weiterzuentwickeln.

Einbindung der Kommune und weiterer Kooperationspartner

Neben geeigneten Strukturen zur Koordination der Akteure *innerhalb* des Mehrgenerationenhauses sind auch entsprechende Strukturen hinsichtlich externer Akteure vorteilhaft. So bietet eine enge Einbindung der Kommune und weiterer Kooperations-

---

6 Im Durchschnitt sind 66 Prozent aller Mitarbeiterinnen und Mitarbeiter der Mehrgenerationenhäuser freiwillig Engagierte. Quelle: Selbstmonitoring Mehrgenerationenhäuser 2. Quartal 2011, Berechnung Ramböll Management Consulting.

partner viele Chancen im Prozess der Öffnung für neue Zielgruppen und Themenbereiche. Eine gemeinsame Planung mit kommunalen Entscheidungsträgern in Politik und Verwaltung ist sowohl für das Mehrgenerationenhaus als auch für die Kommune fruchtbar. Das Mehrgenerationenhaus kann durch den Kontakt die Zielsetzungen des Aktionsprogramms über das eigene Haus hinaus in der Kommune verankern und wichtige Impulse für die Mehrgenerationenpolitik in der lokalen Angebotslandschaft setzen. Hier gehen die Mehrgenerationenhäuser unterschiedliche Wege, um die Kommune in ihre Arbeit einzubinden. Während die Abstimmung zu einem Teil lediglich informell über persönliche Kontakte erfolgt, findet im überwiegenden Teil der Häuser eine institutionalisierte Beteiligung durch Einbindung in den Beirat statt. Auch wenn institutionalisierte Formen der Kooperation eine vertrauensvolle persönliche Ebene nicht ersetzen können, ist eine solche Einbettung dennoch vorteilhaft, um auch bei einem Wechsel der Ansprechpartner auf Seite der Kommune oder des Hauses Kontinuität zu gewährleisten. Auch für die Zeit im Anschluss an das Modellprogramm kann die Einbindung der Kommune finanziell und inhaltlich ein entscheidender Faktor sein (siehe Kapitel Inhaltliche Nachhaltigkeit, S. 171).

Neben der Kommune binden die Mehrgenerationenhäuser auch weitere Partner auf der Planungsebene ein. Enge Kooperationen sind für die Arbeit des Mehrgenerationenhauses und die soziale Infrastruktur im Umfeld auf vielfältige Weise bereichernd. Mit dem Austausch von Wissen und der Erweiterung von Sichtweisen durch unterschiedliche Akteure und die Durchführung gemeinsamer Projekte wird die Öffnung der Einrichtung für neue Themen befördert (Durlak/DuPre 2008, S. 337). Die Akteure planen die Angebote bzw. Projekte gemeinschaftlich und setzen diese auch zusammen um. Dadurch können Konkurrenzsituationen vermieden und die lokalen Strukturen bedarfsgerecht ausgerichtet werden. Kommunikation und Kooperation sind somit die Grundlage für die Weiterentwicklung der Angebotslandschaft, was zu einer qualitativen Verbesserung der sozialen Infrastruktur beiträgt. Um diese Zusammenarbeit nachhaltig zu gestalten, haben viele Häuser sich dazu entschieden, die Beteiligung der Partner an Entscheidungsprozessen zu institutionalisieren. Ein Instrument dafür ist der Beirat, der eine kontinuierliche und personenunabhängige Basis der Zusammenarbeit bildet.

How To – Grundlegende Strukturen zur Steuerung eines MGH
- Steuerung sollte als Gestaltung eines partizipativen Kommunikationsprozesses verstanden werden.
- Veränderungen werden unter Beteiligung aller relevanten Akteure vorgenommen.
- Eine gemeinsame Planung mit kommunalen Entscheidungsträgern befördert die Identifikation mit den Zielen des Aktionsprogramms auf Seiten der Kommunalpolitik.
- Die Einrichtung eines „runden Tisches" zur Einbindung der Freiwillig Engagierten ermöglicht eine institutionalisierte und gleichberechtigte Mitsprache.

- Die Etablierung eines Beirats mit Vertreterinnen und Vertretern von Kooperationspartnern ermöglicht den Austausch von Wissen sowie die Erweiterung von Perspektiven und öffnet die Einrichtung somit für neue Themen.

Resümee

Es lässt sich festhalten, dass die Rahmenbedingungen sowohl für die Identifizierung mit den Zielen des Aktionsprogramms als auch für die Einleitung der notwendigen organisatorischen Veränderungen gegeben sein müssen, um das Konzept des Aktionsprogramms erfolgreich in den geförderten Einrichtungen zu verankern. Mit der Professionalisierung der Leitungsstrukturen, der aktiven Beteiligung Freiwillig Engagierter sowie der Einbindung der Kommune und weiterer wichtiger Kooperationspartner wurden die institutionellen Schlüsselbereiche benannt. Aus ihrer Summe ergibt sich eine idealtypische Gesamtstruktur, die den Bedingungen von Einbindung und Partizipation gerecht wird.

Die verbreitete institutionalisierte Trennung der Zuständigkeiten für einzelne Zielgruppen und Themenbereiche innerhalb sozialer Einrichtungen zu überwinden, bietet eine große Chance für mehr Qualität in der sozialen Arbeit, die Aktivierung Bürgerschaftlichen Engagements und das Miteinander der Generationen. Das Aktionsprogramm Mehrgenerationenhäuser leistet zu dieser Entsäulung einen wichtigen Beitrag, da ein großer Teil der geförderten Einrichtungen sich für neue Zielgruppen und Themen geöffnet hat. Durch das Modellprogramm haben sich somit gesamtgesellschaftlich wichtige Impulse für das soziale Miteinander zwischen den Generationen ergeben.

Für die einzelne Einrichtung bedeutet die Entwicklung zum Mehrgenerationenhaus erhebliche Anpassungen. Um diese leisten zu können, bedarf es zunächst einer Identifikation mit den Zielen des Aktionsprogramms. Nur wenn eine gemeinsame Vision aller relevanten Akteure zur Öffnung der Einrichtung für neue Zielgruppen und Inhalte vorhanden ist, können die notwendigen organisatorischen Veränderungen vollzogen werden. Für eine erfolgreiche Umsetzung der Projektziele stellen sich insbesondere eine klare Rollenverteilung, Vernetzung, Partizipation und Kommunikation unter den Akteuren als zentrale Faktoren dar. Viele der im Rahmen des Modellprogramms geförderten Einrichtungen werden mit Abschluss der ersten Förderperiode diesen Anforderungen an ihre Organisationsstrukturen gerecht. Dennoch muss an vielen Stellen eine weitere Institutionalisierung erfolgen, um die auf Einrichtungsebene realisierten Innovationen nachhaltig zu gestalten. Organisationsstrukturen allein sind noch kein Garant für eine erfolgreiche Umsetzung der Programmziele. Sie bilden aber sowohl für die bestehenden Mehrgenerationenhäuser als auch für Einrichtungen, die diesen folgen möchten, eine wichtige Voraussetzung um die Programminnovationen dauerhaft zu sichern.

4 Vernetzung mit Kooperationspartnern und Zusammenarbeit mit der Kommune

CHRISTOPHER GESS

Im Dritten Sektor[7] haben sich in den vergangenen Jahrzehnten vielfältige und breit angelegte Hilfsangebote entwickelt (vgl. Rauschenbach 1999). Soziale Einrichtungen, Wohlfahrtsverbände und Vereine haben sich im Laufe der Jahre spezialisiert, ihr Angebotsspektrum erweitert und sich Nischen für die Finanzierung ihrer Arbeit gesucht. Der Grund für die zu beobachtende Expansion der Angebotslandschaft wird im Fachdiskurs über soziale Dienste vor allem in den gesellschaftlichen Modernisierungsprozessen gesehen. Insbesondere soziale Veränderungen wie Individualisierung, Auflösung tradierter Netzwerke und die steigende Komplexität aufgrund neuer sowie multipler Problemlagen des Klientels sozialer Dienste tragen zu dieser Entwicklung bei: Es ist sowohl ein steigender Bedarf an Hilfsangeboten als auch eine sich zunehmend ausdifferenzierende Nachfrage nach professioneller Unterstützung bei der Alltagsbewältigung zu beobachten (Santen/van Seckinger 2003, S. 13).

Neben dieser nachfragespezifischen Entwicklung deuten andere, parallel verlaufende Entwicklungsprozesse auf einen durch die Anbieter sozialer Dienste ausgelösten Wandel hin. So beobachten Evers, Heinze und Olk Prozesse der Verbetrieblichung sozialer Dienste und Einrichtungen der freien Wohlfahrtspflege, „in deren Folge die Einrichtungen und Dienste dieses Bereichs immer mehr den Handlungsrationalitäten des privatwirtschaftlichen Sektors angenähert werden" (Evers/Heinze/Olk 2011, S. 19). Die Verbetrieblichung führt zu einer verstärkten Wachstumsorientierung der Einrichtungen und damit zur Erweiterung ihres Angebotsspektrums. Diese Form durch Diversifikation und Spezialisierung ausgelöster Eigendynamik zielt darauf ab, die Marktposition sozialer Dienste zu verbessern (Santen/van Seckinger 2003, S. 14). „Spezialisierung wird hier zu einem wichtigen Wettbewerbsparameter für die eigene Positionierung in einer der Nischen des Marktes sozialer Dienstleistungen" (ebd.).

---

7 „Der Dritte Sektor bzw. Nonprofit-Sektor umfasst alle Organisationen, die sich weder der staatlichen Sphäre noch der Marktsphäre zurechnen lassen." (vgl. Nollert 2011)

Eine solche inzwischen weit verzweigte Entwicklung führt zu einer zunehmenden Unübersichtlichkeit und damit einhergehend zur Intransparenz der Hilfsangebote. Auf der einen Seite verbessert sich für die Nutzerinnen und Nutzer mit den ausdifferenzierten Angeboten der Zuschnitt der Inhalte auf ihre individuellen Problemlagen. Auf der anderen Seite werden auf diese Weise Zielgruppen ausgeblendet, auf deren Situation die spezialisierten Angebote nicht anwendbar sind. So erschwert eine zu detaillierte Ausrichtung der Angebotsinhalte letztlich die ganzheitliche Betrachtung sozialer und individueller Problemlagen. Van Santen und Seckinger beschreiben diese Folgerung als Entwicklungsdilemma: Je spezialisierter und differenzierter die formalen Hilfssysteme seien, desto höher werde ihre Problemlösungskompetenz auf der einen und desto geringer ihre Lebensweltorientierung auf der anderen Seite (ebd., S. 15).

Ein möglicher Weg zur Auflösung dieses Entwicklungsdilemmas ist es, die Konkurrenz zwischen Hilfsanbietern und sozialen Einrichtungen zu reduzieren sowie die bestehenden Angebote stärker aufeinander abzustimmen und transparenter zu gestalten. Dieses Vorgehen setzt Strategien zur optimalen Zusammenführung von Angebot und Nachfrage sowie zur Etablierung einer integrierten Angebotsstruktur voraus (Lenz 1998, S. 1). In der wissenschaftlichen Auseinandersetzung mit diesem Thema werden dazu vor allem die Strategien der Kooperation und Vernetzung diskutiert, die zum Abbau von negativen Konsequenzen starker Konkurrenzverhältnisse wie Doppelstrukturen und überbordender Spezialisierung eingesetzt werden. Auf diese Weise kann auch zur Entsäulung des Gesamtsystems der Hilfsangebote beigetragen werden.

Ein Anspruch des Aktionsprogramms war es, dass die Mehrgenerationenhäuser als Schnittstelle zwischen den Sektoren Staat, Markt und Zivilgesellschaft fungieren und durch beide erwähnten Ansätze – Kooperation und Vernetzung – zur Entsäulung der Hilfsangebote beitragen sollten. Damit standen die Häuser vor der Herausforderung, konkurrierende Einrichtungen und Anbieter zur Kooperation zu bewegen. Gleichzeitig mussten sie aber durch eigene bereichsübergreifende Hilfsangebote einen neuen Akzent auf dem Markt setzen, der wiederum konkurrenzverstärkend wirken kann.
Während auf die Frage der internen Entsäulung von Angeboten in den Mehrgenerationenhäusern speziell im Teil IV dieser Publikation eingegangen wird, soll dieses Kapitel zunächst die Kooperation mit lokalen Akteuren näher beleuchten. Zu diesem Zweck wird eingangs die Bedeutung von Kooperationen für soziale Einrichtungen am Beispiel der Mehrgenerationenhäuser diskutiert, um dann auf die Herausforderungen einzugehen, die insbesondere aus konkurrierenden Zielen oder Angeboten entstehen können. Die zur Überwindung dieser Herausforderungen notwendige Steuerung von Netzwerken wird anschließend als eine der zentralen Komponenten auf „dem Weg zum Mehrgenerationenhaus" dargestellt. Auch den Kommunen kommt als vermittelnde Institutionen und gleichzeitig wichtige Auftraggeber sozialer Dienste eine wichtige Rolle innerhalb der Netzwerke und somit für die Entsäulung der Hilfsangebote zu. Daher widmet sich der letzte Abschnitt dieses Kapitels der Zusammenarbeit zwischen Mehrgenerationenhäusern und Kommunen.

Bedeutung von Kooperationen für Mehrgenerationenhäuser

Während die Begriffe Kooperation und Vernetzung im alltäglichen Gebrauch oft synonym füreinander verwendet werden, sind sie im Zusammenhang der effektiven Steuerung sozialer Einrichtungen voneinander abzugrenzen. Die Kooperation zwischen verschiedenen Akteuren kann dabei definiert werden als ein „Verfahren [...] der intendierten Zusammenarbeit, bei dem im Hinblick auf geteilte oder sich überschneidende Zielsetzungen durch Abstimmung der Beteiligten eine Optimierung von Handlungsabläufen oder eine Erhöhung der Handlungsfähigkeit bzw. Problemlösungskompetenz angestrebt wird" (Santen/van Seckinger 2003, S. 29). Im Gegensatz dazu kann die Vernetzung als „Herausbildung, Aufrechterhaltung und Unterstützung einer Struktur, die der Förderung von kooperativen Arrangements unterschiedlicher Personen oder Institutionen dienlich ist" (ebd.), verstanden werden. Während Kooperationen somit ein gemeinsames zielorientiertes Handeln mit einer überschaubaren Anzahl von Akteuren beinhalten, stellen Netzwerke soziale Infrastrukturen dar, die über Kontakte zu unterschiedlichen Akteuren auch den Aufbau von Beziehungen sowie die Verständigung zu unterschiedlichen Themen ermöglichen. Kooperationen und Netzwerke bilden somit zwei wesentliche Grundlagen der wirksamen Steuerung sozialer Einrichtungen und ihrer nachhaltigen Verankerung in der jeweiligen Region. Im Aktionsprogramm Mehrgenerationenhäuser wurden die Bereiche Kooperation und Vernetzung daher getrennt voneinander erhoben. Die Kooperationen wurden im halbjährlichen Rhythmus quantitativ ermittelt und entsprechend der Definition als intendierte Zusammenarbeit verstanden, während der Aspekt der Vernetzung qualitativ untersucht und in allen Vor-Ort-Analysen thematisiert wurde.

Der Aufbau von Kooperationen stand für die Mehrgenerationenhäuser von Anfang an im Vordergrund. Da der Großteil der geförderten Einrichtungen bereits vor Beginn des Aktionsprogramms bestand, wurden auch die vorhandenen Kooperationsverhältnisse im Programm fortgeführt. Die Mehrgenerationenhäuser verfügen 2011 über insgesamt 25.700 Kooperationspartner. Pro Haus sind das durchschnittlich 51 Partner. Zu Beginn des Aktionsprogramms lag diese Zahl noch bei etwa 40 Partnern pro Haus. Die Kooperationsverhältnisse der geförderten Einrichtungen haben sich also im Verlauf des Programms gefestigt und ausgebaut.

Gleichzeitig lassen sich große Unterschiede in der Verteilung der Anzahl an Partnern feststellen (vgl. Abbildung 6). Kooperationen nehmen bei den einzelnen Einrichtungen offenbar einen unterschiedlichen Stellenwert ein. Auf der einen Seite gibt es Häuser, die eine sehr hohe Anzahl an Partnern in weniger engen Kooperationsverhältnissen in die Arbeit einbeziehen. Auf der anderen Seite finden sich Häuser, die zwar eine geringere Zahl an Kooperationen eingehen, diese jedoch sehr intensiv führen und durch die Etablierung fester Strukturen für Nachhaltigkeit in der Zusammenarbeit sorgen. Zu dieser Kategorie gehören auch jene Mehrgenerationenhäuser, die über stabile Kooperationsverhältnisse hinausgehend gemeinsam die Trägerschaft von Teileinrichtungen des Hauses übernommen und insofern eine Verflechtung unterschiedlicher Träger ermöglicht haben. Ein solches trägerübergreifendes Geflecht trägt in hohem Maß zur Entsäulung der Hilfsangebote bei.

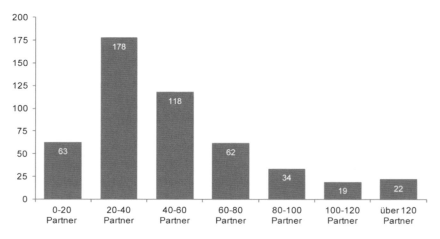

Abb. 6: Anzahl an Partnern der Mehrgenerationenhäuser

Datenquelle: Selbstmonitoring 1. Halbjahr 2011, N = 496

Die Notwendigkeit und das Interesse, mit anderen Organisationen und Institutionen zu kooperieren, unterscheiden sich zwischen den einzelnen Mehrgenerationenhäusern sehr stark. Zentrale Einflussfaktoren sind dabei das kommunale Umfeld sowie die fachlichen Vorerfahrungen der Häuser und ihre Mittel- und Personalausstattung. So kooperieren Häuser vom Prototyp „Eltern-Kind-Zentrum/Kita plus", „Kirchengemeinde-/Bürgertreff plus" und „Seniorenbildung/Seniorentreff plus" mit vergleichsweise wenigen Partnern. Dagegen sind die Häuser der Prototypen „Familien-/Mütterzentrum plus" und „Familienbildung plus" besonders gut vernetzt. Die Zahl ihrer Kooperationspartner liegt im Durchschnitt bei etwa 60 Partnern. Dieser hohe Wert lässt sich unter anderem darauf zurückführen, dass Familien- und Mütterzentren sowie Familienbildungsstätten in der Regel über ein sehr breites Angebotsspektrum verfügen. Je breiter das Angebots- und Zielgruppenspektrum einer sozialen Einrichtung ist, desto größer sind auch Notwendigkeit und Anzahl potenzieller Partner für Kooperationen, da es nur mit sehr hohem finanziellen und personellen Aufwand möglich wäre, alle Zielgruppen selbst anzusprechen und alle Angebote in Eigenregie zu erbringen.

Der Einfluss vorheriger Erfahrungen der Häuser auf ihr Kooperationsverhalten wird dann deutlich, wenn die Kooperationen hinsichtlich des Alters der Einrichtungen betrachtet werden. Mit einer unterdurchschnittlichen Anzahl an Partnern kooperieren sowohl sehr junge Einrichtungen als auch Häuser, die bereits älter sind und daher über viel Erfahrung verfügen. So konnten von Häusern, die entweder jünger als drei Jahre oder älter als 20 Jahre waren, Anfang 2008 nach etwa einem Jahr Programmlaufzeit nur 40 Prozent auf mehr als 25 Partner zurückgreifen, während es bei Häusern mittleren Alters etwa 60 Prozent waren. Dieser deutliche Unterschied legt die Vermutung nahe, dass soziale Einrichtungen sich zu Beginn ihres Bestehens zunächst etablieren müssen. Die Zahl der Kooperationspartner steigt in den ersten Jahren noch mit dem Alter der Einrichtung. Nach einiger Zeit wird allerdings eher die Kooperation mit bestehenden Partnern intensiviert, als dass neue Formen der Zusammenarbeit akquiriert werden. Sinnvolle Kooperationen werden vertieft und andere nicht mehr erneuert, sodass die Gesamtzahl der Kooperationen im Laufe späterer Jahre wieder sinkt. Dieses Ergebnis erlaubt die Hypothese, dass die Mehrgenerationenhäuser ihre Partnerschaften nicht nur langfristig, sondern auch strategisch anlegen. Es zeichnet sich demnach die Strategie ab, zunächst möglichst viele Partner zu akquirieren und dann gezielt jene Kooperationen auszubauen, die den Häusern die größten Synergiemöglichkeiten bieten.

Inhalte der Kooperationen

Synergien durch Kooperationen entstehen vor allem dann, wenn die Zusammenarbeit von Anfang an darauf ausgerichtet ist, beiden Partnern von Nutzen zu sein. Daher sollte jede Kooperation individuell entsprechend den Bedürfnissen und Potenzialen der beiden beteiligten Institutionen gestaltet werden. In der Praxis lassen sich zwei Ansätze der Kooperation unterscheiden: zum einen die konkrete Kooperation bei Aufgaben im Tagesgeschäft, zum anderen die strategische Kooperation bei der Steuerung, Finanzierung oder Konzeptentwicklung.

Die Mehrgenerationenhäuser benötigen in ihrem vielfältigen Tagesgeschäft die Unterstützung durch Kooperationspartner. Sie sind darauf angewiesen, dass diese an der Gestaltung von Angeboten sowie an der Ansprache von neuen Nutzergruppen und Freiwillig Engagierten mitwirken. Über 90 Prozent aller Häuser arbeiten mit Partnern zusammen, die potenzielle Nutzerinnen und Nutzer ansprechen, und in genauso vielen Häusern tragen Partner dazu bei, die Angebote im oder mit dem Mehrgenerationenhaus zu erbringen (vgl. Abbildung 7). Dabei werden besonders solche Angebote gemeinsam durchgeführt, bei denen das Mehrgenerationenhaus über weniger Erfahrung verfügt oder andere Einrichtungen eher die nötigen personellen Ressourcen bereitstellen können. Fast 90 Prozent aller Häuser werden zudem von ihren Kooperationspartnern dabei unterstützt, neue Freiwillig Engagierte für eine Tätigkeit in der Einrichtung zu gewinnen.

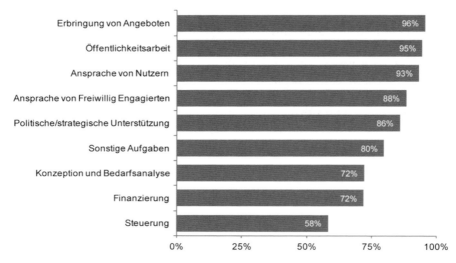

Abb. 7: Beitrag der Kooperationspartner in den Mehrgenerationenhäusern

Datenquelle: Selbstmonitoring 1. Halbjahr 2011, N = 496

Neben dieser konkreten Unterstützung im Tagesgeschäft konnten auch Kooperationen auf übergeordneter Ebene festgestellt werden. So haben einige Häuser Beiräte eingerichtet, in denen Kooperationspartner die strategische oder inhaltliche Ausrichtung beeinflussen und dazu beitragen können, die Häuser weiterzuentwickeln. Diese Mitwirkung kann Aufgaben der Steuerung und Finanzierung sowie der Konzeption und Bedarfsanalyse umfassen. So arbeiten bei etwa der Hälfte der Häuser die Partner in der Steuerung mit und bei mehr als zwei Drittel tragen die Partner zur Finanzierung der Häuser bei (vgl. Abbildung 7). Die im Vergleich zum Tagesgeschäft geringere Beteiligung der Kooperationspartner an diesen Aufgaben lässt sich auch auf eine konkurrenzinduzierte Distanz zurückführen, die vielerorts aufgrund von Ökonomisierung und Vermarktlichung der Angebote zwischen den Trägern gewachsen ist. Dazu stellt Evers fest, dass Kooperation „in dem Maße erschwert [wird], wie Marktregulative die Beteiligten zwingen, sich primär als Konkurrenten zu verhalten" (Evers 2011, S. 273). In solchen Fällen ist der Anreiz für Kooperationspartner, sich aktiv und konstruktiv an der Entwicklung des Hauses zu beteiligen, besonders gering. Zudem bleibt der Nutzen einer Zusammenarbeit auf übergeordneter Ebene meist indirekt und abstrakt, da er nicht aus dem praktischen Bezug der Angebote im Mehrgenerationenhaus erwächst. Insgesamt ist zu erkennen, dass neue Kooperationen hier zunächst im Tagesgeschäft beginnen und sich erst nach einiger Zeit und gemeinsamen Erfolgen zu festeren oder institutionalisierten Kooperationen entwickeln.

Synergien ergeben sich in der Regel auf Basis ähnlicher Erfahrungen der Partner mit bestimmten Zielgruppen oder auch bei der Weiterentwicklung einzelner Politikfelder auf kommunaler Ebene. Dies setzt voraus, dass die Partner in Bereichen kooperieren, in denen sie ihre jeweiligen Kernkompetenzen einbringen können. Die Erkenntnisse aus dem Aktionsprogramm bestätigen diesen Zusammenhang, denn oft sind die Inhalte der von Mehrgenerationenhäusern eingegangenen Kooperationen durch Art und Ausrichtung des Kooperationspartners geprägt. Dieser Einfluss lässt sich beispielsweise bei Kooperationen mit Unternehmen erkennen, die mit Abstand die größte Gruppe der Partner für die Häuser darstellen (vgl. Abbildung 8). Zwar wird mit Unternehmenskooperationen häufig der Wunsch verbunden, Finanzmittel einzuwerben, doch zeigen die empirischen Daten, dass Unternehmen die Häuser vielmehr bei der Öffentlichkeitsarbeit unterstützen (vgl. Niederfranke 2010). So sind viele Partner der Mehrgenerationenhäuser Presse- und Mediaagenturen.

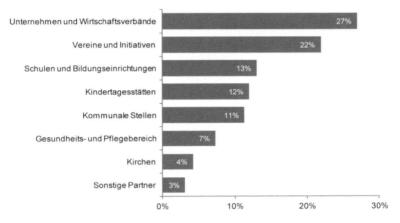

Abb. 8: Art der Kooperationspartner der Mehrgenerationenhäuser

Datenquelle: Selbstmonitoring 1. Halbjahr 2011, N = 496

Herausforderungen bei der Vernetzung

Vernetzung benennt hier die Etablierung einer sozialen Infrastruktur im Sinne einer interinstitutionellen Verständigung und Kooperation. Im Unterschied zu formellen Netzwerken innerhalb einzelner Organisationeinheiten stehen interinstitutionelle Netzwerke vor der Herausforderung, unterschiedliche Beziehungsebenen zu berücksichtigen – sowohl zwischen den beteiligten Personen als auch zwischen direkt beteiligten und indirekt beteiligten Personen. Diese mehrschichtige Betrachtung beruht auf dem Verständnis, Institutionen nicht ausschließlich als jeweils handlungsfähige Akteure anzusehen, sondern auch als soziale Systeme mit eigenen formellen und informellen Organisationsstrukturen. Darüber hinaus kann auch das Netzwerk selbst als eine Form der Organisation mit spezifischen Handlungsrationalitäten angesehen werden.

Die folgende Grafik gibt einen Überblick über die unterschiedlichen Beziehungsebenen, die beim Aufbau und bei der Koordination von Netzwerken eine Rolle spielen:

Tab. 3: Beziehungsebene und Notwendigkeit der Zielverständigung in interinstitutionellen Netzwerken

	Mitglied im Netzwerk	Eigene Organisation	Fremde Organisation	Netzwerk
Mitglied im Netzwerk	Interpersonelle Zielverständigung im Rahmen von Netzwerktreffen	Rückkopplung der Ziele und Mandatierung für die Netzwerkarbeit	Klärung wahrgenommener oder vermuteter Zielkonflikte	Einstellungen der kooperierenden Personen zum Netzwerk
Eigene Organisation	Rückkopplung der Ziele und Mandatierung für die Netzwerkarbeit		Analyse der Schnittmengen der Organisationsziele	Verständigung über die Bereitstellung von Ressourcen für das Netzwerk
Fremde Organisation	Klärung wahrgenommener oder vermuteter Zielkonflikte	Analyse der Schnittmengen der Organisationsziele	Analyse der Schnittmengen der Organisationsziele	Verständigung über die Bereitstellung von Ressourcen für das Netzwerk
Netzwerk	Einstellungen der kooperierenden Personen zum Netzwerk	Verständigung über die Bereitstellung von Ressourcen für das Netzwerk	Verständigung über die Bereitstellung von Ressourcen für das Netzwerk	

Dieses mehrschichtige interinstitutionelle Beziehungsgeflecht verdeutlicht den Stellenwert gemeinsamer Zielvorstellungen innerhalb eines Netzwerkes. „Unklare Zielvorstellungen belasten die Kooperation nicht nur deshalb, weil sie die Herstellung von Kohärenz negativ beeinflussen und zu Rückzugsverhalten bei einzelnen Mitgliedern führen, sondern auch, weil sie Erfolgserlebnisse unwahrscheinlicher werden lassen" (Santen/van Seckinger 2003, S. 279). Es gilt daher, auf allen Ebenen für weitgehend kohärente Zielvorstellungen zu sorgen, die nicht nur zwischen den unmittelbar Beteiligten, sondern auch innerhalb der „Herkunftsorganisationen" der Akteure abgestimmt werden.

Mehrgenerationenhäuser verfolgen aufgrund ihrer Themen- und Zielgruppenvielfalt zahlreiche Ziele und stehen daher in besonderer Weise vor der Herausforderung einer inhaltlichen Abstimmung. Selbst wenn jedes der sieben in Kapitel 1 aufgeführten Handlungsfelder im Aktionsprogramm als jeweils nur ein übergeordnetes Ziel in den Mehrgenerationenhäusern zusammengefasst wird, verfolgen die Häuser dennoch mindestens sieben übergeordnete Ziele. Hinzu kommen die Ziele der entsprechenden Ursprungseinrichtungen und ihrer Träger. Angesichts dieser Komplexität tendieren die Häuser in der Praxis dazu, sich bei Kooperationen und Mitgliedschaften in Netzwerken stark an ihren traditionellen Zielen sowie den Interessen ihrer gewohnten Zielgruppen zu orientieren. So kooperieren Mehrgenerationenhäuser der Ursprungseinrichtungen beziehungsweise Prototypen „Eltern-Kind-Zentrum/Kita plus" und „Familienbildungsstätte plus" bevorzugt mit anderen Kindertagesstätten. Hier haben die Netzwerke der Ursprungsorganisation des Mehrgenerationenhauses entscheidenden Einfluss. Viele der Mehrgenerationenhäuser, die aus einer Kindertagesstätte hervorgegangen sind, nehmen traditionell als Mitglied an kommunalen Gremien zur Kinderbetreuung teil und pflegen über diesen Weg regelmäßige Kontakte, die zu einer langfristigen Kooperation ausgebaut werden können. Wenn dabei ähnliche Ziele verfolgt und vergleichbare Nutzergruppen angesprochen werden, fällt es den Beteiligten leichter, ein homogenes Kooperationsverständnis zu entwickeln und zu institutionalisieren.

Diese Ähnlichkeiten führen aber auch dazu, dass sich die Partner nur an spezifischen Stellen ergänzen können wie etwa durch besonders nutzerfreundliche Öffnungszeiten in einer Kindertagesstätte oder bei der Koordination von zeitversetzten Schließzeiten im Sommer. Heterogene Netzwerke hingegen, die einen aufwendigen Prozess der Zielverständigung durchlaufen müssen, sind in diesem Umfeld deutlich seltener zu finden. Dennoch wird ihnen im Aktionsprogramm Mehrgenerationenhäuser ein höherer Wert beigemessen, da gerade diese zielgruppen-, altersgruppen- und bereichsübergreifende Arbeit sowie die Entsäulung der Hilfsangebote vorrangige Ziele der Mehrgenerationenhäuser darstellen. Einrichtungen, die sich zu Mehrgenerationenhäusern entwickeln möchten, sollten daher verstärkt und bewusst Kooperationsverhältnisse mit Partnern eingehen, die andere Zielgruppen ansprechen und gegebenenfalls unterschiedliche Ziele verfolgen. Dabei ist in jedem Fall darauf zu achten, der Zielverständigung als zentraler Aufgabe in der Phase des Kooperationsaufbaus ausreichend Raum zu geben.

Ein gemeinsames Ziel ist also eine notwendige Bedingung bei der Netzwerkbildung, kann jedoch allein noch nicht zum Erfolg führen. Auch Netzwerke, die ein übergeordnetes, gemeinsames und von allen als bedeutsam eingestuftes Ziel verfolgen, sehen sich vor weitere Schwierigkeiten gestellt, wie etwa das sogenannte Trittbrettfahrerproblem. „Übergeordnete und institutionenübergreifende Ziele wie das der Gemeinwesenarbeit können aufgrund einer nur schwierig aufzulösenden Spannung zwischen dem Wunsch nach freiwilliger Kooperation und fehlender Verantwortlichkeit zum Ressourcenrückzug und zur Ressourcenverweigerung auf institutioneller und persönlicher Ebene führen" (Santen/van Seckinger, S. 273). Daher ist es neben gemeinsamen Zielen ebenso wichtig, bei der Etablierung von Netzwerken Klarheit über die zur Verfügung stehenden personellen und materiellen Grundlagen zu schaffen.

How To – Aufbau von Netzwerken
- Aufbau von Kontakten zwischen an einer Kooperation interessierten Organisationen
- Berücksichtigung und Integration bestehender informeller Netzwerke in die formalisierte Netzwerkarbeit
- Klärung von Zielen der beteiligten Personen sowie der beteiligten Organisationen
- Analyse möglicher Zielkonflikte und Konkurrenzen zwischen beteiligten Organisationen
- Verständigung über gegenseitige Erwartungen und Ziele

- Klärung personeller und materieller Ressourcen des Netzwerks
- Rückspiegelung der Ziele des Netzwerks an die jeweiligen Herkunftsorganisationen und explizite Mandatierung für die Netzwerkarbeit durch diese

Vielen Mehrgenerationenhäusern, die zu Beginn des Programms über wenig Erfahrung mit Kooperationen verfügten, konnten versierte Partner wertvolle Unterstützung bieten, indem sie diesen Häusern ihr Wissen und ihren Erfahrungsschatz zur Verfügung stellten. So hat eine Untersuchung der Mehrgenerationenhäuser im Jahr 2008 ergeben, dass sich besonders die jüngeren Häuser verstärkt mit Einrichtungen vernetzt haben, die schon mehrere Jahre existierten. Über vier Fünftel der Kooperationspartner hatten 2008 bereits mehr als fünf Jahre Erfahrung in ihrem Bereich.

Steuerung von Netzwerken

Die Herausforderungen beim Aufbau von Kooperationen und Netzwerken machen deutlich, dass es sich dabei um Prozesse handelt, die auch umfangreiche Anforderungen an ihre jeweilige Steuerung stellen. Insbesondere für den Erfolg bereichsübergreifender Kooperationen von sozialen Einrichtungen mit staatlichen, privatwirtschaftlichen und zivilgesellschaftlichen Institutionen bedarf es der Etablierung von Steuerungsstrukturen, die eine Verständigung über die Sektoren hinweg gewährleisten. „Mit einem gemischten System der Wohlfahrtsproduktion im Bereich sozialer Dienste stellt sich auch ein Nebeneinander verschiedener Steuerungsformen ein, die im jeweiligen Governance-System mehr oder weniger eng miteinander verbunden sind." (Evers 2011, S. 273) Diese Verschachtelung unterschiedlicher Steuerungsformen nennt Evers „mixed governance" (ebd.).

Eine Möglichkeit zum Umgang mit diesem Anspruch besteht darin, zunächst partielle, bilaterale Kooperationen einzugehen. Wie bereits geschildert, besteht die Hauptabsicht der Kooperationen von Mehrgenerationenhäusern in der Zielgruppenansprache sowie darin, gemeinsam Angebote zu erbringen. Diese Inhalte setzen keine formalisierten Netzwerke voraus, sondern können unmittelbar bilateral zwischen dem Mehrgenerationenhaus und anderen Einrichtungen oder Partnern durchgeführt werden. Dementsprechend bilden persönliche, informelle Absprachen hier die gängigste Form der Steuerung von Kooperationen. Diese Gespräche werden bei allen Kooperationen von Mehrgenerationenhäusern genutzt und finden in 70 Prozent der Kooperationen häufiger als alle zwei Wochen statt. Zudem koordinieren mehr als drei Viertel der Häuser ihre Kooperationen durch regelmäßige bilaterale Treffen.

Insgesamt wählen die Häuser damit informelle Kooperationsansätze, die auf niedrigschwelligen Instrumenten basieren. Diese Art der Steuerung ihrer Kooperationen reicht für den Großteil der bestehenden Beziehungen aus. Besonders in der Anfangsphase des Aktionsprogramms hat es sich als Erfolgsfaktor erwiesen, Kooperationen zunächst niedrigschwellig und informell zu beginnen, mit der Zeit ihre Verbindlichkeit zu erhöhen und schließlich die Zusammenarbeit dort zu vertiefen, wo Synergie-Effekte ausgemacht werden konnten. Um jedoch langfristig zu vermeiden, dass die Kooperationen ausschließlich personenbezogen sind, ist es wünschenswert, die Kooperationen zu institutionalisieren und auf diese Weise ihre Nachhaltigkeit zu sichern.

Eine weitere Möglichkeit zum Umgang mit den geschilderten Herausforderungen bei der Netzwerkarbeit ist es, Kooperationspartner langfristig in die Steuerung der eigenen Einrichtung einzubinden und sie umgekehrt auch bei der Weiterentwicklung ihrer Projekte zu unterstützen. Auf diese Weise können unterschiedliche Partner Vertrauen zur Einrichtung als einem gemeinsamen „Dritten" aufbauen. Diese Verbindung ermöglicht es Partnern, die zuvor nicht vernetzt waren, auch untereinander Vertrauen aufbauen. Damit ist eine gute Grundlage für nachhaltige Netzwerkbildung gegeben (Straus 2010, S.164). Diese Einbindung in die Steuerung wurde oben bereits in Abgrenzung von einer Zusammenarbeit im Tagesgeschäft als „Kooperation auf übergeordneter Ebene" bezeichnet. Obwohl mit 58 Prozent mehr als die Hälfte der Mehrgenerationenhäuser bei Steuerungsaufgaben mit einzelnen Partnern zusammenarbeitet, binden lediglich etwa 40 Prozent der Häuser die Partner über formalisierte Strukturen wie Steuerungskreise oder Beiräte ein. In vertiefenden Analysen der Jahre 2008 und 2011 konnten in nur wenigen Häusern solche institutionalisierte Formen identifiziert werden. Nur drei von sieben der unter diesem Aspekt 2011 untersuchten Häuser verfügten zu diesem Zeitpunkt über einen Beirat oder ähnliche Strukturen zur Einbindung ihrer Kooperationspartner.

Beim Aufbau von Beiräten tritt eine hemmende Wirkung ein, sobald der Nutzen einer Kooperation für die Partner nur indirekt oder kaum sichtbar ist. So lässt sich häufig nicht unmittelbar erkennen, inwiefern die Partner davon profitieren, ein Mehrgenerationenhaus in Steuerungs-, Finanz- oder Konzeptionsfragen zu unterstützen. Vielmehr muss eine solche Kooperation auf Gegenseitigkeit beruhen, und auch die Mehrgenerationenhäuser müssen ihrerseits an der Steuerung der Partnerorganisation mitwirken. Dabei können die Häuser ihre Partner besonders bei der Implementierung des Mehrgenerationenansatzes unterstützen. Größeren Einrichtungen gelingt es unter anderem aufgrund ihrer eigenen Leistungsmöglichkeiten meist besser, ihre Partner in die Steuerung einzubeziehen. In kleineren Häusern sind die Kooperationen oftmals weniger formell organisiert und von wenigen Verantwortlichen abhängig, die eng zusammenarbeiten. Die Mitarbeit von Partnern in der Steuerung lag 2008 in Mehrgenerationenhäusern mit mehr als 50 Mitarbeiterinnen und Mitarbeitern bei über 20 Prozent im Gegensatz zu knapp 15 Prozent in Häusern mit weniger als 50 Mitarbeiterinnen und Mitarbeitern – ein Unterschied, der unter anderem darauf zurückzuführen ist, dass größere Häuser über höhere personelle Ressourcen zur Steuerung von Netzwerken und zur Beratung von Partnern verfügen. Aus diesem Zusammenhang lässt sich ableiten, dass ausreichende Ressourcen für die Netzwerkarbeit zur Verfügung stehen müssen, um Vertrauen zwischen den Partnern und damit langfristig funktionierende Netzwerke aufbauen zu können.

Anstatt eigene, neue Netzwerke aufzubauen, können sich Institutionen auch an bestehenden Netzwerken beteiligen, insbesondere an kommunalen Gremien. Eine solche institutionelle Kopplung der eigenen Einrichtung an entweder andere Einrichtungen oder die Kommune wird durch die Gremienarbeit gestärkt. Empirisch war bereits 2008 bei der Hälfte der Kooperationen von Mehrgenerationenhäusern eine Zusammenarbeit im Rahmen von Stadtteilkonferenzen oder kommunalen Arbeitskreisen zu beobachten. Dabei arbeiteten über 80 Prozent dieser Häuser zur Steuerung der Kooperationen in kommunalen Gremien mit. In den Fallstudien hat sich allerdings gezeigt, dass die Gremienarbeit weniger dazu geeignet ist, die Kooperationspartner stärker miteinander zu vernetzen, sondern primär genutzt wurde, um den Kontakt zur Kommune zu intensivieren. Nur dort, wo in den Gremien gemeinsame Aktionen geplant oder Angebot und Nachfrage aufeinander abgestimmt wurden, waren auch Effekte eines Netzwerks erkennbar.

Zusammenarbeit mit der Kommune

Die wichtigsten Partner der Mehrgenerationenhäuser sind in der Regel die Kommunen. Zum einen stellen sie eine wichtige Finanzierungsquelle für die Häuser dar. Zum anderen ist es für soziale Einrichtungen entscheidend, inhaltlich sowie konzeptionell mit den politischen Entscheidungsträgern und Verwaltungen zusammenzuarbeiten, um sich nachhaltig in der Region zu etablieren. Doch nicht nur die Mehrgenerationenhäuser profitieren von dieser Kooperation, der Effekt wirkt auch umgekehrt: Denn in ihrer Position als Angebots- und Dienstleistungserbringer erfüllen soziale Einrichtungen aufgrund ihres Anteils am lokalen Markt eine ökonomische Funktion als Arbeitgeber und sind damit Teil der sozialökonomischen Wertschöpfungskette (Zimmer 2007, S. 87). Des Weiteren unterstützen sie die Kommune bei der Aufgabe der kommunalen Daseinsvorsorge. An diesem Punkt sehen einige Kommunen auch vor dem Hintergrund des demografischen Wandels sowohl klare Herausforderungen als auch die Perspektive, dass sie durch Kooperationen einen Wandel auf der Angebotsseite bewirken und durch die Verzahnung von Angeboten wiederum einen Effizienzgewinn realisieren können.

Daher erscheint es auf den ersten Blick überraschend, dass kommunale Stellen – gegenüber der hohen Anzahl an Unternehmenspartnern und Vereinen – nur 11 Prozent der Kooperationspartner von Mehrgenerationenhäusern ausmachen (vgl. Abbildung 8). Diese Gewichtung liegt jedoch darin begründet, dass es weniger kommunale Institutionen und Verwaltungseinheiten gibt als Vereine oder Unternehmen. So zeigt sich, dass mit 99 Prozent fast jedes Mehrgenerationenhaus mit mindestens einer kommunalen Stelle zusammenarbeitet (vgl. Abb. 9). Schon in der Anfangszeit des Aktionsprogramms kooperierten mehr Häuser mit kommunalen Stellen als mit anderen Kooperationspartnern.

Im Vergleich zu Unternehmen, Vereinen und anderen Partnern werden kommunale Stellen deutlich stärker in Steuerungsfragen der Mehrgenerationenhäuser eingebunden. Zwar arbeiten die Häuser auch im Tagesgeschäft mit Kommunen zusammen und führen beispielsweise gemeinsame Angebote durch, übernehmen im Auftrag der Kommune Dienstleistungen oder sprechen über die Kommune neue Nutzergruppen an. Doch zusätzlich unterstützen die Kommunen die Hälfte der Mehrgenerationenhäuser bei konzeptionellen und strategischen Fragen. Dies unterscheidet sie erheblich von allen anderen Kooperationspartnern, die – obwohl zahlenmäßig stärker vertreten – bei Steuerungs- und Konzeptionsfragen deutlich seltener beteiligt werden (vgl. Abbildung 10). Die Kommunen können helfen, Lücken in der Versorgung der Bürgerinnen und Bürger zu finden, und die Mehrgenerationenhäuser können darauf wiederum mit passenden Angeboten reagieren. Darüber hinaus haben Mehrgenerationenhäuser durch ihre Teilhabe am kommunalen Wissen über existierende öffentliche und nichtöffentliche Angebote die Möglichkeit, auch mit anderen Einrichtungen zielführender zusammenzuarbeiten. In Fallstudien hat sich gezeigt, dass Kommunen häufig eine Türöffnerfunktion für die Mehrgenerationenhäuser einnehmen.

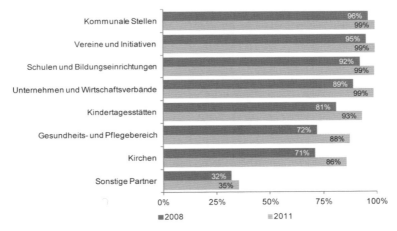

Abb. 9: Anteil der Mehrgenerationenhäuser mit mindestens einem Partner aus verschiedenen Gruppen

Datenquelle: Selbstmonitoring 1. Halbjahr 2008, N = 500; Selbstmonitoring 1. Halbjahr 2011, N = 496

Als gemeinnützige Organisationen fungieren die Mehrgenerationenhäuser im Auftrag ihrer Träger zudem als Interessenvertretung. Mit dem vielseitigen Einsatz für ihre Zielgruppen, Mitglieder sowie Nutzerinnen und Nutzer wirken sich soziale Einrichtungen auch auf die Kommunalpolitik aus (Zimmer 2007, S. 87). Früchtel beschreibt dies als Lobbyarbeit, bei der soziale Einrichtungen jedoch auch „immer einer gewissen Zweideutigkeit, ob [sie] eigennützig oder stellvertretend" (Früchtel et al. 2010, S. 294) handeln, unterliegen, da sie neben den Bedürfnissen ihrer Zielgruppen auch die Interessen der eigenen Organisation vertreten. Diese Unklarheit lässt sich nicht auflösen, aber dadurch entschärfen, dass sich die Einrichtungen auf den Informationsaustausch mit der Kommune konzentrieren.

Entscheidend ist dabei, dass das inhaltliche Angebot der Mehrgenerationenhäuser über bereits verfügbare Informationen hinausgeht. Soziale Einrichtungen haben die Möglichkeit, Informationen im Sinne eines „Lobbying von unten" zu verbreiten, in-

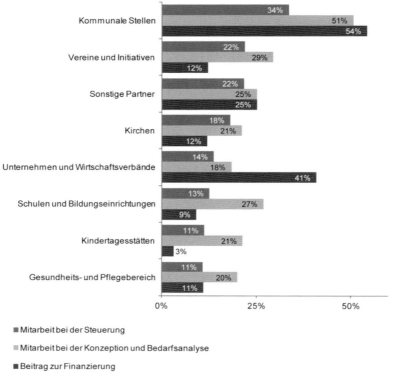

Abb. 10: Art des Beitrags der Kooperationspartner in den Mehrgenerationenhäusern

Datenquelle: Selbstmonitoring 1. Halbjahr 2011, N = 489

dem sie Erfahrungen aus ihrer Arbeit mit Betroffenen einbringen, und andererseits „Lobbying von innen" zu betreiben, indem sie darauf hinweisen, welche ungewollten Effekte staatliche Regelungen haben können und wie diese in der Praxis umgangen werden (Früchtel et al. 2010, S. 294). „Als Umsetzer von Verwaltungskonzepten sind [Geschäftsführer von freien Trägern] näher an der Praxis, wissen schneller, was funktioniert, und können auch direkter verschiedene Alternativen erproben" (ebd.). Fallstudien belegen, dass das Lobbying von innen besonders erfolgversprechend ist. Vor diesem Hintergrund haben sich in vielen Fällen bereits Mehrgenerationenhäuser zur Erprobung neuer Ansätze zur Verfügung gestellt. Dieser Aspekt soll im Folgeprogramm verstärkt werden, indem die Häuser auch auf Programmebene gezielt zur Erprobung neuer Ansätze aufgefordert und dabei wissenschaftlich begleitet werden.

Die enge Kooperation der Mehrgenerationenhäuser mit den Kommunen sowie besonders die projektbezogene Zusammenarbeit erhöhen die Wahrscheinlichkeit, finanziell von der Kommune gefördert zu werden. Dies haben die Vor-Ort-Analysen zur finanziellen Nachhaltigkeit der Mehrgenerationenhäuser (siehe Kapitel 12) ergeben. Mehr als die Hälfte der Häuser erhalten finanzielle Zuschüsse durch die Kommune in Höhe von durchschnittlich 42.900 Euro pro Jahr (N = 154). Aufbauend auf dieser bereits nachhaltigen Unterstützung wird die Rolle der Kommunen im Folgeprogramm des Aktionsprogramms Mehrgenerationenhäuser sogar noch stärker in den Fokus genommen: Sie müssen eine verpflichtende Kofinanzierung der Häuser übernehmen. Auch auf diese Weise soll die Zusammenarbeit der Häuser mit der Kommune gestärkt werden. Als finanzielle Förderer werden die Kommunen zukünftig wahrscheinlich noch stärker als bisher die Ausrichtung der Häuser beeinflussen und enger mit den unterschiedlichen Ebenen der Einrichtungen zusammenarbeiten.

Resümee

Kooperationspartner haben in den vergangenen fünf Jahren einen großen Beitrag dazu geleistet, das Aktionsprogramm Mehrgenerationenhäuser erfolgreich umzusetzen. Die Analyse zeigt, dass die Mehrgenerationenhäuser in ihrem Umfeld stark vernetzt sind. Dabei unterscheidet sich die Anzahl der Kooperationspartner in den jeweiligen Häusern erheblich. Dies liegt zum einen darin begründet, dass eine Kooperationsbeziehung vom einmaligen Kontakt bis hin zur kontinuierlichen Einbindung der Partner unterschiedlich intensiv geführt werden kann. Zum anderen hängt die Anzahl der Kooperationspartner vom Typ der Ursprungseinrichtung beziehungsweise Prototyp des Mehrgenerationenhauses und der im Haus vorhandenen Erfahrung ab. Die häufigsten Kooperationspartner der Mehrgenerationenhäuser sind Unternehmen und Wirtschaftsverbände sowie Vereine und Initiativen. Darüber hinaus arbeiten fast alle Häuser seit Beginn des Aktionsprogramms mit mindestens einer kommunalen Stelle zusammen. Zusätzlich leisten die Kommunen einen wichtigen Beitrag zur Finanzierung der Häuser.

Für soziale Einrichtungen, die sich zu Mehrgenerationenhäusern entwickeln möchten, stellt die Kooperation mit anderen Einrichtungen und Organisationen eine entscheidende Aufgabe dar – besonders in der Anfangsphase ihrer Umwandlung. Dabei ist es von zentraler Bedeutung, Organisationen als Partner zu gewinnen, die das Profil der eigenen Einrichtung ergänzen. Die Erfahrungen der Mehrgenerationenhäuser zeigen, dass diese Anforderung nicht leicht zu erfüllen ist. Denn bei Kooperationen mit nicht zielkohärenten Organisationen ist es deutlich aufwendiger, sich auf gemeinsame Ziele zu verständigen. Die Erkenntnisse weisen aber darauf hin, dass sich die Mehrgenerationenhäuser seit Beginn des Aktionsprogramms auch für weitere als ihrem eigenen Profil ähnliche Partner geöffnet haben.

Die Öffnung für neue Kooperationspartner ist ein langwieriger Prozess, der behutsam aufgebaut werden muss. Aus den Erfahrungen der Mehrgenerationenhäuser lässt sich ableiten, dass soziale Einrichtungen auf dem Weg zum Mehrgenerationenhaus zunächst Kooperationen bei konkreten Aufgaben im Tagesgeschäft eingehen sollten. Dazu gehören sowohl die gemeinsame Erbringung von Angeboten als auch die Ansprache von Nutzergruppen und freiwillig Engagierten. Erst in einem nächsten Schritt kann die Einbindung der Partner in die strategische Gesamtaufstellung – Steuerung,

Finanzierung, Konzeption und Bedarfsanalyse – erfolgen. Da der Nutzen einer Kooperation für die Partner hier nur indirekt sichtbar ist, wird als Voraussetzung umso bedeutsamer, dass im Vorfeld ein Vertrauensverhältnis aufgebaut wurde.

Die Steuerung der Kooperationen erfolgt bei den Mehrgenerationenhäusern mehrheitlich nicht in formalen Strukturen wie Steuerungskreisen oder Beiräten, sondern häufiger im Rahmen informeller Absprachen. Diese haben sich besonders bei entstehenden Kooperationen als geeignetes Steuerungsinstrument bewährt. Um jedoch auf lange Sicht zu vermeiden, dass die Kooperationen ausschließlich personenbezogen sind, gilt es, die Kooperationen transparent und strukturiert zu steuern und somit ihre Nachhaltigkeit zu gewährleisten. Als Alternativen zum aufwendigen Prozess des Aufbaus formaler Netzwerke wurden zwei Herangehensweisen identifiziert, die sich auch bei anderen sozialen Einrichtungen anwenden lassen: Zum einen kann Vertrauen geschaffen werden, indem die Einrichtung zunächst einzelne Partner in die Steuerung einbindet. Werden anschließend mehrere Partner in die Steuerung einbezogen, kann das entstandene Vertrauen eine gute Basis dafür sein, auch diese Partner untereinander zu vernetzen. Zum anderen kann die Mitarbeit in bestehenden, überwiegend kommunalen Gremien dazu genutzt werden, eigene Netzwerkarbeit zu betreiben.

Teil III: Entwicklung zur sozialen Anlaufstelle

5 Mehrgenerationenarbeit

MEIKE REINECKE/CHRISTINE RÖSCH

Um den sozialen Zusammenhalt der Gesellschaft langfristig zu fördern und den demografischen Wandel wie auch die Veränderung der Familienstrukturen aktiv zu gestalten, kommt dem Auf- und Ausbau generationenübergreifender Beziehungen eine wichtige Rolle zu. Die Politik fördert daher diese Verbindung der Generationen sowohl innerhalb als auch außerhalb familiärer Strukturen. *Innerhalb* von Familienzusammenhängen gibt es verschiedene Instrumente, die auf die Stärkung der generationenübergreifenden Bindungen zielen, beispielsweise das Elterngeld oder die Familienpflegezeit. *Außerhalb* von Familie steht insbesondere die Förderung von Begegnung und Miteinander im Fokus. Beispiele dafür sind die Etablierung von Begegnungszentren oder die Förderung des Freiwilligen Engagements sowie die Einrichtung von bundesweit 500 Mehrgenerationenhäusern. Hintergrund dieser Bemühungen ist die Erkenntnis, dass „Erziehung, Lernen, Bildung (...) immer in Generationenverhältnissen statt(finden)" (vgl. Liebau, zitiert durch Eisentraut 2007, S. 66) muss.

Soziale Kontakte stellen für jeden Menschen – unabhängig von Alter, Herkunft oder Geschlecht – elementare Bausteine zur Gestaltung des eigenen Lebens und zur Verbesserung der Lebensqualität dar. Ein funktionierendes soziales Netzwerk trägt dazu bei, dass in allen Lebenslagen kurzfristige und adäquate Unterstützung gewährleistet und soziale Isolation vermieden sowie Krisensituationen überwunden werden. Dabei zählen Familienangehörige grundsätzlich zu den wichtigsten Personen des sozialen Unterstützungsnetzes (Knopf 2000, S. 144). In der Familie kommen Angehörige unterschiedlicher Generationen zwar selbstverständlich zusammen, doch verändern sich Form und Lebenszusammenhang familiärer Strukturen. Dies äußert sich sowohl darin, dass verschiedene Generationen einer Familie nicht mehr an einem gemeinsamen Ort wohnen, als auch in der Zunahme sogenannter Patchworkfamilien. Hinzu kommen sinkende Geburtenraten.[8] Prognosen dazu besagen, dass im Jahr 2020 etwa ein Drittel der über 65-Jährigen keine Kinder oder

---

8   Gleichwohl gibt es aktuelle Veröffentlichungen der Max-Planck-Gesellschaft, die zum einen die (angenommene) Geburtenrate der letzten Jahre nach oben korrigierten. Hintergrund dessen ist eine neue Berechnungsmethode, die der Tatsache Rechnung trägt, dass Frauen immer später Kinder bekommen und die auch „ältere Mütter" einbezieht. Zum anderen wird ein neuer Trend vermutet, nach dem die Geburtenraten insgesamt wieder steigen könnten (Mehr Geburten in Deutschland: 1,6 Kinder pro Frau, Max-Planck-Gesellschaft, 5. September 2011). (Online-Publikation unter: http://www.mpg.de/4409714/steigende_geburtenrate_in_deutschland?filter_order=L. , zuletzt abgerufen am 14. 09.2011).

Enkel haben werden (Ministerium für Generationen, Familie, Frauen und Integration des Landes Nordrhein-Westfalen 2007, S. 3).

Vor diesem Hintergrund gewinnen Beziehungen außerhalb des familiären Kontextes zunehmend an Bedeutung. Obwohl familienexterne Netzwerke in der Regel durch eine hohe Altershomogenität geprägt sind (Knopf 2000, S. 144), zeigen jedoch Forschungsergebnisse, dass diese bestehende Situation keinesfalls den Kontakt mit anderen Generationen ausschließt. Im Gegenteil: Insbesondere ältere Menschen wünschen sich Kontakt zu Jüngeren und wollen nicht nur unter Gleichaltrigen sein (Knopf 2000, S. 145).

Während es im familiären Kontext automatisch zum Austausch und Miteinander der Generationen kommt, muss dieser Kontakt in außerfamiliären Netzwerken bewusst gefördert und gestaltet werden. Dafür bedarf es nicht zuletzt entsprechender Angebote und Räume. Dieser Herausforderung wurde bereits seit den 1990er Jahren durch Aktivitäten, die z. B. auf die Initiierung generationenübergreifender Lernprozesse zielten, oder durch die bewusste Öffnung von altershomogenen Einrichtungen für Zielgruppen anderer Generationen (vgl. Knopf 2000, S. 149) begegnet. „Intergenerationelle Projekte fördern das Entstehen familienähnlicher Beziehungen zwischen den Projektteilnehmern. Wenn also Menschen angesichts sich wandelnder familiärer Lebenszusammenhänge nach ‚Familienersatz' suchen, so finden sie in intergenerationellen Projekten eine Möglichkeit, familienähnliche Generationenbeziehungen zu leben" (Eisentraut 2007, S. 246).

Die Stärkung generationenübergreifender Beziehungen ist wesentlicher Bestandteil der alltäglichen Arbeit in den Mehrgenerationenhäusern. Dabei steht das Ziel im Vordergrund, die Beziehungen zwischen den Generationen auch außerhalb familiärer Strukturen zu fördern, um generationenübergreifende Kontakte trotz des demografischen Wandels zu bewahren und zu stärken.

Die Mehrgenerationenhäuser verfolgen unterschiedliche Ansätze, die den Austausch und die Begegnung zwischen den Generationen wirkungsvoll fördern sowie Möglichkeiten zur Teilhabe schaffen. Diese umfassen sowohl Angebote *innerhalb* der Mehrgenerationenhäuser als auch Aktivitäten, die das *Umfeld* ihrer Nutzerinnen und Nutzer einbeziehen. Abbildung 11 stellt dar, in welcher Form die einzelnen Bausteine aufeinander aufbauen.[9]

---

[9] Hintergrund dieses Modells sind u. a. die Erkenntnisse, die Roswitha Eisentraut im Rahmen ihrer Dissertation gewonnen hat. Beispielhaft ist dabei das folgende Ergebnis: „Während einige Projektleitungen zunächst einmal artikulieren, dass sie den Projektteilnehmern eine Begegnungsmöglichkeit schaffen, „Raum" für (außerfamiliäre) Kontakte zwischen den Generationen zur Verfügung stellen zu wollen, betonen andere Projektleitungen ihre Motivation, Prozesse initialisieren zu wollen, die soziale Wertschätzung ermöglichen." (vgl. Eisentraut 2007, S. 186)

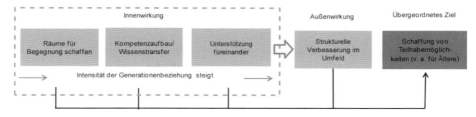

Abb. 11: Ansätze zur Stärkung von Generationenbeziehungen

Im Rahmen der Wirkungsforschung wurde für jeden dieser Ansätze eine Wirkungslogik entwickelt, in der die Ziele, Aktivitäten, Angebote und Ergebnisse abgebildet werden können. Dabei kamen für die Analyse und Bewertung der Entwicklungen unterschiedliche Instrumente und Methoden zum Einsatz.[10] Im Folgenden werden die einzelnen Wirkungsketten sowie die erreichten Ergebnisse vertiefend beschrieben.

Schaffung von offenen Räumen für die Begegnung der verschiedenen Generationen

Offene Räume, die das Begegnen von Menschen jeden Alters ermöglichen, schaffen die Voraussetzungen für weiterführende gemeinsame Aktivitäten und einen verbindlichen Zusammenhalt der Generationen. Sobald Räume und niedrigschwellige Begegnungsangebote für Nutzerinnen und Nutzer aller Altersgruppen zur Verfügung gestellt werden, können erste Kontakte entstehen. Offene Begegnungsangebote bieten den Vorteil, dass sie die Intensität dieses Generationenkontakts nicht vorgeben, sondern lediglich die Möglichkeit bieten, durch gemeinsame Aktivitäten generationenübergreifende Kontakte entstehen zu lassen. Die Nutzerinnen und Nutzer können hier selbst entscheiden, wie schnell und wie intensiv sie sich mit Personen anderer Altersgruppen austauschen möchten. Um diesen Austausch aber in jedem Fall anzuregen, werden Angebote bereitgestellt, die sich gut für die Generationenbegegnung eignen. Dazu gehören insbesondere die Angebotsarten Essen (87 Prozent[11]) und Offene Begegnung/ Treffpunkt (79 Prozent).

---

10 Hierzu gehören:
  • die Berechnung eines Generationenindex, der Aussagen über die Altersstruktur der Nutzerinnen und Nutzer der Angebote ermöglicht
  • die Erhebung der Art der Begegnung zwischen den Altersgruppen
  • die Erhebung der Kontakthäufigkeit sowie des Kontaktwunsches zwischen den Generationen.
  Grundlage für die Analysen stellten die Angaben des Selbstmonitoring, der Nutzerbefragung sowie Erkenntnisse aus den Fallstudien dar.
11 Die Anteile geben an, wie hoch der Anteil an Generationenbegegnung innerhalb der Angebote ist: „In 87 Prozent der Angebote ‚Essen' findet eine Begegnung der Generationen statt".

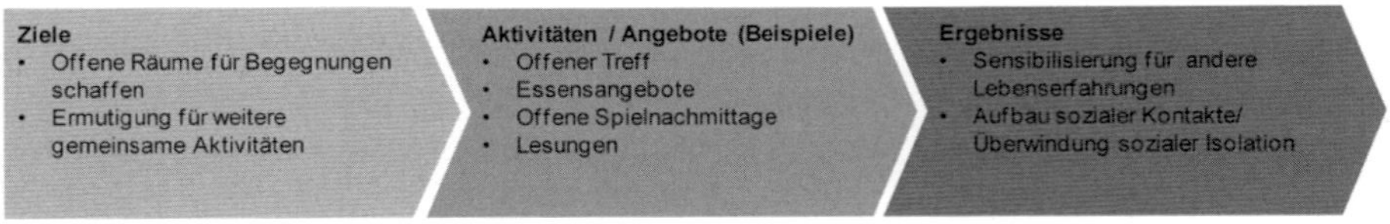

Abb. 12: Schaffung von offenen Räumen für die Begegnung der verschiedenen Generationen (Prozessdarstellung)

Nutzerinnen und Nutzer offener Begegnungsangebote werden durch ihre Teilnahme altersunabhängig für Verhaltensweisen und Bedürfnisse der anderen Generationen sensibilisiert. Auf diese Weise können bestehende Vorurteile und Berührungsängste abgebaut sowie stattdessen Verständnis und Respekt aufgebaut werden.[12] Dabei hat sich auch gezeigt, dass Jung *und* Alt von diesen Kontakten profitieren: Jüngere können einen Nutzen aus der Begegnung mit Älteren ziehen, indem sie mit diesen ungezwungen über Alltagsprobleme sprechen und von ihnen beratende Hilfestellung bekommen. Ältere Menschen können im Rahmen der Begegnungsangebote soziale Kontakte aufbauen und dadurch eine mögliche soziale Isolation überwinden und mehr Lebensfreude gewinnen.

Indikator: Entwicklung des Generationenindex

Der Generationenindex ist ein idealer Indikator um zu überprüfen, inwieweit sich die Mischung der Generationen in einer Einrichtung positiv verändert.[13] Im Aktionsprogramm Mehrgenerationenhäuser wurde die Entwicklung des Generationenindex in einer Längsschnittanalyse ausgewertet. Ihr Ergebnis zeigt, dass sich die Generationenmischung in den Häusern kontinuierlich verbessert hat (vgl. Tabelle 4): Der durchschnittliche Generationenindex zwischen den Jahren 2007 und 2011 ist von 0,62 auf 0,67 angestiegen.

Tab. 4: Längsschnittanalyse – Entwicklung des Generationenindex

	2–2007	2–2008	1–2009	2–2009	2–2010	1–2011
Durchschnittlicher GI	0,62	0,64	0,65	0,65	0,66	0,67
Anteil der MGH mit einem GI über 0,70	29 %	37 %	40 %	41 %	43 %	46 %

Datenquelle: Selbstmonitoring 2. Halbjahr 2007, N = 198; 2. Halbjahr 2008, N = 500; 2. Halbjahr 2009, N = 499; 2. Halbjahr 2010, N = 493; 1. Halbjahr 2011, N = 496.

---

12 Zu dieser Erkenntnis ist auch Roswitha Eisentraut in ihrer Dissertation gekommen: „Intergenerationelles Miteinander soll darüber hinaus die wechselseitige Anerkennung der Verschiedenartigkeit der Teilnehmer fördern und in diesem Zusammenhang zu einem Konfliktabbau zwischen Jung und Alt beitragen" (Eisentraut 2007, S. 244).

13 Der Generationenindex ermöglicht Aussagen über die Altersstruktur der Nutzerinnen und Nutzer der Angebote – nimmt der Generationenindex den Wert von 1 an, wären alle vier Lebensalter (Kinder und Jugendliche, junge und mittlere Erwachsene, ältere Erwachsene, Senior/innen und Hochbetagte) im Mehrgenerationenhaus zu je 25 Prozent gleichermaßen vertreten.

Neben der allgemeinen Erhöhung des durchschnittlichen Generationenindex nimmt auch der Anteil an Häusern zu, die einen Generationenindex über 0,70 aufweisen. Dieser Wert ist ein großer Erfolg, denn in Häusern mit einem Generationenindex über 0,70 nutzen mindestens drei Lebensalter die Angebote in etwa gleichem Umfang, und lediglich noch eine Generation ist im Haus weniger stark vertreten.[14] Die generationenübergreifende Arbeit der Häuser hat sich im Hinblick auf stabile Generationenbeziehungen also positiv entwickelt.

> **How To – Räume für Begegnung schaffen**
> - Begegnungsangebote müssen für potenzielle Nutzerinnen und Nutzer unabhängig von ihrem Alter gleichermaßen gut zugänglich und attraktiv sein.
> - Bereits bei der Angebotsentwicklung sollten mögliche Vorbehalte gegenüber anderen Alters- oder Personengruppen berücksichtigt werden, die einer Nutzung entgegenstehen könnten.
> - Zum Erreichen von Zielgruppen, die aktuell noch keine/kaum Nutzerinnen und Nutzer sind, bieten sich Kooperationen mit Einrichtungen an, die über die notwendigen Kontakte zu Menschen unterschiedlicher Altersgruppen verfügen.
> - Um Hemmschwellen abzubauen, kann der erste Kontakt mit dem Mehrgenerationenhaus bzw. können die ersten offenen Generationenbegegnungen qualifiziert begleitet werden.

Generationenübergreifender Kompetenzaufbau und Wissenstransfer

Um die generationenübergreifenden Beziehungen weiter zu stärken, werden Angebote etabliert, durch die Erfahrungswissen und Kompetenzen zwischen den verschiedenen Generationen ausgetauscht und gegenseitig in Anspruch genommen werden können. Auf diese Weise sollen vorhandene Potenziale im Sinne eines positiven Ressourcenansatzes genutzt und gefördert werden. Im Unterschied zu ausschließlich begegnungsorientierten Angeboten setzt diese Strategie einen intensiveren Austausch zwischen den Generationen voraus, damit die intendierten Effekte erreicht werden können. Die Nutzerinnen und Nutzer müssen hier daher bereits im Vorfeld für generationenübergreifende Zusammenarbeit offen sein. Besonders erfolgreiche Angebotsarten, die in den Mehrgenerationenhäusern einen Kompetenzaufbau und Wissenstransfer zwischen den Generationen ermöglichen können, sind Kultur (80 Prozent),

---

14 Die vier Lebensalter sind folgendermaßen definiert:
Kinder und Jugendliche (0–20)
Junge und mittlere Erwachsene (21–50)
Ältere Erwachsene (51–65 Jahre)
Senioren/innen und Hochbetagte (65+).

sonstige Freizeitgestaltung (77 Prozent) sowie Lernen/Bildung/Förderung (72 Prozent).

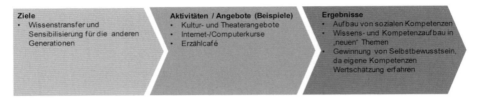

Abb. 13: Generationenübergreifender Kompetenzaufbau und Wissenstransfer (Prozessdarstellung)

Im Rahmen dieses intensiven Austauschs zwischen den Generationen erfahren auch Kinder eine neue Lebenswelt und müssen sich mit anderen Werten und Vorstellungen auseinandersetzen, die ihre eigenen Erfahrungen ergänzen und erweitern. Damit wird ihnen in der Freizeit Wissen vermittelt, das schulische Lehrinhalte ergänzt und die Schule in ihrem Bildungsauftrag unterstützt.[15] Viele Kinder fühlen sich im gemeinsamen Umgang durch die Älteren zudem wertgeschätzt und im eigenen Selbstbewusstsein gestärkt. Umgekehrt fühlen sich Seniorinnen und Senioren gebraucht, da sie ihre Alltags- und Lebenserfahrung als relevant erleben und ihr Wissen an die nächsten Generationen weitergeben können. Sie bekommen aber auch selbst neue Denkanstöße und werden dazu ermutigt, sich in Angebote des Mehrgenerationenhauses einzubringen, sei es in Form der Angebotsnutzung oder im für das gesamte Haus nützlichen Freiwilligenengagement. In dieser Gemeinschaft bauen sowohl Kinder als auch Seniorinnen und Senioren soziale Kompetenzen und neues Erfahrungswissen auf und profitieren von der gegenseitigen Wertschätzung.

Indikator: Kontaktintensität zwischen den Altersgruppen

Wie bereits erläutert, ist der Generationenindex ein guter Indikator, um zu analysieren, inwieweit Personen aus verschiedenen Generationen eine Einrichtung nutzen. Anhand der ermittelten Werte kann jedoch nicht abgebildet werden, ob auch tatsächlich eine Begegnung der Generationen stattfindet, also das übergeordnete Ziel des *Miteinander* statt eines *Nebeneinander* der Generationen erreicht wird. Erst die Gesamtbetrachtung von Kontakthäufigkeit und Art der Begegnung verschiedener Generationen gibt ergänzend zum Generationenindex Aufschluss über die Intensität der Generationenbeziehungen.

Der eingangs dargestellte wissenschaftliche Befund, dass außerfamiläre Netzwerke vielfach durch eine hohe Altershomogenität geprägt sind, hat sich auch im Aktionsprogramm bestätigt. Obwohl in den Mehrgenerationenhäusern überwiegend genera-

---

15 Bereits Eisentraut hat einen ähnlichen Befund herausgestellt: „(...) gleichwohl aber erweitern außerfamiliare Kontakte zu Älteren den eigenen Lebenshorizont und unterstützen die Auseinandersetzung mit Entwicklungsaufgaben" (Eisentraut 2007, S. 69).

tionenübergreifende Angebote bereitgestellt werden, beschränken sich die Kontakte der verschiedenen Generationen häufig auf die eigene oder die direkt benachbarten Altersgruppen. Einzig die Gruppe der unter 24-Jährigen zeichnet sich durch regen Kontakt zu unterschiedlichen Altersgruppen aus. Bei den 25- bis 34-Jährigen besteht zudem intensiver Kontakt zu Kindern und Jugendlichen (vgl. Abbildung 14).

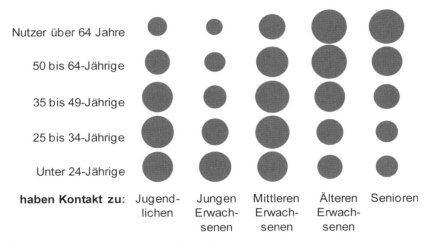

Abb. 14: Kontakthäufigkeit zwischen den Generationen

Datenquelle: Nutzerbefragung Herbst 2011, N= 3221

Gleichzeitig zeigt sich, dass der aktuelle Kontakt in der Regel auch so von den Nutzerinnen und Nutzern gewollt ist (vgl. Abbildung 15). Wenn ein intensiverer Kontakt gewünscht ist, so bezieht sich dieser auf die eigene Altersgruppe. Wünsche nach einem stärker generationenübergreifenden Kontakt bestehen hingegen nicht. Eine mögliche Begründung dieser Ergebnisse könnte sein, dass es bei den Nutzerinnen und Nutzern einer weiteren Sensibilisierung für die Chancen bedarf, die sich aus generationenübergreifenden Kontakten ergeben. Eine andere Erklärung könnte sein, dass die Nutzerinnen und Nutzer Angebote auswählen, die stärker ihrer eigenen Lebenslage entsprechen (wie z. B. Treffen für Alleinerziehende, Schülerhilfe, Vätertreff oder Seniorentanz) und der generationenübergreifende Ansatz dabei in den Hintergrund rückt.

Eine deutliche Ausnahme bildet die Kinderbefragung: Über drei Viertel (79 Prozent) der Kinder unter 10 Jahren sind gern mit älteren Menschen (mittlere Erwachsene bis Seniorinnen und Senioren) aktiv. Etwa 85 Prozent der Kinder möchten überdies mehr mit der Großelterngeneration unternehmen: 40 Prozent von ihnen immer und 45 Prozent manchmal. Bei den älteren Kindern (10 bis 13 Jahren) haben immerhin noch zwei von drei Jugendlichen Spaß an generationenübergreifenden Aktivitäten.

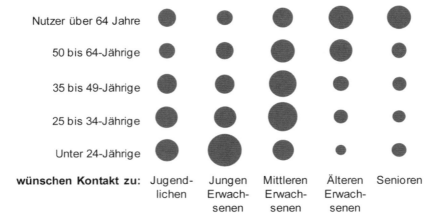

Abb. 15: Kontaktwunsch zwischen den Generationen

Datenquelle: Nutzerbefragung Herbst 2011, N = 3829

How To – Kompetenzaufbau/Wissenstransfer
- Begleitende und/oder vorgelagerte begegnungsorientierte Angebote stellen eine wirkungsvolle Unterstützung dar.
- Bereits bei der Angebotsentwicklung sollte festgelegt werden, welche konkreten Zielgruppen mit dem Angebot erreicht werden sollen.
- Angebote müssen inhaltlich und methodisch so strukturiert sein, dass die unterschiedlichen Bedürfnisse und Kompetenzen von Alt und Jung berücksichtigt werden und zu keiner Unter- oder Überforderung einzelner Altersgruppen führen.
- Der Wissens- und Kompetenzaustausch sollte professionell angeleitet werden.

Unterstützung füreinander

Die Förderung des gegenseitigen Engagements der Generationen nimmt einen hohen Stellenwert ein, wenn Kontakt und Wissenstransfer intensiviert und langfristig gesichert werden sollen. Aus der Bereitstellung von Angeboten, in die eigene Kompetenzen eingebracht werden, können verbindliche Formen des Zusammenkommens entstehen und somit nachhaltige generationenübergreifende Beziehungen aufgebaut werden. Besonders geeignet sind hier Formen des Freiwilligen Engagements, das nicht nur den Erwerb neuer Qualifikationen, sondern auch Entlastung für andere ermöglicht.

Patenschaften bieten dabei von allen in den Mehrgenerationenhäusern etablierten Angeboten die größte Chance auf ein Miteinander der Generationen: In 89 Prozent dieser Angebotsform kommen Alt und Jung zusammen. Aber auch Haushaltsnahe

Dienstleistungen (83 Prozent) sowie Betreuungsangebote (69 Prozent) tragen zur gegenseitigen generationenübergreifenden Unterstützung bei und zeichnen sich darüber hinaus durch eine besondere Intensität aus. Ebenfalls ist auf die Bedeutung der Kontinuität von Kontakten hinzuweisen, die in dieser Art von Angeboten gegeben ist: „Projektteilnehmer sind darüber hinaus besonders an solchen Kontakten interessiert, die auf Dauerhaftigkeit angelegt sind, denn eine Gruppe, die in immer wieder wechselnder Zusammensetzung zusammenkommt, erschwert den Aufbau vertrauensvoller Beziehungen zwischen den Teilnehmern" (Eisentraut 2007, S. 246).

Abb. 16: Unterstützung füreinander (Prozessdarstellung)

Gleichzeitig bietet dieses Angebot sehr gute Möglichkeiten, um die Potenziale generationenübergreifender Beziehungen optimal zu nutzen. Hierzu gehören die Weitergabe von Wissen, die Sensibilisierung für die Bedürfnisse anderer und die Unterstützung in Lebensbereichen oder -phasen, in denen (aus unterschiedlichen Gründen) nicht auf familiäre Netzwerke zurückgegriffen werden kann.

Diese Möglichkeiten spiegeln sich auch in den Ergebnissen wider, die diesbezüglich in den Mehrgenerationenhäusern erreicht werden konnten. So profitiert die jüngere Generation (Kinder und Jugendliche) von der Lebenserfahrung älterer Menschen. Kinder und Jugendliche erhalten beispielsweise durch die Patenprojekte eine weitere Bezugsperson, der häufig mehr Sorgen und Ängste anvertraut werden als den eigenen Eltern oder Lehrerinnen und Lehrern. Eltern ziehen einen indirekten Nutzen aus dem Engagement der älteren Generation, indem sie durch die Patenprojekte oder die Leihgroßeltern in ihrer Erziehungsverantwortung oder bei der Kinderbetreuung unterstützt werden. Ältere Menschen schließlich profitieren vom Umgang mit Kindern und Jugendlichen, weil sie so den Anschluss an diese Generation behalten und vielseitig geistig gefordert werden. Indem sie ihre Lebenserfahrung weitergeben, fühlen sich die älteren Menschen respektiert und gebraucht.

How To – Unterstützung füreinander
- Bedarfslagen und Kompetenzen der Zielgruppen können sehr unterschiedlich sein. Konzeption und Begleitung der Aktivitäten müssen entsprechend ausgerichtet werden.
- Ältere Aktive sollten in allen Bereichen des Hauses eingebunden werden.
- Bereitstellung von Qualifizierungsangeboten, damit Aufgaben adäquat wahrgenommen werden können.

Indikator: Art der Begegnung zwischen den Altersgruppen

Über die Analyse der „Art der Begegnung" lässt sich messen, inwieweit es Veränderungen bei dem Kontakt und der Form des Zusammenkommens der Generationen in einer Einrichtung gibt. Zu unterscheiden sind dabei folgende Kategorien:
- Keine Begegnung von Jung und Alt;
- Jung neben Alt;
- Jung mit Alt;
- Jung für Alt/Alt für Jung.[16]

In der Längsschnittanalyse beim Aktionsprogramm Mehrgenerationenhäuser zeigt sich zunächst, dass es bei der Verteilung der Art der Begegnung keine deutliche Veränderung gegeben hat. Allerdings konnte die Anzahl der Aktivitäten insgesamt und somit auch der Angebote, die sich durch intensiven Kontakt der Generationen und beiderseitiges Engagement (Alt für Jung/Jung für Alt) auszeichnen, etwa verdoppelt werden: von 2.917 Angeboten dieser Art im Jahr 2008 auf 5.579 im Jahr 2011.

Darüber hinaus ist deutlich geworden, dass in diesen Angeboten vor allem Kinder und Jugendliche besonders häufig mit Seniorinnen, Senioren und Hochbetagten zusammenkommen.

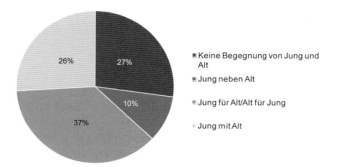

Abb. 17: Art der Begegnung in den Mehrgenerationenhäusern

Datenquelle: Selbstmonitoring 2. Halbjahr 2011, N = 496

---

16 Dieser Indikator kann auch für die Bewertung von Entwicklung in den anderen „Bausteinen" (Räume für Begegnung schaffen sowie Wissenstransfer/Kompetenzaufbau) genutzt werden. „Jung neben Alt" charakterisiert dabei Angebote, die „Räume für Begegnung schaffen" zuzuordnen sind, „Jung mit Alt" jene Angebotsarten, die dem Wissenstransfer/Kompetenzaufbau dienen. Da Angebote „Jung für Alt/Alt für Jung" am stärksten ausgeprägt sind, wird der Indikator an dieser Stelle beschrieben.

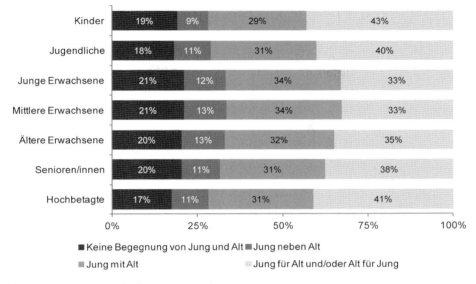

Abb. 18: Begegnungsart nach Altersgruppen in Angeboten

Datenquelle: Selbstmonitoring 2. Halbjahr 2011, N = 496

Strukturelle Verbesserung im Umfeld

Mehrgenerationenhäuser sind oft die einzigen Einrichtungen vor Ort, die generationenübergreifende Arbeit leisten. Um den demografischen Wandel aktiv zu gestalten und eine effektive regionale Generationenpolitik zu fördern, gilt es die Generationenbeziehungen über das Mehrgenerationenhaus hinaus zu stärken und das Thema des Miteinanders trägerübergreifend in der Kommune zu positionieren. Diese Strategie kann nur dann erfolgreich sein, wenn Partner gefunden werden, die Interesse an einer Zusammenarbeit mit dem Mehrgenerationenhaus haben.

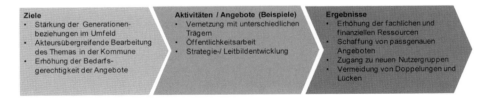

Abb. 19: Strukturelle Verbesserung im Umfeld (Prozessdarstellung)

Die Zusammenarbeit mit vielseitigen Partnern kann den Mehrgenerationenhäusern fachliche und finanzielle Ressourcen sowie ein breiteres Angebotsspektrum ermöglichen. Anhand einer verbesserten Kenntnis bestehender Bedarfslagen in der generationenübergreifenden Arbeit, die durch verschiedene Perspektiven und Erfahrungen der Akteure entsteht, können passgenauere Angebote geschaffen werden. Wenn auch die Kommune mit Partnern kooperiert, können sich die Mehrgenerationenhäuser leichter an den bestehenden Netzwerken vor Ort beteiligen. Von den zahlreichen Vorteilen einer Zusammenarbeit profitieren aber nicht nur die Häuser und damit ihre Nutzerinnen und Nutzer, sondern auch die Träger und andere Einrichtungen, die mit den Mehrgenerationenhäusern kooperieren. Diese nutzen beispielsweise Räumlichkeiten der Häuser für eigene Angebote oder profitieren bei der Ansprache neuer Zielgruppen vom breiten Nutzerspektrum der Mehrgenerationenhäuser.

Insgesamt führt die Strategie der strukturellen Verbesserung im Umfeld dazu, dass der generationenübergreifende Gedanke nicht nur die interne Arbeit der Mehrgenerationenhäuser prägt, sondern als gesamtgesellschaftlich relevantes Thema an Einfluss gewinnt.

How To – Strukturelle Verbesserung im Umfeld
- Bei der Bildung von Netzwerken sollte darauf geachtet werden, dass alle relevanten Akteure und insbesondere auch die Kommune von Anfang an in den Prozess mit eingebunden sind.
- Zum Abbau von Konkurrenzdenken oder anderer Vorbehalte sollten konkrete Zielvorstellungen entwickelt werden, die mit einer Kooperation der Partner angestrebt werden.
- Die Erfahrungen bestehender Mehrgenerationenhäuser und anderer Träger mit generationenübergreifenden Angeboten sollten dazu genutzt werden, passgenaue Angebote zu etablieren.
- Bedarfsanalysen können sinnvoll sein, da sie Angebotslücken aufzeigen und Hinweise darauf liefern, welche Lösungsansätze Erfolg versprechend sind.

Resümee

Die Ergebnisse der Wirkungsforschung zeigen, dass die Mehrgenerationenhäuser den generationenübergreifenden Ansatz gut umgesetzt haben. In der Folge schaffen sie es, alle vier Lebensalter als Nutzerinnen und Nutzer in ihre Angebote mit einzubeziehen, um eine alltägliche Begegnung zwischen Jung und Alt zu ermöglichen. Durch ein breites Angebotsspektrum, das für Menschen verschiedener Altersgruppen interessant ist, kommen Nutzerinnen und Nutzer sowie freiwillig Engagierte aller Generationen in den Häusern zusammen. Zwei zentrale Erfolge sind hier herauszustellen:
1. Die positive Entwicklung des Generationenindex zeigt, dass sich die generationenübergreifende Arbeit der Mehrgenerationenhäuser sehr gut entwickelt hat.
2. Die Angebotsinhalte der Häuser verschieben sich in Richtung intensiverer Generationenbegegnung, Jung und Alt sind zunehmend füreinander aktiv. Dies betrifft insbesondere Patenschaften, Haushaltsnahe Dienstleistungen und Betreuungsangebote.

Auf diese Weise leisten Mehrgenerationenhäuser einen wichtigen Beitrag dazu, den Generationenzusammenhalt außerhalb traditioneller Familienstrukturen zu stärken.

Zudem stoßen sie einen intergenerativen Lernprozess an und schaffen Teilhabemöglichkeiten.

Gleichzeitig ist allerdings auch deutlich geworden, dass sich die Kontakte der einzelnen Generationen häufig auf die eigene oder die direkt benachbarten Altersgruppen beschränken, obwohl in den Häusern überwiegend generationenübergreifende Angebote bereitgestellt werden. Während junge und ältere Menschen vergleichsweise häufig zusammenkommen, ist es besonders die mittlere Generation, die eher unter sich bleibt.

Ausgehend von diesen Befunden werden im Folgenden die zentralen Erfolgsfaktoren für die Stärkung generationenübergreifender Beziehungen beschrieben. Diese wurden aus den Ergebnissen der Wirkungsforschung abgeleitet und sollen sozialen Einrichtungen, die ihre generationenübergreifende Arbeit verstärken wollen, Unterstützung bei der Umsetzung bieten.

Auf *Ebene der Angebote und Aktivitäten* der Häuser wurde deutlich, dass soziale Einrichtungen, die sich zu Mehrgenerationenhäusern weiterentwickeln möchten, Angebote schaffen müssen, die für Jung und Alt attraktiv sind und sich an den Bedürfnissen der verschiedenen Generationen orientieren. Wie diese Bedürfnisse aussehen, kann beispielsweise durch Bedarfsanalysen ermittelt werden.

Wie sich gezeigt hat, bauen die verschiedenen Begegnungsarten aufeinander auf: Eine offene und niedrigschwellig angelegte Begegnung führt oftmals zu einem ersten Kontakt zwischen den Generationen und kann die Neugier auf weitere, intensivere Begegnungsformen stärken. Daher sollten soziale Einrichtungen, die sich zu Mehrgenerationenhäusern entwickeln möchten, ihre generationenübergreifende Arbeit stufenförmig anlegen. Nur wenn das Angebotsspektrum Aktivitäten der unterschiedlichen Intensitätsstufen umfasst, können sich die Generationen nach und nach einander annähern. Hier ist für eine gelungene Umsetzung ein Angebotsmix im Haus notwendig, denn mit der Anzahl an Angeboten auf jeder Stufe steigt auch die lebendige Vielfalt der Kontaktmöglichkeiten und damit die Nutzungs- oder Begegnungsintensität für die Generationen. Ebenso kommt es bei der generationenübergreifenden Arbeit auf eine klare Vorstellung dessen an, welche übergeordneten Ziele verfolgt und welche Zielgruppen erreicht werden sollen. Soziale Einrichtungen sollten daher als Ausgangspunkt ihrer Entwicklung zum Mehrgenerationenhaus den generationenübergreifenden Ansatz in ihrem Leitbild verankern.

Heterogene Angebotsstrukturen und eine professionelle Organisation des generationenübergreifenden Ansatzes führen aber nur dann zu erfolgreichen Generationenbeziehungen, wenn sie durch *strukturelle Rahmenbedingungen* ergänzt werden. Ein Erfolgsfaktor auf dieser strukturellen Ebene ist die strategische Einbindung von Kooperationspartnern. Gehen soziale Einrichtungen strategische Kooperationen ein, können sie für ihre eigene (generationenübergreifende) Zielsetzung vom Fachwissen und den Ressourcen ihrer Partner profitieren, gemeinsame Angebote entwickeln oder Räumlichkeiten nutzen sowie neue Zielgruppen gewinnen. Bei der Zusammenarbeit mit anderen Akteuren sollten sich die Einrichtungen auch an bereits bestehenden (familienpolitischen) Netzwerken auf lokaler Ebene beteiligen oder bei Bedarf neue Netzwerkstrukturen ins Leben rufen. Auf diese Weise kann erreicht werden, sowohl den generationenübergreifenden Gedanken im lokalen Umfeld zu positionieren als auch die im Netzwerk vertretenen Multiplikatoren entsprechend zu sensibilisieren. Die Kommune nimmt hier eine Schlüsselposition ein, da sie nicht nur Ressourcen für die generationenübergreifende Arbeit bereitstellen kann, sondern auch über relevante Informationen zu aktuellen Bedarfslagen verfügt.

6 Stärkung des Freiwilligen Engagements

Anna Iris Henkel

Bürgerschaftliches Engagement hat in der Bundesrepublik Deutschland Tradition.[17] Vor allem in Form von Vereins- und Verbandsmitgliedschaft oder -mitarbeit ist Engagement bereits lange wesentlicher Bestandteil des zivilgesellschaftlichen Lebens.[18] Neuere Erhebungen bestätigen, dass für viele Menschen Freiwilliges Engagement zum Alltag gehört (vgl. Sprengler/Priemer 2011). Im Jahr 2009 waren 71 Prozent der Bevölkerung in Vereinen, Organisationen, Gruppen oder öffentlichen Einrichtungen aktiv (vgl. BMFSFJ Freiwilligensurvey 2010). Gleichzeitig belegen Untersuchungen, dass sich wandelnde sozialgesellschaftliche Lebenswirklichkeiten zu Veränderungen geführt haben – sowohl bei den Schwerpunkten als auch innerhalb der Organisationsformen bürgerschaftlichen Engagements. Insgesamt sind die Inhalte des Engagements vielseitiger geworden und die Organisations- sowie Handlungsformen zeichnen sich durch einen steigenden Grad an Flexibilität, Beteiligung und Selbstbestimmung aus (vgl. Klages 2003; Klein et al. 2011). Diese Vielfalt ist nicht zuletzt Ausdruck sehr unterschiedlicher und oft komplex ineinandergreifender Motive der sich engagierenden Bürgerinnen und Bürger. Immer mehr Freiwillig Engagierte verfolgen mit ihrem Engagement auch eigene Interessen und Wertvorstellungen, sodass persönliche „Selbstentfaltungswerte" (Klages 2003, S. 305) und Engagement zunehmend miteinander verbunden sind. Vor allem für zivilgesellschaftliche Träger und sonstige

---

17 Ehrenamt, Freiwilligenarbeit und Selbsthilfe bezeichnen grundsätzlich dasselbe Phänomen: die freiwillige Mitarbeit von Bürgerinnen und Bürgern. Die Begriffe weisen jedoch unterschiedliche Konnotationen auf. Während Ehrenamt sich auf die traditionelle Mitarbeit in Verbands- und Vereinsstrukturen oder aber auf die ehrenamtliche Übernahme öffentlicher Funktionen bezieht, liegt freiwilligem oder auch bürgerschaftlichem Engagement ein breiter gefasstes Verständnis der freiwilligen Mitarbeit zugrunde. (vgl. Klages 2003; Klein et al. 2011, S. 36–39).

18 Grundsätzlich bildet Bürgerschaftliches Engagement einen zentralen Bestandteil und ein charakteristisches Merkmal des Dritten Sektors. Dieser wiederum bezeichnet den organisierten Rahmen der Zivilgesellschaft, wobei ordnungspolitische Bezeichnungen in der Wissenschaft oft synonym verwendet werden. Zivilgesellschaft bezeichnet die Summe der Institutionen, Organisationen und Individuen zwischen Familie, Staat und Markt, in denen sich Menschen zusammenschließen, um gemeinsame Interessen zu verfolgen. Diese Organisationen und Institutionen stellen, ob gemeinwohlorientiert, nicht-profitorientiert oder drittsektoral, die Infrastruktur der Zivilgesellschaft und sind folglich Träger Bürgerschaftlichen Engagements. Für eine umfassende Auflistung und Differenzierung des Dritten Sektors vgl. Anheier et al. 2002; Sprengler/Priemer 2011.

Einrichtungen des Freiwilligen Engagements bedeutet der Wandel von langfristigem, institutionalisiertem und selbstverpflichtendem Engagement hin zu anlassbezogenem, dynamischem und eigenverantwortlichem Handeln entscheidende Veränderungen (vgl. Olk et al. 2010).

Die aktive Mitgestaltung des Gemeinwesens ist eine notwendige Voraussetzung für den sozialen Zusammenhalt einerseits und die Entwicklung innovativer Lösungen für gesellschaftliche Herausforderungen andererseits (vgl. BMFSFJ 2008). Vor diesem Hintergrund stellt neben einer Stärkung des bisherigen Engagements auch die Aktivierung bislang nicht ausgeschöpfter Engagementpotenziale eine zentrale Aufgabe für Politik, Staat, Wirtschaft und Gesellschaft dar. Zum einen gilt es daher, den komplexen, vielschichtigen und dynamischen Motivationslagen sich bereits engagierender Bürgerinnen und Bürger Rechnung zu tragen. Zum anderen müssen Gestaltungs- und Handlungsspielräume geschaffen werden, um auch jenen Menschen zu ermöglichen, ihre Interessen und Wertvorstellungen einzubringen, die sich bisher noch nicht engagieren. Verantwortungsbewusstsein und Eigeninitiative bei diesen Personengruppen zu stärken, die bislang noch keinen Zugang zu Freiwilligem Engagement gefunden haben, kann ein entscheidender Beitrag zur zukunftsfähigen Entwicklung des Gemeinwesens sein.

Seit Beginn des Aktionsprogramms Mehrgenerationenhäuser waren Fragen nach förderlichen organisatorischen und inhaltlichen Rahmenbedingungen Freiwilligen Engagements wiederholt Bestandteil quantitativer und qualitativer Betrachtungen. Untersuchungen zu Formen und Bedeutung Freiwilligen Engagements umfassten sowohl Aspekte wie Motivation und Zufriedenheit der in Mehrgenerationenhäusern Engagierten als auch Fragen nach Inhalten und Zielsetzungen des Handlungsfeldes. Die folgenden Auswertungen zur Stärkung der Zivilgesellschaft im Rahmen des Aktionsprogramms beziehen alle Formen der freiwilligen Mitarbeit ein[19], unabhängig davon, wie institutionalisiert oder regelmäßig diese erfolgt oder ob sie mit oder ohne Aufwandsentschädigung geleistet wird. Im Vordergrund stehen dabei sowohl Aspekte der Aktivierung wie Ansprache und Gewinnung Freiwillig Engagierter als auch Formen ihrer Einbindung, beispielsweise durch Beteiligung und Begleitung.

---

19 Bei freiwilliger Mitarbeit handelt es sich um ein oft nicht eindeutig voneinander abgrenzbares Spektrum von unbezahlter über geringfügig bezahlte bis hin zu voll bezahlter Arbeit. Laut Einkommensteuergesetz, § 3 Nr. 26 (2007) handelt es sich bis 2.100 Euro pro Jahr um eine ehrenamtliche Tätigkeit.

Freiwilliges Engagement in den Mehrgenerationenhäusern

Die Zahl der in Mehrgenerationenhäusern Freiwillig Engagierten hat sich während des Aktionsprogramms mehr als verdoppelt. Waren es anfangs noch etwa 6.300, so sind bundesweit mittlerweile über 20.000 Freiwillig Engagierte in den Häusern aktiv. Während die Zahl der Festangestellten und Honorarkräfte dabei im Zeitverlauf leicht abgenommen hat, ist der Anteil an Freiwillig Engagierten gestiegen.[20] Sie bilden mit knapp 66 Prozent inzwischen die größte Gruppe aller Aktiven in den Mehrgenerationenhäusern. Mit 34 Prozent aller in den Häusern geleisteten Arbeitsstunden sind sie zudem die aktivste Gruppe – noch vor den Festangestellten, die 33 Prozent aller Arbeitsstunden erbringen.

In der Anfangsphase des Aktionsprogramms bestanden noch deutliche Unterschiede hinsichtlich der Ursprungstypen der Mehrgenerationenhäuser. Dabei verfügten Einrichtungen, die aus Kirchengemeinden und Bürgertreffs entstanden sind, im Jahr 2007 durchschnittlich über die meisten Freiwillig Engagierten.[21] Häuser hingegen, die sich aus Familienbildungsstätten, Schulen, Sportvereinen oder Kultureinrichtungen entwickelt haben, wiesen den geringsten Anteil an Freiwilligen auf. Aktuelle Zahlen zeigen, dass es im Laufe des Aktionsprogramms allen Mehrgenerationenhäusern gelungen ist, Besucherinnen und Besucher zur aktiven Mitarbeit zu motivieren – unabhängig von Vorerfahrungen und regionalen Unterschieden. Somit konnten sich insbesondere die aus Familienbildungsstätten, Schulen, Sportvereinen oder Kultureinrichtungen entstandenen Häuser deutlich steigern: im Vergleich zum Jahr 2007 um fast 20 Prozentpunkte.[22]

Die Freiwillig Engagierten in den Häusern verteilen sich auf alle Generationen. Von der zahlenmäßig stärksten Gruppe, den älteren Erwachsenen (62 Prozent), bis zu den 20- bis 30-Jährigen, die 15 Prozent der Freiwillig Engagierten ausmachen, sind alle Altersgruppen vertreten. Inzwischen verfügt jedes Haus im Durchschnitt über 57 Freiwillig Engagierte im Gegensatz zu 44 am Anfang des Aktionsprogramms. Etwa zwei Drittel der Engagierten sind mindestens einmal pro Woche im Haus aktiv – die Mehrheit (60 Prozent) von ihnen seit mehr als einem Jahr. Im Durchschnitt leisten sie dabei sieben Arbeitsstunden pro Woche. Diese Arbeitszeit ergibt hochgerechnet, dass in einem durchschnittlichen Mehrgenerationenhaus alle Freiwillig Engagierten zusammengenommen ungefähr den Stundenumfang von zehn Vollzeitbeschäftigten erbringen.[23]

---

20 Dies trifft auch auf die Zahl der extern Finanzierten und Selbstständigen zu.
21 Die Angaben beziehen sich auf den Anteil Freiwillig Engagierter an allen im Haus Aktiven. 2007 waren dies im Falle des Ursprungstyps „Kirchengemeinde Bürgertreff plus" 78 Prozent.
22 Häuser des Ursprungstyps „Familienbildung plus" wiesen 2007 im Durchschnitt 41 Prozent Freiwillig Engagierte, 2010 60 Prozent auf. Häuser des Ursprungstyps „Schule-Sport-Kultur plus" konnten den Anteil von 34 auf 54 Prozent steigern.
23 Der Berechnung liegt eine 40-Stunden-Woche zugrunde.

Ansprache und Gewinnung Freiwillig Engagierter

Im Folgenden geht es um Strategien und Aktivitäten zur Ansprache und Gewinnung Freiwilliger. Es wird verdeutlicht, wie es den Häusern gelingt, Freiwillige zu aktivieren, und welche Erfahrungen und Ansätze dabei besonders erfolgreich sind. Grundsätzlich verwenden die Mehrgenerationenhäuser unterschiedliche Strategien zur Ansprache Freiwillig Engagierter. Persönlicher Kontakt ist dabei die mit Abstand wichtigste Form.

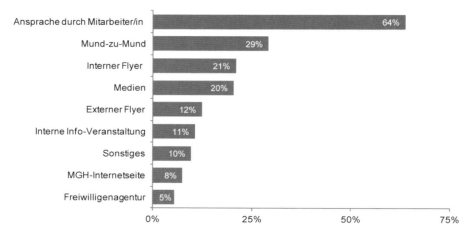

Abb. 20: Ansprache Freiwillig Engagierter[24]

Datenquelle: Nutzerbefragung Herbst 2011, N = 1465, Mehrfachnennungen möglich

Die direkte Ansprache einer Mitarbeiterin oder eines Mitarbeiters bildet in über 60 Prozent der Fälle den Anfang einer Tätigkeit im Freiwilligen Engagement.[25] Als bedeutsamste Form wird von den Mehrgenerationenhäusern die Ansprache während der Teilnahme an Angeboten bewertet.

Auch ihr Offener Treff wird von den Häusern gezielt für die aktive Ansprache genutzt. Hier werden im Unterschied zum Kontakt während der Teilnahme an Angeboten nicht nur Nutzerinnen und Nutzer der Häuser erreicht, sondern auch Besucherinnen und Besucher, die im unverbindlich entstehenden persönlichen Kontakt von der Möglichkeit einer Mitwirkung und Beteiligung erfahren. In solchen ersten Gesprächen werden Interessen, Bedürfnisse und Wünsche erfragt sowie im Gegenzug die Möglichkeiten und Rahmenbedingungen eines potenziellen Engagements erläutert.

---

24 Die genaue Fragestellung lautete: Als Erstes würden wir gern von Ihnen wissen, wie Sie auf die Möglichkeit aufmerksam geworden sind, sich im MGH freiwillig zu engagieren (Mehrfachnennungen möglich)?
25 Erfolgreiche Wege der Aktivierung zeigen sich unabhängig von Alter und Geschlecht.

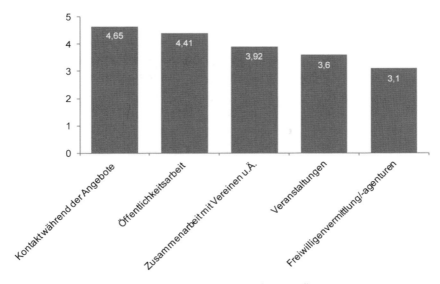

Abb. 21: Bewertung der Bedeutung von Aktivitäten der Ansprache Freiwillig Engagierter

Datenquelle: Selbstmonitoring 1. Halbjahr 2011, N = 496, Mehrfachnennungen möglich

Diese Erkenntnis, dass vor allem die informelle Ansprache im persönlichen Kontakt einen hohen Stellenwert bei der Aktivierung Freiwilliger einnimmt, bestätigt ähnliche Inhalte, die bereits in diesem Zusammenhang diskutiert wurden. So zeigen Untersuchungen zu Engagierten sowie ihren Profilen und „Prädispositionen" (vgl. Klages 2003; Klein et al. 2011), dass sowohl persönliche Kontakte zu Freiwillig Engagierten als auch ausgeprägte soziale Netzwerke die Wahrscheinlichkeit Freiwilligen Engagements entscheidend steigern. Während die Nutzerinnen und Nutzer an den Angeboten teilnehmen, stoßen sie auf Menschen, die sich bereits engagieren. Die persönliche Ansprache, zum Beispiel bei einem Besuch im Offenen Treff, hat eine ähnliche Wirkung. Als niedrigschwellige Orte, an denen Menschen, Generationen und Kulturen zusammenkommen, stärken Mehrgenerationenhäuser insgesamt die soziale Begegnung. Dies stellt zugleich einen wichtigen organisatorischen Erfolgsfaktor für die Ansprache von potenziellen Freiwillig Engagierten dar.

Ein solcher fließender Übergang von einem Besuch oder einer Angebotsnutzung zum Engagement ist insbesondere für die Gewinnung von Engagierten aus Personengruppen interessant, die über offizielle oder klassische Wege seltener erreicht werden. So engagieren sich beispielsweise Menschen mit Migrationshintergrund in den Häusern vor allem in den Bereichen, die auch von Nutzerinnen und Nutzern mit Migrationshintergrund gut besucht werden. In 64 Prozent der Häuser werden Menschen mit Migrationshintergrund zwar bereits gezielt auf Freiwilliges Engagement angesprochen. Als besonders erfolgreich erweist sich aber auch hier der Übergang von der zunächst eigenen Angebotsnutzung zum anschließenden Engagement für andere.[26] Sowohl bei Angeboten im Bereich Lernen/Bildung/Förderung (69 Prozent) als auch im

Rahmen der offenen Begegnung (68 Prozent) ist der Anteil an Nutzerinnen und Nutzern mit Migrationshintergrund deutlich höher als bei anderen Angebotsarten.

Motivation Freiwillig Engagierter

Für prinzipiell an einer freiwilligen Tätigkeit Interessierte erleichtert der niedrigschwellige und offene Ansatz der Mehrgenerationenhäuser nicht nur den ersten Besuch und die anschließende Nutzung der Angebote. Auch der Weg zum Freiwilligen Engagement wird auf diese Weise geebnet. Dabei zählen der Kontakt zu anderen Menschen (79 Prozent, siehe Abbildung 12) sowie der Kontakt zu anderen Altersgruppen, um das Zusammenleben der Generationen zu unterstützen (70 Prozent), zu den wichtigsten Motiven der Freiwillig Engagierten für ihr Engagement in den Mehrgenerationenhäusern. Diese Zahlen verdeutlichen die hohe Bedeutung, die Freiwillig Engagierte der Begegnung mit anderen Menschen beimessen.

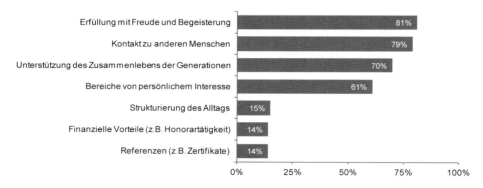

Abb. 22: Gründe für ein Engagement im Mehrgenerationenhaus[27]

Datenquelle: Nutzerbefragung Herbst 2011, N = 979, Mehrfachnennungen möglich

Bereits vorhandene Erkenntnisse zur erfolgreichen Ansprache von Freiwillig Engagierten deuten ebenfalls in diese Richtung: Intensiver persönlicher Kontakt zwischen Festangestellten, Freiwilligen sowie Nutzerinnen und Nutzern ist der zentrale Erfolgsfaktor bei der Ansprache und Gewinnung von Freiwillig Engagierten. Genau hier liegt auch der Vorteil von Mehrgenerationenhäusern gegenüber anderen sozialen Einrichtungen, die nicht generationenübergreifend arbeiten: Die Häuser haben sowohl niedrigschwellige Angebote der Begegnung geschaffen als auch den offenen Austausch zwischen den Generationen ermöglicht. Auf diese Weise konnten die Häuser neue Wege der Aktivierung zu Freiwilligem Engagement gehen. Denn der Kontakt zu

---

26 Mittlerweile engagieren sich im Schnitt 4,5 Menschen mit Migrationshintergrund pro Haus. Im Vergleich zu den Festangestellten (1,1), Selbstständigen und Honorarkräften (1,7) bilden die Freiwilligen mit Migrationshintergrund die größte Gruppe.

27 Die genaue Fragestellung lautete: Warum engagieren Sie sich freiwillig im Mehrgenerationenhaus?

anderen Menschen, und gezielt auch zu Menschen anderer Generationen, ist nicht nur zentraler Beweggrund Freiwillig Engagierter, sondern auch eine Konsequenz ihres Handelns. So haben Freiwillig Engagierte dreimal häufiger Kontakt zu anderen Generationen als sich nicht engagierende Nutzerinnen und Nutzer der Mehrgenerationenhäuser. Engagement ist somit in entscheidendem Maß nicht nur ein Weg, Begegnung zu schaffen, sondern oftmals bereits in sich eine Form der Begegnung.

Dieser Befund wird auch durch die Betrachtung unterschiedlicher Zielgruppen bestätigt. Besonders für ältere Menschen, Jugendliche und Alleinerziehende steht der Begegnungsaspekt im Zentrum ihres Engagements und sie zeichnen sich zudem durch eine hohe Bindung an die Einrichtung aus. Alleinerziehende sind häufiger und deutlich regelmäßiger im Haus aktiv als Eltern mit Partnerin beziehungsweise Partner.[28] Jugendliche engagieren sich mit durchschnittlich elf Stunden pro Woche von allen Altersgruppen zeitlich am intensivsten. Und die älteren Freiwilligen sind den Häusern tendenziell doppelt so lange „treu" wie andere Altersgruppen, da mehr als die Hälfte (51 Prozent) der über 55-Jährigen seit mehr als zwei Jahren freiwillig aktiv sind.[29]

Dies zeigt, dass Ansprache, Begegnung und kontinuierliches Engagement einen so engen Zusammenhang bilden, dass sich in der Wirkungsforschung des Aktionsprogramms der Begriff der „Freiwilligenbegegnungsstätte" etabliert hat. Er beschreibt den Ansatz der Häuser, Freiwillig Engagierte eng in das Leben des Hauses einzubinden. Der Schwerpunkt liegt dabei auf der Aktivierung Freiwilliger für die Angebotsdurchführung im Mehrgenerationenhaus. Denn indem die Engagierten Angebote selbst entwickeln und in Eigenregie durchführen, schaffen sie sich auch eigene Räume für Begegnung. Dieses gleichsam für die Freiwillig Engagierten wie auch für Nutzerinnen und Nutzer wertvolle Zusammenspiel lässt sich in Betreuungsangeboten wie „Leihgroßeltern" und Patenschaften oder in generationenübergreifenden Aktivitäten wie gemeinsamem Kochen, Basteln oder Theaterspielen besonders gut erkennen.

Unterstützungsleistungen, die den Freiwilligen in Häusern des Typs Freiwilligenbegegnungsstätte zur Verfügung stehen, umfassen vorwiegend die Bereitstellung von Räumlichkeiten und Materialien. Mit diesen Leistungen wird es den Engagierten ermöglicht und erleichtert, ihre Angebote umzusetzen. Diese Form der Aktivierung zu selbstorganisierten Tätigkeiten stellt den einzelnen Freiwilligen in den Mittelpunkt und zielt auf die „Hilfe zur Selbsthilfe" ab.

Auf diese Weise wird nicht nur dem Wunsch der Engagierten nach Begegnung mit anderen Menschen, sondern auch ihrem Motiv der Selbstentfaltung entsprochen (Klages 2003, S. 305). Dieser zweite zentrale Aspekt in der Motivationsstruktur der Freiwillig Engagierten besteht darin, dass ihr eigenes Engagement die Freiwilligen in den Mehrgenerationenhäusern mit Freude und Begeisterung erfüllt (81 Prozent) und ihnen Möglichkeiten bietet, ihre persönlichen Interessen zu verfolgen (61 Prozent).

---

28 Im Vergleich zu sieben Prozent sind Alleinerziehende in 16 Prozent der Fälle täglich im Haus aktiv.
29 Bei der Nutzerbefragung 2–2010 haben 753 Freiwillig Engagierte über 55 Jahre die Frage nach der Dauer ihrer freiwilligen Tätigkeit beantwortet.

Auf Basis dieser positiven Voraussetzungen haben sich selbstorganisierte Aktivitäten Freiwillig Engagierter – von Selbsthilfegruppen über Begegnungsangebote bis hin zu kulturellen Veranstaltungen und Festen – zu einem zentralen Bestandteil der Angebotsstruktur in Mehrgenerationenhäusern entwickelt. Aufgrund der Vielseitigkeit der Aufgaben und möglichen Betätigungsfelder fällt es den Häusern darüber hinaus leicht, auch neu hinzukommende Freiwillige entsprechend ihrer Interessen einzubinden.

Tatsächlich bestätigt auch der Blick auf die einzelnen Aufgaben der Freiwillig Engagierten, dass diese mit 70 Prozent der eingebrachten Stunden tatsächlich einen Großteil ihrer Zeit der aktiven Vorbereitung und Durchführung von Angeboten widmen. Freiwillige haben also einen erheblichen Einfluss auf die Inhalte und häufig auch auf die Form ihrer Angebote und Aktivitäten. Diese Offenheit vonseiten der Mehrgenerationenhäuser gegenüber Ideen und Vorstellungen der Freiwilligen ist eine Grundvoraussetzung für aktive Mitgestaltung.

Begleitung und Beteiligung Freiwillig Engagierter

Die weitgehende Gestaltungsfreiheit und Eigenständigkeit in der Angebotsdurchführung stellt auch entsprechend hohe Anforderungen an die professionelle Begleitung der Freiwillig Engagierten. Denn ein großer Gestaltungsspielraum kann auf der einen Seite zwar motivierend wirken, auf der anderen Seite aber auch zu Überforderung führen. Daher bilden kompetente Anleitung und persönliche Begleitung in den Mehrgenerationenhäusern zentrale Faktoren, um Freiwillig Engagierte dazu zu befähigen, Angebote nach ihren Interessen und größtenteils selbstbestimmt umzusetzen.

92 Prozent der Freiwillig Engagierten geben in diesem Zusammenhang an, eine verbindliche Ansprechperson zu haben. Diese steht den Freiwilligen bei Fragen, Wünschen und auch möglicher Unzufriedenheit zur Verfügung. Idealerweise sollten alle Freiwillig Engagierten eine feste Ansprechperson haben, die in kleineren Einrichtungen auch direkt die Freiwilligenkoordinatorin beziehungsweise der Freiwilligenkoordinator sein kann.

Da durch die persönliche Begleitung regelmäßiger Kontakt und Austausch besteht, kann indirekt auch die Qualität der von Freiwilligen erbrachten Angebote sichergestellt werden. Darüber hinaus trägt eine individuelle Begleitung zur Zufriedenheit der Freiwillig Engagierten bei. So stellte sich in qualitativen Interviews mit Freiwilligen eine höhere Zufriedenheit mit Mitsprache- und Beteiligungsmöglichkeiten sowie mit anderen Unterstützungsleistungen in den Häusern heraus, die eine zentrale Ansprechperson für Freiwillige zur Verfügung stellen.

Folglich können formelle Mitsprache- und Beteiligungsmöglichkeiten eine auf persönlichem Kontakt und konkreten Zuständigkeiten basierende Begleitung der Freiwillig Engagierten nicht ersetzen. In Häusern des Typs Freiwilligenbegegnungsstätte ist die Kommunikation mit der zentralen Ansprechperson oft auch die wichtigste Form der Beteiligung Freiwilliger, die so ihre Wünsche und Interessen einbringen und auf die Möglichkeiten der Einrichtung abstimmen können. Insofern ist die persönliche Begleitung innerhalb der Mehrgenerationenhäuser Ausdruck einer lebendigen Anerkennungskultur.

Einige Häuser haben hingegen nicht den Ansatz einer Freiwilligenbegegnungsstätte gewählt und wirken stattdessen stärker ins regionale Umfeld. Engagierte entwickeln hier keine eigenen Angebote zur Nutzung innerhalb des Mehrgenerationenhauses, sondern engagieren sich meist außerhalb des Hauses für Dritte. Als Beispiele dafür sind Pflegebegleitung, Patenschaften oder auch Tätigkeiten bei Kooperationspartnern des Hauses auf freiwilliger Basis zu nennen. Dieser Ansatz erhielt von der Wirkungsforschung des Aktionsprogramms die Bezeichnung „Freiwilligendrehscheibe", da die Häuser hier eine vorrangig vermittelnde Funktion einnehmen. Im Mittelpunkt steht dabei die Kompetenzerweiterung der Freiwillig Engagierten durch Qualifizierungskurse und Reflexionsrunden. Häuser dieser Ausrichtung kooperieren häufig mit externen Partnern wie beispielsweise Freiwilligenagenturen. Abhängig vom jeweiligen Bedarf werden die Engagierten auch aktiv an andere Einrichtungen und Organisationen vermittelt, sodass ihre Tätigkeiten häufig außerhalb des Mehrgenerationenhauses stattfinden. In diesem Rahmen haben die Engagierten zwar weniger Möglichkeiten, eigene Angebote zu gestalten, können jedoch Einfluss auf ihr eigenes Arbeitsumfeld sowie auf die Ausrichtung des Hauses nehmen, da sie formell an dessen Entscheidungsprozessen beteiligt sind.

Eine partnerschaftliche Beteiligung ihrer Freiwillig Engagierten ist für 84 Prozent der Häuser von großer bis sehr großer Bedeutung (vgl. auch Abbildung 23). Die Schwerpunktanalyse zur organisatorischen Einbindung Freiwilliger hat ergeben, dass diese in den einzelnen Häusern unterschiedlich umgesetzt wird. Die jeweilige Ausprägung partnerschaftlicher Beteiligung, von informell zu formell, stellt gleichzeitig ein Merkmal zur Charakterisierung der zwei unterschiedenen Ansätze „Freiwilligenbegegnungsstätte" und „Freiwilligendrehscheibe" dar.

Während eine Beteiligung Freiwilliger in Häusern des Typs Freiwilligenbegegnungsstätte bereits durch ihre aktive Mitgestaltung der Angebote gewährleistet ist, gehen Häuser des Typs Freiwilligendrehscheibe an diesem Punkt noch einen Schritt weiter. Hier finden Beteiligung und Mitsprache an Planungs- und Entscheidungsprozessen in der Regel formell und institutionalisiert statt. Freiwillige erhalten auf diese Weise die Möglichkeit, sich unabhängig von einer zentralen Ansprechperson mit anderen in den Häusern Aktiven über Angebote und Ausrichtung abzustimmen und einzubringen.

Obwohl sich die einzelnen Mehrgenerationenhäuser dem einen oder anderen Typ zuordnen lassen, schließen sich die Ansätze nicht gegenseitig aus. Bei einigen Häusern bestehen Mischformen, in denen beide Ansätze enthalten sind. Besonders erfolgreich arbeiten Häuser, denen es gelingt, sich zunächst als Freiwilligenbegegnungsstätte zu etablieren und später Elemente einer Freiwilligendrehscheibe zu ergänzen.

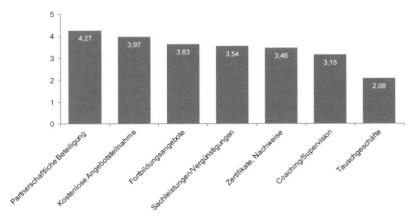

Abb. 23: Anreize zur Motivierung Freiwillig Engagierter[30]

Datenquelle: Selbstmonitoring 1. Halbjahr 2011, N = 496, Mehrfachnennung möglich

Tab. 5: Gegenüberstellung Freiwilligenbegegnungsstätte und Freiwilligendrehscheibe[31]

	Freiwilligen-begegnungsstätte	Freiwilligendrehscheibe
Zielsetzung Ausgestaltung	Ressourcenaktivierend: Ausrichtung nach innen	Engagement für Dritte: Ausrichtung nach außen
Aktivitäten und Angebote für Freiwillige	Begleitung, Betreuung und Begegnung	Qualifizierung, Koordination, Vermittlung und Vernetzung
Beteiligung	Informell über Mitgestaltung der Angebote	Formell und institutionalisiert auf Augenhöhe
Begleitung	Persönlich durch eine zentrale Ansprechperson	Moderation und Qualifizierung
Autonomie	Hoher Grad an inhaltlicher Autonomie	Hoher Grad an organisatorischer Autonomie
Umfeldwirkung	Vergleichsweise gering: Angebote werden im MGH erbracht	Vergleichsweise hoch: Vermittlung an Kooperationspartner

30 Die genaue Fragestellung lautete: Im Folgenden interessiert uns, wie Sie Freiwillig Engagierte motivieren. Welche Anreize bietet Ihr Mehrgenerationenhaus für Freiwillig Engagierte? Bitte bewerten Sie in der Tabelle die Bedeutung, die der jeweilige Anreiz für die Motivation und Wertschätzung von Freiwillig Engagierten hat. Die Bewertung erfolgte auf einer Skala von 1 (wird überhaupt nicht verwendet) bis 5 (sehr große Bedeutung).

31 Die genaue Fragestellung lautete: Im Folgenden interessiert uns, wie Sie Freiwillig Engagierte motivieren. Welche Anreize bietet Ihr Mehrgenerationenhaus für Freiwillig Engagierte? Bitte bewerten Sie in der Tabelle die Bedeutung, die der jeweilige Anreiz für die Motivation und Wertschätzung von Freiwillig Engagierten hat. Die Bewertung erfolgte auf einer Skala von 1 (wird überhaupt nicht verwendet) bis 5 (sehr große Bedeutung).

Wie im Kapitel 3 zu wirksamen Entwicklungs- und Steuerungsprozessen bereits erläutert, findet eine formelle Beteiligung oft in Form eines Beirates oder im Rahmen regelmäßiger konzeptioneller Treffen wie beispielsweise Zukunftswerkstätten oder Teambesprechungen statt. Eine solche Beteiligung Engagierter an der inhaltlichen und organisatorischen Planung von Angeboten fördert die Übernahme von Verantwortung und bietet Raum für eigenverantwortliches Handeln. Dieses kann auch in Vernetzungs- und Leitungsaufgaben bestehen und somit weit über die Durchführung von Angeboten hinausgehen. Im Durchschnitt setzen Freiwillig Engagierte 12 Prozent ihrer Stunden für Aufgaben dieser Art ein.

> **How To – Aktivierung und Einbindung Freiwillig Engagierter**
> - Raum für offene Begegnung schaffen
> - Interessierte persönlich und direkt ansprechen
> - Kontakt zwischen Engagierten und (noch) Nichtengagierten ermöglichen
> - Inhalte und Aufgaben eines möglichen Engagements sichtbar machen
> - Mitsprache der Engagierten gewährleisten
> - Klare Zuständigkeiten und Ansprechpersonen für die Begleitung und Anleitung der Engagierten vereinbaren

Resümee

Zentraler Erfolgsfaktor für die Ansprache und Gewinnung Freiwillig Engagierter in den Mehrgenerationenhäusern ist die offene und generationenübergreifende Begegnung. Zugleich verkörpert die so entstehende Begegnung zwischen unterschiedlichsten Menschen, zwischen Hauptamtlichen und Freiwillig Engagierten sowie zwischen den Generationen und Kulturen eine tragende Wirkungsdimension der Stärkung Freiwilligen Engagements selbst. Eine Grundvoraussetzung für die erfolgreiche Zusammenarbeit mit Freiwillig Engagierten ist ihre Freiheit, Tätigkeiten nachzugehen, die ihren persönlichen Interessen entsprechen und sie mit Freude und Begeisterung erfüllen. Die grundsätzliche Offenheit für Ideen und Vorstellungen Freiwillig Engagierter erfordert allerdings auch Prozesse und Strukturen, die eine aktive Mitgestaltung und Mitsprache ermöglichen. Somit stellt die Stärkung des eigenverantwortlichen Handelns und der Übernahme von Verantwortung eine weitere entscheidende Wirkungsdimension der Stärkung Freiwilligen Engagements dar.

Im Vordergrund steht dabei immer die Entscheidung, welchen Rahmen eine Einrichtung dem Freiwilligen Engagement geben kann. Dazu gehört sowohl die Frage, ob und inwiefern Ziele und Tätigkeitsbereiche der Einrichtung mit Motiven und Interessen potenziell Freiwillig Engagierter übereinstimmen, als auch die Frage, ob und inwiefern eine Beteiligung und Begleitung der Engagierten gewährleistet werden kann. Die Frage nach dem Profil einer Einrichtung muss am Anfang stehen, wenn über den Aufbau oder die Weiterentwicklung Freiwilligen Engagements entschieden wird. Es bietet sich daher an, zuerst Möglichkeiten für Begegnung zu schaffen, Erfahrungen zu sammeln und Vertrauen aufzubauen. Im Anschluss daran können weitere Schritte in Richtung einer Freiwilligendrehscheibe geplant werden.

7 Impulse im ländlichen Raum

Dr. Olaf Jürgens

Die Folgen des demografischen Wandels betreffen die Regionen in Deutschland und insbesondere den ländlichen Raum in ganz unterschiedlicher Weise (u. a. Bertelsmann Stiftung 2009, S. 5f.; Statistische Ämter des Bundes und der Länder 2007, S. 8f.).

Auf gesamtdeutscher Ebene wird die geringe Geburtenrate eine Abnahme der Bevölkerung bis zum Jahr 2030 von derzeit 82 Millionen auf schätzungsweise 77 Millionen bewirken. Diese Entwicklung bringt ebenso mit sich, dass die Zahl junger Menschen in der Altersgruppe unter 15 Jahren sogar um 30 bis 40 Prozent sinken wird (Statistische Ämter des Bundes und der Länder 2007, S. 23f.). Der gleichzeitige Anstieg der Lebenserwartung wird Prognosen zufolge dazu führen, dass im Jahr 2025 die Hälfte der Bevölkerung in den alten Bundesländern über 47 Jahre und in den neuen Bundesländern über 53 Jahre alt sein wird (Bertelsmann Stiftung 2009, S. 5). Die Gesamtbevölkerung wird bis 2050 um insgesamt 15 Prozent abnehmen (Westphal/Scholz/Doblhammer 2008, S. 8).

In den Regionen Deutschlands mit einer geringeren Siedlungsdichte, insbesondere im ländlichen Raum, werden sich diese Entwicklungen unterschiedlich auswirken. Diese Regionen haben auf ähnliche Herausforderungen bereits mit vielfältigen Anpassungsstrategien reagiert, sodass ländliche Räume nicht zwangsläufig strukturschwach[32], sondern vielmehr sehr heterogen sind. Auf der einen Seite können einige wirtschaftlich starke Regionen vor allem im Süden und Nordwesten Deutschlands durch steigende Geburtenzahlen und einen positiven Wanderungssaldo eine Bevölkerungszunahme verzeichnen. Auf der anderen Seite sehen sich weite Teile der neuen Bundesländer den komplexen Problemlagen gegenübergestellt, die aus demografischem Wandel und ökonomischer Krise hervorgegangen sind. Beispielsweise haben das Absinken der Geburtenrate nach der Wende und die Abwanderung qualifizierter Arbeitskräfte das Erwerbspersonenpotenzial in diesen Regionen verringert und somit den Fachkräftemangel verstärkt. Auf diese Weise führt der demografische Wandel in

---

32 „Strukturschwäche" bezieht sich auf die technische Infrastruktur (z. B. Personennahverkehr), die soziale Infrastruktur (z. B. die Verfügbarkeit von Betreuungsangeboten für Pflegebedürftige und Demenzkranke) und die Grundversorgung (z. B. die ärztliche Versorgung).

strukturschwachen Gebieten insgesamt zur Bevölkerungsabnahme und gleichzeitigen Überalterung der verbleibenden Wohnbevölkerung, sodass auch Wachstumspotenziale in den betroffenen Regionen zusätzlich ausgebremst werden (Kröhnert/Medicus/Klingholz 2006, S. 4).

Die Bundesländer Sachsen, Sachsen-Anhalt und Thüringen sind am stärksten von Schwund und Alterung betroffen – sie verloren zwischen 1990 und 2007 etwa 15 Prozent ihrer Bevölkerung (Wiechmann/Neumann 2008, S. 10). Auch das Verhältnis zwischen Personen im Erwerbs- und im Rentenalter, der sogenannte Altenquotient, wird hier in den nächsten beiden Jahrzehnten besonders ungünstig ausfallen (Statistische Ämter des Bundes und der Länder 2007, S. 25). Dieser in den neuen Bundesländern vorherrschende Abwärtstrend ist bisher in nur wenigen Gegenden zum Stillstand gekommen oder rückläufig: In Teilen Brandenburgs, im Umland von Dresden und in Städten wie Potsdam, Leipzig und Jena nehmen die Einwohnerzahlen wieder leicht zu.

Trotz ihrer unterschiedlichen soziodemografischen und wirtschaftlichen Ausgangsbedingungen weisen die ländlichen Räume dennoch gemeinsame Merkmale auf. Dazu gehören die geringe Einwohnerdichte bei einer relativ großen Fläche und die überschaubaren sozialen Strukturen mit weiten Wegen (vgl. Dedy/Hansen 2006). Viele Regionen tun sich zudem gleichermaßen schwer, den ökonomischen Strukturwandel aufzufangen – beispielsweise den anteiligen Bedeutungsverlust des Agrarsektors. Die Folgen der Kumulation von Problemlagen im ländlichen Raum, die sich aus dem demografischen und wirtschaftlichen Strukturwandel ergeben, werden auch unter dem Begriff der Peripherisierung diskutiert (vgl. Barlösius 2006, Barlösius/Neu 2008, Chassé 1996). Der Begriff der Peripherisierung zielt nicht ausschließlich auf die klassische Unterscheidung zwischen Stadt und Land ab, sondern auf das Entstehen ökonomischer und politischer Abhängigkeitsprofile zwischen Zentrum und Peripherie (vgl. Beetz 2008).

Die beschriebenen Phänomene haben entsprechend der jeweiligen regionalen Ausgangslage unterschiedliche Konsequenzen für die Infrastruktur und Daseinsvorsorge im ländlichen Raum. Mit der Bevölkerungsabnahme und Überalterung verändern sich die ehemals etablierten Nutzerstrukturen sowie die Nachfrage insbesondere im Bereich der sozialen Infrastruktur. So führt beispielsweise der sinkende Anteil an Kindern und jungen Familien in der Bevölkerung zu einem Rückgang der Nachfrage nach Kinderbetreuung. Je nach Ausgangslage kann sich dies einerseits entlastend auswirken und die Betreuungsquote in der Region erhöhen. Andererseits sind im Bereich der Schul- und Berufsbildungssysteme bereits Schließungen als Folge dauerhafter Unterauslastung dokumentiert, und auch andere kulturelle Einrichtungen können von der Abnahme ihrer Nutzerbasis und der damit einhergehenden sinkenden Rentabilität betroffen sein (vgl. Klingholz 2009; Weber/Klingholz 2009; Weishaupt 2004). Diese Einrichtungen müssen in der Folge ihr Angebotsportfolio einschränken oder sogar mit ihrer Schließung rechnen. Demgegenüber steigt durch die Zunahme der älteren Bevölkerung die Nachfrage nach Betreuungs- und Pflegedienstleistungen sowie nach medizinischer Versorgung. Diesem steigenden Bedarf steht allerdings aufgrund der Abwanderung qualifizierter Menschen weniger medizinisches sowie pflegerisches Personal gegenüber. In der Folge steigen die Pro-Kopf-Kosten für die Leistungserbringung, und die betroffenen Kommunen werden durch die Bevölkerungsabnahme mit sinkenden Steuereinnahmen und einer somit ausgedünnten Finanzierungsdecke zur Erbringung ihrer sozialen Infrastrukturleistungen konfrontiert.

Da die beschriebenen Veränderungen der Infrastruktur als Standortnachteil interpretiert werden und somit die Abwanderungstendenz noch verstärken, müssen die betroffenen Kommunen hier in quantitativer und qualitativer Hinsicht gegensteuern. Gelingt dies nicht, wird sich das öffentliche Infrastrukturangebot auf unverzichtbare Kernfunktionen reduzieren (vgl. Bundesministerium für Verkehr, Bau- und Wohnungswesen 2005). Durch das begrenzte Angebot beispielsweise an Betreuungsmöglichkeiten für Kinder oder pflegebedürftige Angehörige ergeben sich besondere Herausforderungen für die Vereinbarkeit von Familie und Beruf. Der wachsende Anteil älterer Menschen erfordert zudem die Verfügbarkeit haushaltsnaher Dienstleistungsangebote, um ihnen möglichst lange ein unabhängiges und eigenständiges Leben zu gewährleisten.

Die Mehrgenerationenhäuser leisten angesichts der gesellschaftlichen Anforderungen einen wichtigen Beitrag, indem sie in genau diesem Kontext veränderter Familien- und Bevölkerungsstrukturen agieren. Entsprechend den spezifischen Bedürfnissen der Bürgerinnen und Bürger in ihrem unmittelbaren Umfeld verfolgen die Einrichtungen dabei unterschiedliche Strategien.

Während einige Häuser sich in sozialen Brennpunkten von Metropolen befinden, haben andere ihren Standort im wohlhabenden Umfeld der Großstädte. Manche liegen zentral in der Innenstadt, andere an der Peripherie. Wieder andere Häuser sind in Kleinstädten und Gemeinden mit dörflichem Charakter angesiedelt. Standortbedingt ist jedes Mehrgenerationenhaus mit unterschiedlichen Problemlagen konfrontiert, auf die es mit wiederum eigenen Aktionsmöglichkeiten eingeht.

Trotz dieser elementaren Verschiedenheit des jeweiligen Umfelds verfolgen jedoch alle Mehrgenerationenhäuser dieselben Ziele: Förderung generationenübergreifender Zusammenarbeit, Aufbau eines Marktes für Haushaltsnahe Dienstleistungen und aktive Einbindung Freiwillig Engagierter. Schon anhand dieser Zielsetzungen wird deutlich, dass Mehrgenerationenhäuser in einem engen Wechselverhältnis zu ihrem Umfeld stehen. Sie müssen sich ihrer räumlichen und sozialstrukturellen Umgebung anpassen, um positive Wirkungen erzielen zu können. Es ist daher von zentraler Wichtigkeit, sowohl den Einfluss des regionalen Umfelds auf die Arbeit der Häuser zu beleuchten als auch der Frage nachzugehen, inwiefern ländlich gelegene Mehrgenerationenhäuser eine andere Entwicklung nehmen als städtische und welche Impulse sie im ländlichen Raum setzen können. Die genaueren Betrachtungsschwerpunkte sind daher zum einen die strukturellen Besonderheiten von Mehrgenerationenhäusern im ländlichen Raum sowie zum anderen die Auswirkungen des ländlichen Umfelds auf ihre Angebots- und Aktivenstruktur. Kern dieser und zukünftiger Untersuchungen müssen die Strategien der Häuser sein, mit denen sie den ländlichen Rahmenbedingungen begegnen, strukturelle Herausforderungen bewältigen und auch räumlich bedingte Chancen nutzen. Die folgende Analyse der Rahmen- und Ausgangsbedingungen sowie Bewältigungsstrategien von Mehrgenerationenhäusern in ländlichen Regionen liefert einen vertiefenden Einblick in ihre alltägliche Arbeit und die damit verbundenen Aufgaben.

Auswirkungen der ländlichen Strukturen auf die Rahmenbedingungen der Mehrgenerationenhäuser

Die wichtigsten Ressourcen für die Angebotserbringung und Vernetzungstätigkeit der Mehrgenerationenhäuser bilden neben finanziellen Mitteln die Unterstützungsleistungen durch Kooperationspartner und das Personal. Die Kooperationspartner können sowohl finanzielle und sachliche als auch personelle Mittel oder Unterstützungsleistungen durch Beratungen etc. bereitstellen. Die Personalstruktur der Häuser ist heterogen und besteht aus Festangestellten, Honorarkräften, Selbstständigen, extern Finanzierten und Freiwillig Engagierten. Auch diese Ressourcen der Mehrgenerationenhäuser sind wie oben beschrieben von den besonderen Herausforderungen des ländlichen Raumes betroffen: Die abnehmende Bevölkerung in den strukturschwachen ländlichen Gebieten und das somit verminderte Erwerbspersonenpotenzial schränken die Möglichkeiten der Mehrgenerationenhäuser ein, Freiwillige für ihre Aufgaben zu rekrutieren. Darüber hinaus ist auch spezifisch qualifiziertes Personal, beispielsweise für besondere Betreuungs- oder Pflegeleistungen, in diesen Regionen schwer zu finden.

Die durchschnittliche Personaldecke unterscheidet sich regionenbedingt. So sind im ländlichen Raum durchschnittlich insgesamt 47 Personen je Haus aktiv (Freiwillige, Festangestellte und alle anderen), gegenüber 71 Aktiven in der Kleinstadt und 73 Aktiven in Mittel- oder Großstädten und Metropolregionen. Pro Tag erbringen diese aktiven Personen im ländlichen wie im kleinstädtischen Raum durchschnittlich sieben Arbeitsstunden in den Häusern gegenüber acht Arbeitsstunden in Mittel- oder Großstädten und Metropolregionen. Dabei gelingt es den Mehrgenerationenhäusern im ländlichen Raum aber, nahezu so viele Angebote bereitzustellen wie Häuser in anderen Regionen, und zwar 29 gegenüber jeweils 32 (siehe Abbildung 24). So kann auch mit einer dünneren Personaldecke im ländlichen Raum ein quantitativ zu Regionen mit höherer Einwohnerdichte vergleichbares Angebotsportfolio implementiert werden.

Die Zusammensetzung der insgesamt in Mehrgenerationenhäusern Aktiven unterscheidet sich hingegen nur wenig zwischen den Regionen. Lediglich der Anteil an Freiwilligen liegt im ländlichen Raum sowie in Kleinstädten etwas höher als in mittelstädtischen, großstädtischen oder Metropolregionen (siehe Abbildung 25, Seite 92). Die Struktur des Personals liefert also für die Implementierungsstrategien der Mehr-

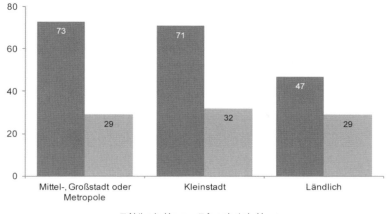

Abb. 24: Anteil der Aktiven und der Angebote je Mehrgenerationenhaus nach Regionstypen.
Datenquelle: Selbstmonitoring 1. Halbjahr 2011, N = 496

generationenhäuser im ländlichen Raum keine ausreichende Erklärung. Demgegenüber variiert die Aufgabenverteilung deutlicher, da in ländlichen, aber auch kleinstädtischen Regionen Freiwillige häufiger für Leitungsaufgaben herangezogen werden: Von allen Stunden, die in den Mehrgenerationenhäusern für Leitungsaufgaben anfallen, werden im ländlichen Raum 26 Prozent (im kleinstädtischen Raum 27 Prozent) von Freiwilligen erbracht, gegenüber 21 Prozent in mittel- und großstädtischen sowie Metropolregionen. Auch der relative Anteil Freiwillig Engagierter an allen Vernetzungsaufgaben ist hier größer[33]: So erbringen im ländlichen Raum Freiwillige 37 Prozent aller für Vernetzung angesetzten Stunden (38 Prozent im kleinstädtischen Raum) gegenüber 33 Prozent in den dichter besiedelten Regionen. Die Leistung der Freiwillig Engagierten nimmt also im ländlichen Raum einen hohen Stellenwert ein.

Neben der Anzahl an Engagierten und ihrer Aufgabenzuordnung bilden die Kooperationspartner eine weitere wichtige Ressource für die Mehrgenerationenhäuser. Als Folge der Einschränkungen in der technischen Infrastruktur (z. B. beim öffentlichen Nahverkehr in Form nicht mehr flächendeckender Mobilitätsangebote durch sinkende Nachfrage) und der Abwanderung qualifizierter Arbeitskräfte verlagern sich aber auch die Aktivitäten der Privatwirtschaft stärker in die Städte, sodass die Zahl möglicher Kooperationspartner aus der Wirtschaft sinkt.

Im Rahmen der Wirkungsforschung fand eine Analyse der strukturellen Entwicklung im Umfeld der Mehrgenerationenhäuser statt. Hier wurde deutlich, dass der zentrale Beitrag der Kooperationspartner für die Mehrgenerationenhäuser aus konkreten Hilfen im Tagesgeschäft besteht, beispielsweise durch die Erbringung von Angeboten

---

33 Vernetzungsaufgaben dienen dem Generieren sozialer Netzwerke mit dem Ziel, möglichst viele oder unterschiedliche Akteure zu erreichen und Beziehungen herzustellen. Sie sind von Kooperationen abzugrenzen (siehe den Beitrag zu „Kooperationen und Vernetzungen" in dieser Publikation).

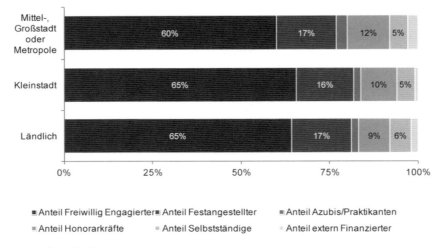

Abb. 25: Verteilung der Aktiven nach Regionstypen

Datenquelle: Selbstmonitoring 1. Halbjahr 2011, N = 496

oder die Ansprache von Nutzergruppen (BMFSFJ 2008, S. 64). Darüber hinaus unterstützen die Kooperationspartner die Mehrgenerationenhäuser auch bei der Verzahnung sowie Vernetzung von Angeboten und bewirken dadurch ein Bestreben der Häuser, ihr eigenes Angebotsportfolio zu ergänzen und noch stärker an den Bedarfslagen auszurichten.

Die Wirkungsforschung hat in verschiedenen Fallstudien herausarbeiten können, dass die Mehrgenerationenhäuser auch im ländlichen Raum in die soziale Infrastruktur und Anbieterlandschaft eingebunden sind. Dadurch können sie bestehende Angebotslücken schließen und ihre eigenen Inhalte und Aktivitäten auf die etablierte lokale Angebotsstruktur abstimmen (BMFSFJ 2008, S. 76f.). Die Grenzen der sozialen Infrastruktur werden dabei von allen Akteuren berücksichtigt, sodass bedarfsgerechte und nachhaltige Angebote bereitgestellt werden können. Die Verzahnung von Angeboten sowie die Zusammenarbeit mit lokalen Partnern und Kooperationen ermöglichen, dass bestehende Lücken in der Bedarfsdeckung im Sinne einer nachhaltigen Infrastruktur geschlossen werden.

In den ländlichen Regionen stellen Unternehmen und Wirtschaftsverbände fast ein Drittel aller Kooperationspartner der Mehrgenerationenhäuser und damit die größte Gruppe dar (Abbildung 26). Die lokale Wirtschaft kooperiert mit den Häusern beispielsweise in Form von Sachspenden sowie durch die Einräumung besonderer Konditionen, die Teilnahme an gemeinsamen Steuerungsrunden lokaler Netzwerke bzw. Beiräten oder die Nutzung der Infrastruktur der Häuser. Unternehmen sind zudem nach den Stadtverwaltungen die zweithäufigsten Geldgeber und leisten somit einen wichtigen Beitrag zur finanziellen Nachhaltigkeit der Mehrgenerationenhäuser. In den Fallstudien ist deutlich geworden, dass es den Mehrgenerationenhäusern im länd-

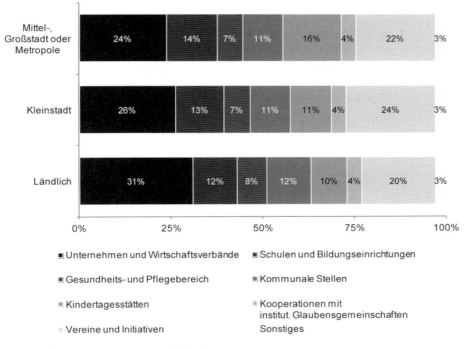

Abb. 26: Art der Kooperationspartner nach Regionstypen

Datenquelle: Selbstmonitoring 1. Halbjahr 2011, N = 496

lichen Raum und in Kleinstädten bereits gut gelingt, die lokale Wirtschaft in Form kleinerer Unternehmen einzubinden.

Die Fallstudien der Wirkungsforschung zeigen, dass als weitere wichtige Kooperationspartner der Mehrgenerationenhäuser in den ländlichen Regionen die Kommunen zu nennen sind, da mit ihnen eine enge Zusammenarbeit und Verzahnung besteht. Die meisten Kooperationsstrukturen der Häuser im ländlichen Raum mit der Kommune sind über längere Zeit gewachsenen und von partnerschaftlicher Natur (BMFSFJ 2008, S. 75). Die Kommunen erlauben dabei den einfachen Zugriff auf ihre Kontakte zu Vereinen, Wohlfahrtsverbänden und Behörden oder stellen Finanzhilfen zur Akquise weiterer finanzieller Mittel und Sponsoren bereit. Darüber hinaus vermitteln sie Immobilien oder stärken das Ansehen der Häuser in der öffentlichen Wahrnehmung. Nahezu unabhängig vom Regionstyp unterstützen die Kooperationspartner die Mehrgenerationenhäuser hauptsächlich bei der Erbringung von Angeboten sowie in der Öffentlichkeitsarbeit und Ansprache von Nutzerinnen und Nutzern (Abbildung 27).

Die Analysen der Wirkungsforschung belegen allerdings auch, dass bereits fast alle relevanten Partner in die Arbeit der Mehrgenerationenhäuser in ländlichen und kleinstädtischen Regionen eingebunden sind. Daher wird künftig das primäre Ziel der

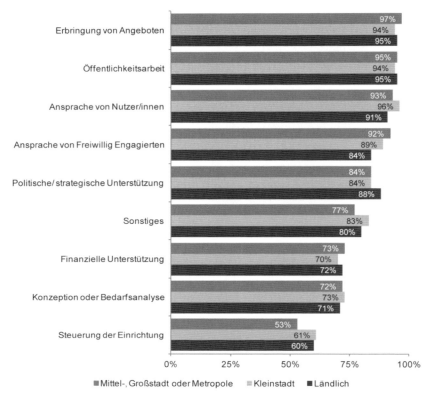

Abb. 27: Unterstützungsformen von Kooperationspartnern nach Regionstypen

Datenquelle: Selbstmonitoring 1. Halbjahr 2011, N = 496

Häuser nicht die Gewinnung weiterer Kooperationspartner sein, sondern vielmehr eine Intensivierung der bestehenden Kooperationsbeziehungen.

Auswirkungen der ländlichen Strukturen auf das Angebotsportfolio der Mehrgenerationenhäuser

Vorrangiges Ziel der Mehrgenerationenhäuser ist die Bereitstellung bedarfsgerechter Angebote, um sich auch im ländlichen Raum als Dienstleistungsdrehscheibe zu etablieren. Durch eine Verzahnung ihrer Aktivitäten mit der bestehenden Angebotsstruktur können die Häuser zur Differenzierung der sozialen Infrastruktur beitragen. Darüber hinaus kann über Kooperationen das Zusammentreffen verschiedener Nutzergruppen und somit eine höhere Inanspruchnahme der Angebote erreicht werden.

Gerade im ländlichen Raum spielt daher die Verzahnung von Angeboten eine bedeutende Rolle. Wie die Vor-Ort-Analysen[34] der Wirkungsforschung zeigen, übernehmen die Mehrgenerationenhäuser aufgrund der begrenzten oder fehlenden kulturellen, infrastrukturellen und sozialen Angebote für die Bürgerinnen und Bürger in ländlichen und kleinstädtischen Regionen eine kompensatorische Funktion. Darin liegt auch eine besondere Chance für die Häuser, sich als Dienstleistungsdrehscheibe vor Ort zu etablieren. Zudem tragen die Mehrgenerationenhäuser zur Förderung der Standortattraktivität ländlicher Gemeinden insbesondere für junge Familien und ältere Menschen bei.

Die genauere Betrachtung der regelmäßigen Angebote über die verschiedenen Regionstypen hinweg verdeutlicht, dass es auf rein quantitativer Ebene nur wenige Unterschiede in der Angebotsanzahl gibt.

Tab. 6: Beitrag der Kooperationspartner nach Regionstypen

	Regionstyp		
	Ländlich	Kleinstadt	Mittel-, Großstadt oder Metropole
Offene Begegnung/Treffpunkt	22 %	24 %	20 %
Betreuung	11 %	9 %	9 %
Essen	3 %	3 %	3 %
Beratung	11 %	11 %	11 %
Lernen/Bildung/Förderung	25 %	25 %	28 %
Patenschaften	2 %	1 %	2 %
Kultur	4 %	5 %	6 %
Sport	5 %	4 %	5 %
Sonstige Freizeitgestaltung	6 %	6 %	5 %
Erbringung anderer Haushaltsnaher Dienstleistungen	3 %	3 %	3 %
Vermittlung Haushaltsnaher Dienstleistungen	2 %	3 %	3 %
Bereitstellung von Infrastruktur*	3 %	3 %	3 %
Sonstiges	3 %	3 %	2 %
Durchschnittliche Zahl der Angebote je Haus	29	32	29

Datenquelle: Selbstmonitoring 1. Halbjahr 2011, N = 496

Obwohl sich die durchschnittliche Anzahl regelmäßiger Angebote der Mehrgenerationenhäuser in den verschiedenen Regionstypen kaum unterscheidet, setzen die Häuser im ländlichen Raum dennoch fast die gleiche Anzahl an Angeboten mit deutlich geringeren personellen Ressourcen um. So erbringen die Häuser im ländlichen Raum durchschnittlich 29, in Kleinstädten 32 und in den Mittel- und Großstädten sowie Metropolen 29 regelmäßige Angebote (siehe auch Abbildung 24). Die Angebotsschwerpunkte sind im regionstypischen Vergleich bei allen Mehrgenerationenhäusern ähnlich verteilt. Durchschnittlich finden fünf Angebote im Bereich der Bildung

---

34   Zu den Vor-Ort-Analysen siehe das Methodenkapitel in dieser Publikation.

und Begegnung sowie des Offenen Treffs, drei Angebote im Bereich Sport, Kultur und Freizeit sowie je zwei Betreuungs- und Beratungsangebote statt. Für den ländlichen Raum ergeben sich daraus insgesamt rund 780 verschiedene Bildungs- und offene Begegnungsangebote, mehr als 400 Angebote im Bereich Sport, Kultur und Freizeit sowie über 300 Betreuungsangebote. Darüber hinaus stellt jedes zweite Haus seine Infrastruktur beispielsweise für Familienfeiern oder andere Veranstaltungen zur Verfügung. Auf diese Weise übernehmen die Mehrgenerationenhäuser insbesondere in den ländlichen Regionen und Kleinstädten auch an den Wochenenden eine kompensatorische Funktion für begrenzte oder fehlende kulturelle und infrastrukturelle Angebote. Als besonderer Nebeneffekt ergibt sich dabei, dass Personen, die vorher noch nicht mit den Mehrgenerationenhäusern in Kontakt gekommen sind, diese niedrigschwellig kennenlernen können.

Einen weiteren niedrigschwelligen Zugang zu den Mehrgenerationenhäusern bieten Begegnungsangebote im Rahmen des Offenen Treffs, den die Mehrgenerationenhäuser aller Regionstypen als einen ihrer Angebotsschwerpunkte bereitstellen. Wie aus den Fallstudien der Wirkungsforschung hervorgeht, spielen die Mehrgenerationenhäuser als soziale Treffpunkte durch die offenen Begegnungsangebote für die unterschiedlichen Generationen im ländlichen Raum eine zentrale Rolle. So führt die Abwanderung aus dem ländlichen Raum und die damit einhergehende Reduktion sozialer Netzwerke zwischen Verwandten und Nachbarn dazu, dass Kinder, Eltern und Großeltern oft nicht mehr in gut erreichbarer Nähe wohnen und sich dadurch auch im Alltag nicht mehr selbstverständlich begegnen. Vor allem ältere Menschen sind dadurch von Isolation und Einsamkeit bedroht oder betroffen (BMFSFJ 2008, S. 77). Vor diesem Hintergrund fungieren die Mehrgenerationenhäuser als Orte, an denen Menschen unterschiedlicher Generationen sich alltäglich begegnen und unterstützen sowie vom gegenseitigen Wissens- und Erfahrungsaustausch profitieren können.

Die Offenen Treffs bilden durch ihren niedrigschwelligen Zugang schon jetzt das Herzstück der Mehrgenerationenhäuser – sowohl für die soziale Kontaktpflege und den generationsübergreifenden Austausch als auch für die Gewinnung von Freiwillig Engagierten. Dabei werden die Treffs sehr flexibel eingesetzt und genutzt, beispielsweise für Essensangebote, Theatervorstellungen, Tanzkurse, Selbsthilfegruppen, Vereinstreffen und andere Aktivitäten. Allerdings stehen insbesondere im ländlichen Raum viele Häuser vor der Herausforderung, den Offenen Treff auch außerhalb von Veranstaltungen und Essensangeboten kontinuierlich zu beleben. Eine konstante Nutzungsmentalität der Bürgerinnen und Bürger in der Form, die Offenen Treffs auch ohne einen konkreten Anlass zu besuchen, hat sich in den ländlichen Regionen noch nicht so etabliert, wie es beispielsweise in den Großstädten bereits der Fall ist.

Einen weiteren Schwerpunkt legen die Mehrgenerationenhäuser aller Regionstypen auf Angebote der Bereiche Bildung sowie Sport, Kultur und Freizeit. Insgesamt decken Bildungsangebote im ländlichen Raum und in Kleinstädten ein Viertel des Spektrums aller angebotenen Aktivitäten und in Mittel- und Großstädten sowie Metropolen beinahe ein Drittel ab. Dabei handelt es sich um niedrigschwellige Bildungs- und Förderangebote der Mehrgenerationenhäuser für Kinder, Jugendliche, Familien und ältere Erwachsene, wie z. B. Hausaufgabenbetreuung, Sprach- oder Computerkurse.

Neben den offenen Begegnungs-, Bildungs- sowie Sport-, Kultur- und Freizeitangeboten erbringen die Mehrgenerationenhäuser aller Regionstypen vielfältige Haushaltsnahe Dienstleistungen, die den Alltag von Alleinstehenden, Familien sowie Seniorinnen und Senioren erleichtern. Entweder werden diese Dienstleistungen direkt von den Häusern in ihren Räumlichkeiten, bei den Nutzerinnen und Nutzern zu Hause sowie bedarfsabhängig auch andernorts erbracht oder aber zu bestimmten Zwecken durch die Häuser vermittelt, wie z. B. Betreuungsangebote oder Haushaltshilfen. Die Mehrgenerationenhäuser stellen durchschnittlich und ohne Unterschiede zwischen den Regionen vier verschiedene Haushaltsnahe Dienstleistungsangebote zur Verfügung. Allerdings bestehen bei den Bedürfnissen der Nutzerinnen und Nutzer Haushaltsnaher Dienstleistungen durchaus regionale Unterschiede. Wie die Fallstudien der Wirkungsforschung zeigen, sind in den Mehrgenerationenhäusern umfangreiche Kenntnisse der regionalen Bedürfnisse vorhanden, die zur Entwicklung passgenauer Dienstleistungsangebote in Übereinstimmung mit dem Bedarf der Bürgerinnen und Bürger vor Ort genutzt werden. Zusätzlich haben insgesamt 41 Prozent der Mehrgenerationenhäuser im ländlichen Raum, 35 Prozent in Kleinstädten und 44 Prozent in Mittel- und Großstädten sowie Metropolen eine umfassende Analyse des Bedarfs ihrer Zielgruppen durchgeführt. Überwiegend wird der Bedarf aber ausschließlich aus der bisherigen Erfahrung abgeleitet, sodass auch nur ein Drittel der Mehrgenerationenhäuser aller Regionstypen eine schriftliche Dokumentation der Bedarfsanalyse z. B. in Form eines Berichts oder einer Auswertung vornehmen. Eine genaue Bedarfsanalyse als Standardinstrument würde es allerdings ermöglichen, noch zielgenauer die Lücken in der regionalen Angebotsstruktur aufspüren und füllen zu können. Denn gerade diese Kompensation von Angebotslücken ist eine der zentralen Funktionen von Mehrgenerationenhäusern im ländlichen Raum, sodass eine genaue und präzise Bedarfsermittlung als bedeutendes Instrument für Mehrgenerationenhäuser im ländlichen Raum zu werten ist. Der verbindliche Einsatz dieses Instruments wird im Folgeprogramm, das Anfang 2012 gestartet wurde, gewährleistet.

Auffallend ist, dass die Mehrgenerationenhäuser im Bereich der Haushaltsnahen Dienstleitungen in unterschiedlichen Regionen auch unterschiedliche Funktionen übernehmen. Während sie im ländlichen Raum die Dienstleistungen vor allem selbst erbringen, treten die Mehrgenerationenhäuser in Kleinstädten und Metropolen eher als Vermittler familienunterstützender Dienstleistungen auf. Dieser Unterschied liegt darin begründet, dass in den ländlichen Regionen nur eine sehr begrenzte Anzahl an Angeboten bzw. Anbietern von Haushaltsnahen Dienstleistungen vorhanden sind. Die Mehrgenerationenhäuser können im ländlichen Raum mit neuen Angeboten vorhandene Lücken schließen. Anders stellt sich die Situation in Mittel- und Großstädten sowie Metropolen dar: Hier existiert bereits eine Vielzahl an Dienstleistungsangeboten, die durch Wohlfahrtsverbände, Pflegedienste oder auch private Anbieter erbracht werden. Im Vordergrund steht daher nicht die Schaffung neuer Möglichkeiten, sondern zum einen die Information über vorhandene Angebote und zum anderen die

Etablierung einer zuverlässigen Vermittlungsplattform. Um keine Konkurrenzsituation zu etablierten Anbietern aufkommen zu lassen, konzentrieren sich die Mehrgenerationenhäuser dabei auf ergänzende Dienstleistungen und auf eine Vermittlung an die Kooperationspartner, wenn im direkten Umfeld des Hauses schon ausreichende Angebote vorhanden sind.

Im Bereich Haushaltsnaher Dienstleistungen beispielsweise hat etwa die Hälfte der Mehrgenerationenhäuser aller Regionstypen einen verstärkten Schwerpunkt auf den Bereich der Förderung von Beschäftigung gelegt. Hier werden die Nutzerinnen und Nutzer durch Angebote zur Vereinbarkeit von Beruf und Familie, Weiterbildungsmaßnahmen und niedrigschwellige Beschäftigungsangebote sowie durch die Förderung von Existenzgründungen unterstützt. Da häufig fehlende Betreuungsmöglichkeiten für Kinder oder pflegebedürftige Angehörige besonders berufstätige Personen vor große Herausforderungen in der Alltagsbewältigung stellen, fördern die Häuser in ländlichen Regionen durch ihr vielfältiges Angebot an Kinderbetreuungsmöglichkeiten auch in diesem Bereich gezielt die Vereinbarkeit von Beruf und Familie.

Dabei erbringen die Häuser im ländlichen Raum selbst – in unterschiedlichem Umfang – Betreuungsangebote in ihrer Einrichtung, z. B. im Rahmen einer Tagespflege oder einer Sozialstation. Auch stellen die Häuser spezielle Hilfen und Beratungsangebote für Pflegebedürftige und deren Angehörige bereit, begleiten beispielsweise bei Behördengängen, unterstützen bei Anträgen oder vermitteln Pflegedienste. Wie aus den Fallstudien der Wirkungsforschung hervorgeht, bilden einige Mehrgenerationenhäuser dazu selbst oder in Kooperation mit Partnern aus dem Gesundheits- und Pflegebereich Freiwillige sowie pflegende Angehörige aus und bieten eine Plattform für den Austausch pflegender Angehöriger.

Eine zentrale Herausforderung für Mehrgenerationenhäuser in ländlichen und kleinstädtischen Regionen ist ihre Erreichbarkeit. Der Zugang gestaltet sich hier aufgrund der teilweise begrenzten Anbindung an den öffentlichen Personennahverkehr insbesondere für ältere Menschen problematisch. Als Lösungsansatz bieten viele Mehrgenerationenhäuser daher bereits einen hauseigenen oder durch Kooperationspartner erbrachten Fahrdienst an.

Haushaltsnahe Dienstleistungen werden von Familien und älteren Menschen als sehr hilfreich erlebt und in ländlichen und kleinstädtischen Regionen rege in Anspruch genommen. Durch die Erbringung und Vermittlung dieser Dienstleistungen tragen die Mehrgenerationenhäuser zur verbesserten Lebensqualität von Familien und älteren Menschen im ländlichen Raum bei und können mit bedarfsgerechten Angeboten viele Lücken schließen. So haben sie sich im ländlichen Raum zunehmend als unverzichtbare Dienstleistungsdrehscheibe vor Ort etabliert.

How To – Impulse im ländlichen Raum geben
- Die bestehende Angebotsstruktur und die relevanten Akteure in der Region analysieren

- Über zusätzliche genaue Bedarfsanalysen Angebotslücken identifizieren
- Kontakte zu etablierten Anbietern als mögliche Kooperationspartner zwecks Angebotsverzahnung herstellen
- Eigenes Angebotsportfolio entsprechend der Angebotslücken und der Verzahnungsmöglichkeiten aufstellen

Resümee

Die Mehrgenerationenhäuser mildern mit ihren Angeboten und Vernetzungstätigkeiten die Folgen des demografischen und wirtschaftlichen Strukturwandels kompensatorisch ab und wirken auf diese Weise dem Attraktivitätsverlust des Standortes entgegen. Die erfolgreiche Verzahnung des eigenen Portfolios mit externen Angeboten ermöglicht es, bestehende Angebotslücken zu schließen und Nutzergruppen zusammenzuführen. Diese Ressourcenbündelung und Angebotsverzahnung ist auch ein Beitrag zur Verbesserung der sozialen Infrastruktur. Dabei bilden insbesondere die Kooperationsnetzwerke eine wertvolle Ressource, da die Mehrgenerationenhäuser im ländlichen Raum bei ihrer täglichen Arbeit sowohl von Partnern aus Wirtschaft, Vereinen und Initiativen als auch von kommunalen Stellen unterstützt werden. Durch diese vielseitigen zusätzlichen Ressourcen und Unterstützungsleistungen wird ermöglicht, dass die Mehrgenerationenhäuser trotz ihrer geringeren personellen Ausstattung und Anzahl an Kooperationspartnern fast genau so viele Angebote erarbeiten und umsetzen können wie die Mehrgenerationenhäuser der anderen Regionstypen. Die Kooperationsnetzwerke tragen damit zur finanziell tragfähigen Versorgungs- und nachhaltigen Infrastruktur vor Ort bei. Da das Potenzial für neue Kooperationspartner weitgehend ausgeschöpft ist, müssen zukünftige Strategien stärker auf die Intensivierung der Kooperationsbeziehungen mit den Partnern ausgerichtet sein.

Ein weiterer Erfolgsfaktor ergibt sich aus der Bedeutung der Haushaltsnahen Dienstleistungen im Angebotsspektrum der Mehrgenerationenhäuser. Damit leisten die Häuser für Kinder, Familien und ältere Menschen einen wichtigen Beitrag, um die Lebensqualität im ländlichen Raum allgemein zu verbessern. Sie tragen durch Unterbringungs- und Betreuungsangebote für Kinder, durch Hol- und Bringdienste zur Kita oder Schule sowie durch Unterstützungsangebote bei Hausaufgaben dazu bei, dass besonders junge Eltern in die Lage versetzt werden, am Arbeitsmarkt teilzunehmen. So fördern die Häuser auch die Standortattraktivität der ländlichen Gemeinden insbesondere für junge Familien. Des Weiteren verbessern die Mehrgenerationenhäuser die Lebensqualität für Seniorinnen und Senioren im ländlichen Raum, indem sie Haushaltsnahe Dienstleistungen speziell für ältere Menschen, wie z. B. Transportdienste, Essensangebote oder Haushaltshilfen erbringen. Die erfolgreiche Umsetzung und Vermittlung von Haushaltsnahen Dienstleistungen für Jung und Alt spiegelt sich in der vergleichsweise hohen Nutzerzahl in den ländlichen Regionen wider.

Die Mehrgenerationenhäuser bieten in den ländlichen Regionen zudem umfassende Teilhabemöglichkeiten für Menschen jeden Alters und stellen niedrigschwellige Beratungsmöglichkeiten für nahezu alle Lebenslagen bereit. Durch die Nutzungsmöglichkeit ihrer Infrastruktur für die Bürgerinnen und Bürger und die Öffnung an den Wochenenden bieten sie ihren Nutzerinnen und Nutzern einen Treffpunkt zur sozialen Kontaktpflege und Wahrnehmung von Freizeitangeboten. Darüber hinaus vermitteln die Häuser ihren Zielgruppen sinnstiftende Tätigkeitsfelder und fungieren aufgrund der begrenzten Möglichkeiten in ländlichen Räumen als eine Plattform für Bürgerschaftliches Engagement.

Teil IV: Unterstützung für alle Altersgruppen

8 Haushaltsnahe Dienstleistungen

Christopher Gess/Anna Iris Henkel

Ein zentrales familienpolitisches Ziel ist es, die Vereinbarkeit von Familie und Beruf zu unterstützen. Sowohl vor dem Hintergrund eines möglichen Fachkräftemangels als auch aus gleichstellungspolitischer Perspektive soll es jungen Eltern ermöglicht werden, ihren Wunsch nach einer schnellen Rückkehr in den Beruf zu realisieren. Aus diesem Grund wurden mit dem Tagesbetreuungsausbaugesetz aus dem Jahr 2005 und dem Kinderförderungsgesetz von 2009 die Rahmenbedingungen im Bereich der Kinderbetreuung verbessert. Häufig benötigen junge Eltern sowie Alleinerziehende über die Kinderbetreuung hinaus Hilfe im Haushalt, um einer Vollzeitbeschäftigung nachgehen zu können.[35] Klassische Haushaltsnahe Dienstleistungen wie Haushaltshilfen, Transportdienste und Gartenarbeiten können hier die Vereinbarkeit von Familie und Beruf verbessern. Soziale Einrichtungen wie die Mehrgenerationenhäuser können diese erbringen oder vermitteln und auf diese Weise junge Familien oder beruflich stark eingespannte Personen entlasten.

Ebenso wie Familien mit Kindern stehen auch Angehörige von Pflegebedürftigen vor der Herausforderung, familiäre Verantwortung mit den Verpflichtungen der Berufswelt zu vereinbaren. Die Familienpflegezeit soll es Berufstätigen ermöglichen, eine berufliche Auszeit zu nehmen und sich um Angehörige zu kümmern. Um mit den Aufgaben der Pflege nicht überfordert zu sein, müssen häufig Pflegedienstleistungen und ergänzende Leistungen in Anspruch genommen werden. Haushaltsnahe Dienstleistungen können hier unterstützend wirken und die Möglichkeit eröffnen, Angehörige länger zu pflegen. Zugleich tragen die Dienstleistungen zur Prävention bei, um Pflegebedürftigkeit hinauszuzögern.[36] Auch in diesem Zusammenhang können soziale Einrichtungen wie die Mehrgenerationenhäuser durch Haushaltshilfen, Transportdienste oder Hol- und Bringdienste einen nicht zu unterschätzenden Beitrag leisten.

Ein Ziel des Aktionsprogramms ist es daher, auf lokaler Ebene durch Mehrgenerationenhäuser einen Markt für Haushaltsnahe Dienstleistungen zu etablieren. Die Häuser

---

35 So wird im Siebten Familienbericht der Bundesregierung festgestellt: „[Es] bedarf schließlich des großzügigen und qualitativ hochwertigen Ausbaus an familienergänzenden sach- und personenbezogenen Dienstleistungen, also der Professionalisierung eines Teils der vormals privat geleisteten Familienarbeit." (BMFSFJ 2006, S. 92)

36 „Der Bedarf in der Prävention liegt eher in haushaltsnahen Unterstützungsleistungen. Diese können als Leistungen unterhalb der Schwelle zur Pflegebedürftigkeit, aber zur Erhaltung von Selbstständigkeit im höheren Lebensalter verstanden werden." (Hasseler/Görres 2005, S. 43)

sollten sich während der Programmlaufzeit zu Dienstleistungsdrehscheiben entwickeln, die entweder Dienstleistungen anderer Anbieter vermitteln oder diese selbst anbieten, um insgesamt die Vereinbarkeit von Familie und Beruf zu stärken. Im vorliegenden Kapitel, das mit einer grundlegenden Begriffsbestimmung Haushaltsnaher Dienstleistungen beginnt, werden die Erfahrungen der Mehrgenerationenhäuser in diesem Bereich dargestellt.

Was sind Haushaltsnahe Dienstleistungen?

Es muss zwischen professioneller Kinderbetreuung und Pflegedienstleistung auf der einen Seite und Haushaltsnahen Dienstleistungen auf der anderen Seite unterschieden werden. „Der Begriff der haushaltsnahen Dienstleistungen umfasst [...] alle Tätigkeiten, die gewöhnlich von den Haushaltsmitgliedern ohne vertiefte Spezialkenntnisse erbracht werden können, Entlastung im familiären Alltag des Privathaushaltes schaffen und von Außenstehenden gegen Entgelt im und für den privaten Haushalt erbracht werden." (Reinecke et al. 2011, S. 3). Demnach sind Haushalts- und Einkaufshilfen, Gartenarbeiten, Transportdienste, Hol- und Bringdienste sowie Begleit- und Besuchsdienste in dieser Definition enthalten. Pädagogische Kinderbetreuung sowie medizinische Pflegedienstleistungen sind hingegen nach dieser Definition nicht als Haushaltsnahe Dienstleistungen anzusehen, da sie eine fachspezifische Ausbildung erfordern.

Analog zu dieser Unterscheidung trennen wir auch in der vorliegenden Publikation zwischen (1) den Haushaltsnahen Dienstleistungen, (2) der Kinderbetreuung und (3) pflege- und demenzbezogenen Angeboten. Auch wenn nach der oben angeführten Definition ergänzende Kinderbetreuungs- und Pflegedienstleistungen – wie beispielsweise Babysitting oder Pflegebegleitung – keine fachspezifische Ausbildung erfordern, werden sie an dieser Stelle ausgeklammert und in den Kapiteln 9 (Kinderbetreuung) und 10 (Pflege und Demenz) gesondert behandelt. In diesem Sinne werden personenbezogene Dienstleistungen im Folgenden nicht betrachtet.

Tab. 7: Abgrenzung der Betrachtung von Dienstleistungsarten

	Haushaltsnahe Dienstleistungen	Kinderbetreuung	Pflege und Demenz
Zielgruppe	Alle	Kinder und Eltern	Pflegebedürftige und pflegende Angehörige
Handlungsschwerpunkt	Alltagserleichternde Servicelistungen	Betreuung und Beratung	Betreuung und Beratung
Ziel	Vereinbarkeit Pflege/ Familie und Beruf	Vereinbarkeit Familie und Beruf	Vereinbarkeit Pflege und Beruf
		Kapitel 9	Kapitel 10

Markt für Haushaltsnahe Dienstleistungen

Im Unterschied zur Kindertagesbetreuung oder Pflege besteht für Haushaltsnahe Dienstleistungen keine gesetzlich verankerte Infrastruktur. Während die Kommunen den gesetzlichen Auftrag haben, Kindertagesstätten einzurichten, und die Pflegeversicherung gesetzlich festgelegte Leistungen finanziert, ist der Markt für Haushaltsnahe Dienstleistungen privatwirtschaftlich organisiert und stark *fragmentiert*: Der Nachfrage von Privathaushalten stehen Angebote vieler einzelner Dienstleistender und einiger Dienstleistungsagenturen gegenüber. Eine Förderung Haushaltsnaher Dienstleistungen ist in Deutschland bisher über eine nachgelagerte steuerliche Anrechnung und Reduktion der Sozialversicherungsbeiträge möglich. Privathaushalte können Dienstleistende zu reduzierten Sozialversicherungsbeiträgen einstellen, sofern diese monatlich weniger als 400 Euro verdienen (geringfügige Beschäftigung im Haushaltsscheckverfahren). Dabei ist auch der bürokratische Aufwand im Haushaltsscheckverfahren verringert (u. a. Gottschall/ Schwarzkopf 2010), und die Ausgaben für Haushaltsnahe Dienstleistungen können als Werbungskosten von der Steuer abgesetzt werden.

Trotz dieser Vereinfachungen und der (indirekten) Förderung Haushaltsnaher Dienstleistungen ist nach wie vor davon auszugehen, dass ein Großteil der Dienstleistungen im *informellen Markt* der Schwarzarbeit erbracht wird. Obwohl die über das Haushaltsscheckverfahren beschäftigten Dienstleistenden seit der Einführung 2003 von 27.000 auf fast 222.000 Personen im Jahr 2011 gestiegen sind (vgl. Deutsche Rentenversicherung Knappschaft-Bahn-See/Minijob-Zentrale 2011), deuten Erhebungen dennoch darauf hin, dass bis zu 95 Prozent der Nachfrage auf das Segment der Schwarzarbeit entfallen (vgl. Wagner/Frick/Schupp 2007). Zugleich ist erkennbar, dass es vor allem Privathaushalte mit einem hohen bis sehr hohen Einkommen[37] sind, die Haushaltsnahe Dienstleistungen in Anspruch nehmen (Wippermann 2011, S. 11ff.). Haushalte mit niedrigerem Einkommen fragen weniger oder keine Dienstleistungen nach, obwohl sie einen ähnlich hohen Bedarf haben, der hier aber offenbar nicht zu einer am Markt wirksamen Nachfrage führt.

Ein Grund für die insgesamt geringe Inanspruchnahme Haushaltsnaher Dienstleistungen liegt im – von potenziellen Kundinnen und Kunden vermuteten – bürokratischen Aufwand und in der *geringen Markttransparenz*. Da sich auf dem Markt für Haushaltsnahe Dienstleistungen individuelle Privathaushalte und einzelne Dienstleistende oder kleine Dienstleistungsagenturen bewegen, fehlt häufig die Übersicht, sodass hohe Suchkosten entstehen (Reinecke et al. 2011, S. 12f.).

Zudem können Privathaushalte bei ihrer Suche nach Dienstleistenden in der Regel nicht auf Institutionen zurückgreifen, zu denen sie bereits ein Vertrauensverhältnis

---

37 Wippermann (2011) zählt in Anlehnung an den Armuts- und Reichtumsbericht ein Haushaltseinkommen von mehr als 150 Prozent des Äquivalenzeinkommens zu hohem Einkommen (mehr als 2.323 Euro monatliches Haushaltseinkommen) und von mehr als 200 Prozent des Äquivalenzeinkommens zu sehr hohem Einkommen beziehungsweise Reichtum (mehr als 3.098 Euro monatliches Haushaltseinkommen).

aufgebaut haben. *Vertrauen* ist bei Haushaltsnahen Dienstleistungen aber von besonderer Bedeutung, da die Dienstleistenden überwiegend im Haushalt der Auftraggeber tätig sind und ihnen in vielen Fällen sogar ein Schlüssel ausgehändigt wird. Zudem mangelt es an Qualitätsstandards oder Qualifizierungen für Dienstleistende, die sich vertrauensbildend auswirken könnten. In Ländern wie Frankreich oder Belgien, die eine Förderung Haushaltsnaher Dienstleistungen etabliert haben, wurden gleichzeitig neutrale Institutionen gegründet und damit beauftragt, potenzielle Nutzerinnen und Nutzer zu beraten, ihnen passende Dienstleistende zu vermitteln sowie die Dienstleistenden gegebenenfalls vorab zu qualifizieren (vgl. u. a. Eichhorst/Tobsch 2008).

Aus Sicht von Dienstleistungsagenturen sind die Margen – rein wirtschaftlich betrachtet –im Bereich Haushaltsnaher Dienstleistungen aufgrund der Konkurrenz durch die Schwarzarbeit sehr niedrig: Der *geringen Zahlungsbereitschaft* von Kundinnen und Kunden steht ein ähnlich hoher Nettolohnanspruch der Dienstleistenden gegenüber.[38] Durch die Lohnnebenkosten und andere entstehende Aufwendungen bietet sich für Dienstleistungsagenturen nur ein enger Preiskorridor. Auch die zusätzliche Herausforderung für die Agenturen, geeignetes Personal zu finden (Reinecke et al. 2011, S. 22), kann unter Umständen mit hohen Suchkosten verbunden sein.

Haushaltsnahe Dienstleistungen in Mehrgenerationenhäusern

Vor dem Hintergrund der schwierigen Marktentwicklung Haushaltsnaher Dienstleistungen in Deutschland können Mehrgenerationenhäuser eine wichtige Funktion einnehmen. Ihr besonderer Vorteil liegt darin, Menschen aller Generationen anzusprechen und auf diese Weise mehrere Zielgruppen zu erreichen. Durch ihren niedrigschwelligen Zugang bauen diese Einrichtungen zudem Hemmschwellen ab und können potenzielle Nutzerinnen und Nutzer von Haushaltsnahen Dienstleistungen neutral beraten.

Fast alle Häuser bieten dementsprechend Haushaltsnahe Dienstleistungen an, nur neun Prozent sind nicht in diesem Feld aktiv. Alle 450 aktiven Häuser zusammengenommen stellen mehr als 1.200 Angebote im Bereich Haushaltsnaher Dienstleistungen bereit.[39] Im Durchschnitt verfügt in 2011 somit jedes hier aktive Haus über 2,6 Angebote in diesem Bereich[40], während die durchschnittliche Anzahl 2008 noch bei

---

38 So gehen Steiner und Böhmer (2008, S. 34) davon aus, dass es Nachfragepotenzial nach Dienstleistungen in einem wöchentlichen Umfang von vier Stunden pro Woche bei Kosten von neun Euro pro Stunde gibt, gleichzeitig jedoch der Netto-Anspruchslohn der Dienstleistenden bei acht Euro pro Stunde liegt. Auch wenn hier die steuerliche Absetzbarkeit einberechnet wird, ist ersichtlich, dass eine Dienstleistungsagentur dieses Nachfragepotenzial nicht wirtschaftlich abdecken kann, da zum Nettolohn noch die Lohnnebenkosten hinzukommen. Daher müssen Dienstleistungsagenturen die Leistungen zum niedrigst-möglichen Preis anbieten, um ausreichende Nachfrage zu generieren.

39 Diese Daten stammen aus dem Selbstmonitoring der Mehrgenerationenhäuser. Nähere Auskunft über die in der Wirkungsforschung verwendeten Methoden gibt Kapitel 2.

1,6 lag. Dieser deutliche Anstieg an Haushaltsnahen Dienstleistungen zeigt, dass die Häuser mit ihren Angeboten lokal auf einen bestehenden Bedarf treffen.

Insbesondere Häuser, die aus Familien- und Mütterzentren oder aus Kirchengemeinden und Bürgertreffs entstanden sind, weisen überdurchschnittlich viele Angebote im Bereich Haushaltsnaher Dienstleistungen auf (im Durchschnitt 2,84 bzw. 2,92 Angebote pro Haus). Dies lässt sich in erster Linie auf die Zielgruppenbreite dieser Mehrgenerationenhäuser zurückführen. Die Etablierung Haushaltsnaher Dienstleistungen gelingt offenbar dann besonders gut, wenn eine Einrichtung Zugang zu verschiedenen Zielgruppen hat und idealerweise über Vorerfahrungen in der Erbringung von – auch nicht ausschließlich haushaltsnahen – Dienstleistungen für diese Zielgruppen verfügt. Familien- und Mütterzentren wenden sich mit ihren Angeboten vornehmlich an junge Familien, denen sie ergänzende Haushaltsnahe Dienstleistungen anbieten können. Ähnlich verhält es sich bei Kirchengemeinden und Bürgertreffs. Auch hier besteht eine gewachsene Nähe zu Seniorinnen und Senioren auf der einen und zu Dienstleistungserbringern wie Pflegediensten oder Kindertagesstätten in kirchlicher Trägerschaft auf der anderen Seite.

Der Einfluss ihrer Vorerfahrungen wirkt sich jedoch keinesfalls determinierend auf die Entwicklung der Mehrgenerationenhäuser im Bereich Haushaltsnaher Dienstleistungen aus. So konnte auch in Häusern, die bisher nur wenig Erfahrung mit traditionellen Zielgruppen von Haushaltsnahen Dienstleistungen haben, ein Wachstum bei den Dienstleistungen festgestellt werden. Zwar bieten Häuser, die aus Einrichtungen der Bereiche Schule, Sport und Kultur entstanden sind, mit Abstand die wenigsten Haushaltsnahen Dienstleistungen an. Doch erbringen selbst diese Häuser nun im Durchschnitt über 1,86 Angebote in diesem Bereich, während sie 2008 nur über durchschnittlich 1,09 Angebote verfügten. Diese Entwicklung zeigt, dass Einrichtungen, die sich für alle Generationen und Zielgruppen öffnen, auch unabhängig von ihren Vorerfahrungen Haushaltsnahe Dienstleistungen anbieten und vermarkten können.

Während die absolute Anzahl Haushaltsnaher Dienstleistungen in den Häusern zugenommen hat, ist ihre Verteilung auf die unterschiedlichen Dienstleistungsarten – Essensangebote, klassische Haushaltsnahe Dienstleistungen und Vermittlungsleistungen – relativ konstant geblieben (siehe Abbildung 28). Dabei stellt sich allerdings der Bereich der selbst erbrachten klassischen Haushaltsnahen Dienstleistungen als Entwicklungsfeld dar. Gerade im Vergleich zu Betreuungsangeboten wird dies deutlich. So weisen die Häuser über 1.100 Kinderbetreuungsangebote auf, im Bereich selbst erbrachter Haushaltsnaher Dienstleistungen jedoch weniger als 400 Angebote. Einzig der Anteil an Vermittlungsleistungen ist in den Häusern zwischen 2008 und 2011 von 27 Prozent auf 32 Prozent gestiegen. Demnach wurden die Vermittlungsleistungen

---

40 In anderen Veröffentlichungen wird von fast 3.000 Angeboten und durchschnittlich fünf Angeboten pro Haus geschrieben. Diese Zahlen beziehen sich jedoch auf die Gesamtheit der Dienstleistungen und beinhalten somit auch Betreuungs- und Pflegedienstleistungen (vgl. z. B. Gess/Emminghaus 2010).

der Häuser stärker ausgebaut als Essensangebote und selbst erbrachte Haushaltsnahe Dienstleistungen.

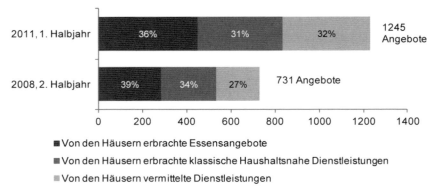

Abb. 28: Anteil der unterschiedlichen Dienstleistungsarten 2008 und 2011

Datenquelle: Selbstmonitoring 2. Halbjahr 2008, N = 500; 1. Halbjahr 2011, N = 496

Die Erbringung Haushaltsnaher Dienstleistungen auf der einen sowie ihre Vermittlung auf der anderen Seite setzen sehr unterschiedliche Ressourcen und Aktivitäten voraus und verfolgen jeweils eigene Ziele. Während mit selbst erbrachten Dienstleistungen Angebotslücken geschlossen werden sollen, sind Vermittlungsleistungen stärker darauf ausgerichtet, die Markttransparenz und -effizienz zu erhöhen. Aufgrund dieser unterschiedlichen Zielvorgaben werden die Erfahrungen der Mehrgenerationenhäuser in beiden Bereichen nachfolgend getrennt betrachtet.

Mehrgenerationenhäuser als Dienstleistungsagenturen

Die Darstellung des Marktes für Haushaltsnahe Dienstleistungen hat bereits einige Anhaltspunkte aufgezeigt, an denen die Herausforderungen selbst erbrachter Haushaltsnaher Dienstleistungen erkennbar werden. Beispiele dafür sind zum einen die Schwierigkeit, Dienstleistende zu rekrutieren, zum anderen die geringe Zahlungsbereitschaft von Kundinnen und Kunden. Doch Hürden dieser Art haben nicht nur soziale Einrichtungen zu überwinden, sondern alle Dienstleistungsagenturen auf dem Markt. Allerdings zeichnen sich soziale Einrichtungen gegenüber vielen marktwirtschaftlich orientierten Dienstleistungsagenturen dadurch aus, dass sie erstens einen sozialen Anspruch an ihre Arbeit stellen und zweitens von einer oftmals starken Bindung ihrer Nutzerinnen und Nutzer profitieren können.

Ausgehend von ihrem *sozialen Anspruch* geht es den Mehrgenerationenhäusern darum, auch einkommensschwächeren Nutzerinnen und Nutzern den Zugang zu Haushaltsnahen Dienstleistungen zu ermöglichen. So haben alle sechs unter dem Schwerpunkt der Haushaltsnahen Dienstleistungen vertieft untersuchten Häuser angegeben, diesen Anspruch zu verfolgen.[41] Allerdings fällt bei den Angaben der Häuser im Selbstmonitoring auf, dass sich die Haushaltsnahen Dienstleistungen vergleichsweise selten an weniger zahlungskräftige Zielgruppen wenden. Dies wird beispielsweise im Vergleich zu den Betreuungs- und Pflegedienstleistungen deutlich (siehe Abbildung 29).

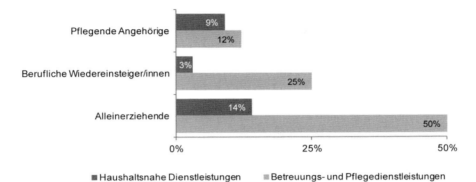

Abb. 29: Anteil der vom Mehrgenerationenhaus selbst erbrachten Dienstleistungen, die sich an spezielle Zielgruppen richten[42]

Datenquelle: Selbstmonitoring, 1. Halbjahr 2011, N = 496, 2.947 Angebote

Hier wenden sich 9 Prozent der Haushaltsnahen Dienstleistungen an pflegende Angehörige, weitere 14 Prozent an Alleinerziehende. Diese Zahlen weisen darauf hin, dass die Mehrgenerationenhäuser bei ihren Haushaltsnahen Dienstleistungen stärker als bei anderen Angeboten und Dienstleistungen darauf achten, sie nicht zu stark auf einzelne Zielgruppen zuzuschneiden, sondern breite Kundengruppen anzusprechen. Ein Grund dafür könnte sein, dass die Mehrgenerationenhäuser sich bewusst an alle potenziellen Kundengruppen wenden, um eine möglichst hohe Auslastung ihrer Dienstleistungsangebote sicherzustellen.

Wie im Abschnitt über den Markt für Haushaltsnahe Dienstleistungen thematisiert, spielt das Vertrauen in die Dienstleistenden bei der Inanspruchnahme von Haushaltsnahen Dienstleistungen eine entscheidende Rolle. Insofern stellt die *starke Bindung* ihrer Nutzerinnen und Nutzer für soziale Einrichtungen einen Vorteil gegenüber anderen Dienstleistungsagenturen dar. Denn sobald ein funktionierendes Vertrauensverhältnis zwischen potenziellen Kundinnen beziehungsweise Kunden und der sozialen Einrichtung besteht, senkt es die Hemmschwelle zur Inanspruchnahme der angebotenen Dienstleistungen.

Dieser Zusammenhang bestätigt sich auch bei den Mehrgenerationenhäusern. So hat die Nutzerbefragung 2010 ergeben, dass die Nutzerinnen und Nutzer von Haushalts-

---

41 Diese Information stammt aus den vertiefenden Vor-Ort-Untersuchungen der Mehrgenerationenhäuser. Näheres zu den verwendeten Methoden der Wirkungsforschung ist im Kapitel 2 zu finden.
42 Der Anteil bezieht sich auf die insgesamt 2.425 selbst erbrachten beziehungsweise 391 vermittelten Angebote im Bereich Haushaltsnaher Dienstleistungen.

nahen Dienstleistungen auch mit allen anderen Angeboten der Häuser zufriedener sind als jene, die diese Dienstleistungen nicht in Anspruch nehmen.[43] Dieser Unterschied deutet darauf hin, dass es gerade die insgesamt zufriedeneren Nutzerinnen und Nutzer sind, die auch Dienstleistungen vom Mehrgenerationenhaus in Anspruch nehmen. Daraus ließe sich die Hypothese ableiten, dass grundsätzliches Vertrauen zur Einrichtung auch die Entscheidung beeinflusst, Haushaltsnahe Dienstleistungen in Anspruch zu nehmen. Diesen möglichen Vorteil sollten soziale Einrichtungen, die sich zu Dienstleistungsagenturen entwickeln möchten, in jedem Fall nutzen, etwa indem sie bei ihren Besucherinnen und Besuchern bewusst für das Dienstleistungsangebot werben.

Diese Verbindung zwischen Inanspruchnahme von Dienstleistungen und allgemeiner Zufriedenheit mit dem Mehrgenerationenhaus macht allerdings auch deutlich, wie wichtig es für soziale Einrichtungen ist, die Zufriedenheit ihrer Nutzerinnen und Nutzer aufrechtzuerhalten. Denn sobald die Dienstleistungen nicht oder nicht mehr den Wünschen der Kundinnen und Kunden entsprechen oder die Mitarbeiterinnen und Mitarbeiter mit der Administration überfordert sind, kann dies potenziell auf die Einrichtung zurückfallen.

Vor diesem Hintergrund nimmt auch die Qualitätssicherung einen bedeutenden Stellenwert ein und wird von den Mehrgenerationenhäusern erfolgreich umgesetzt. Insgesamt ist die Zufriedenheit mit den Haushaltsnahen Dienstleistungen hoch. In der Nutzerbefragung haben 93 Prozent der Nutzerinnen und Nutzer angegeben, dass sie mit den Dienstleistungen der Häuser zufrieden oder sehr zufrieden sind. Die dabei von den Kundinnen und Kunden empfundene Entlastungswirkung durch die Dienstleistungen bestätigt die hohen Zufriedenheitswerte: 73 Prozent der Befragten fühlen sich durch die in Anspruch genommenen Dienstleistungen und Vermittlungsangebote stark bis sehr stark entlastet.

Ob die Zufriedenheit allerdings auf die Qualifizierung der Dienstleistenden in den Mehrgenerationenhäusern zurückzuführen ist, bleibt jedoch fraglich. Denn die hausinternen Qualifizierungsangebote, die bei Vor-Ort-Analysen vorgefunden wurden, betrafen ausschließlich Freiwillig Engagierte. Sie wurden für die Nachbarschaftshilfe oder als Alltagsbegleiterinnen und Alltagsbegleiter für Seniorinnen und Senioren ausgebildet. Organisierte Qualifizierungsangebote für bezahlte Dienstleistende gab es hingegen nicht. Unter Umständen weist der Angebotsbereich für Haushaltsnahe Dienstleistungen in vielen Häusern noch keinen ausreichenden Umfang auf, um regelmäßige professionelle Qualifizierungsangebote auslasten zu können. Es ist daher auch nicht anzunehmen, dass die hohe Zufriedenheit der Kundinnen und Kunden mit den Haushaltsnahen Dienstleistungen ausschließlich auf Qualifizierungsangebote zurückzuführen ist.

---

43 Die durchschnittliche Zufriedenheit der Nutzerinnen und Nutzer Haushaltsnaher Dienstleistungen mit allen anderen Angeboten der Mehrgenerationenhäuser liegt bei 1,4, die der Nicht-HDL-Nutzerinnen und Nutzer bei 1,6 (mit 1 „sehr zufrieden" und 5 „überhaupt nicht zufrieden"). Obwohl die Werte recht dicht beieinanderliegen, ergibt sich ein signifikanter Unterschied (unter dem 1-%-Niveau) der Mann-Whitney-Prüfgröße, die zum Vergleich ordinalskalierter Variablen geeignet ist. Auch der T-Test auf Mittelwertgleichheit ist signifikant unter dem 1-%-Niveau.

Um neben der besseren Vereinbarkeit von Familie und Beruf aber auch beschäftigungspolitische Wirkungen erzeugen zu können, spielen bedarfsgerechte Qualifizierungsangebote durchaus eine wichtige Rolle. Nicht zuletzt kann Qualifizierung dazu beitragen, Dienstleistenden anstelle von Schwarzarbeit und geringfügiger Beschäftigung realistische berufliche Perspektiven zu eröffnen. Für die weitere Entwicklung der Mehrgenerationenhäuser stellen Qualifizierungsangebote daher – zusätzlich zum quantitativen Ausbau der selbst erbrachten Haushaltsnahen Dienstleistungsangebote – ein wichtiges Entwicklungsfeld dar.

How To – Kundinnen und Kunden gewinnen
- Besucherinnen und Besucher der Einrichtungen sollten über die Dienstleistungen informiert werden. Aushänge nutzen, um Interesse zu wecken; Informationsabende, um Hemmschwellen bei der Inanspruchnahme zu senken.
- Begegnung zwischen Dienstleistenden und potenziellen Kundinnen und Kunden im bekannten Umfeld – in den Einrichtungen – ermöglichen, um Vertrauen aufzubauen.
- Das Preissystem transparent gestalten und an die Zahlungsbereitschaft anpassen. Höhere Preise müssen auch mit einem höheren Qualitätsversprechen, etwa durch Urlaubsvertretungen oder durch eine Überprüfung der Arbeitsqualität gerechtfertigt sein.
- Ein sozialverträgliches und gleichzeitig auskömmliches Preisniveau schließt sich nicht aus. Insbesondere flexible oder gestaffelte Preissysteme können sowohl Zahlungsfähigkeit als auch -bereitschaft berücksichtigen. Erfolgreich sind zudem vereinzelt Preissysteme, die den Kundinnen und Kunden einen Preisrahmen vorgeben, innerhalb dessen sie einen Preis frei wählen können.

Mehrgenerationenhäuser als Vermittlungsstellen

Die Herausforderungen bei der Erbringung Haushaltsnaher Dienstleistungen können soziale Einrichtungen umgehen, indem sie die Leistungen nicht selbst anbieten, sondern vermitteln. Auf diese Weise müssen die Einrichtungen keine Dienstleistenden bei sich beschäftigen und somit auch nicht das finanzielle Risiko einer Anstellung tragen, können aber durch die Vermittlung trotzdem einen Beitrag beispielsweise zur Vereinbarkeit von Familie und Beruf leisten.

Es wurde bereits auf die Intransparenz des Marktes für Haushaltsnahe Dienstleistungen hingewiesen. Die Vielzahl an kleinen Dienstleistungsagenturen, Selbstständigen und Minijobbern sowie unzureichende Informationen über die Dienstleistenden erschweren es potenziellen Kundinnen und Kunden, einen Überblick über den Markt zu gewinnen. Hier können lokale Vermittlungsstellen Abhilfe schaffen, indem sie potenzielle Kundinnen und Kunden beraten sowie Angebot und Nachfrage hinsichtlich der Dienstleistungen zusammenbringen.

Das Aktionsprogramm verfolgt in diesem Zusammenhang das Ziel, mit den Mehrgenerationenhäusern lokale Dienstleistungsdrehscheiben aufzubauen, die sich als Vermittlungsstellen etablieren. Die Mehrgenerationenhäuser stellen insgesamt etwa 400 Vermittlungsangebote bereit, die sich auf fast 260 Häuser verteilen. Daraus ergibt sich, dass mehr als jedes zweite Mehrgenerationenhaus Dienstleistungen vermittelt und diese Angebote somit eine relativ breite Streuung aufweisen. Dieser Befund lässt darauf schließen, dass die Vermittlungsangebote sehr breit konzipiert sind und häufig mehrere Dienstleistungsinhalte verbinden. Klassische Haushaltsnahe Dienstleistungen wie Haushaltshilfen, Transportdienste oder Gartenarbeiten werden in der Regel mit der Vermittlung anderer Leistungen, beispielsweise in der Betreuung kombiniert (siehe Abbildung 30). In den vertiefenden qualitativen Vor-Ort-Analysen hat sich diese Tendenz zur Bündelung bestätigt: Nur eins der acht ausführlich betrachteten Vermittlungsangebote konzentriert sich auf die Vermittlung einer spezifischen Dienstleistungsart (in diesem Fall auf Betreuungsdienstleistungen), während alle anderen Angebote eine Vielzahl von Dienstleistungsarten kombinieren. Vermittlungsangebote sind demzufolge weniger strategisch und insgesamt breiter angelegt, um eine höhere Auslastung der Vermittlungsstelle zu erreichen.

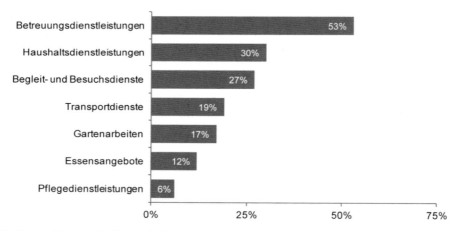

Abb. 30: Anteil der verschiedenen Inhalte an den Vermittlungsangeboten, Mehrfachnennungen möglich

Datenquelle: Selbstmonitoring, 1. Halbjahr 2011, N = 496

Trotz der sehr unterschiedlichen Voraussetzungen von selbst erbrachten gegenüber vermittelten Dienstleistungen ist die Hälfte der Mehrgenerationenhäuser in beiden Bereichen aktiv (vgl. Abbildung 31). Diese Häuser ergänzen ihre eigenen Dienstleistungsangebote durch die Vermittlung von Leistungen, die sie nicht selbst anbieten können oder bei denen sie nicht mit anderen Anbietern in Konkurrenz treten möchten. Da sich nur drei Prozent der Häuser ganz auf zu vermittelnde Dienstleistungen konzentrieren, ist die Vermittlung in der Gesamtbetrachtung vorrangig als Ergänzung zu selbst erbrachten Inhalten zu sehen und nur in seltenen Fällen als deren vollständiger Ersatz.

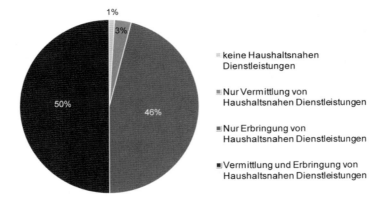

Abb. 31: Anteil der Häuser nach Art der angebotenen Leistungen

Datenquelle: Selbstmonitoring, 1. Halbjahr 2011, N = 496

Der Vergleich zwischen selbst erbrachten und vermittelten Haushaltsnahen Dienstleistungen weist bei den Mehrgenerationenhäusern zudem auf eine besondere Gewichtung der Qualitätssicherung hin. So fällt bei der Auswertung der Nutzerbefragung auf, dass die Zufriedenheit der Kundinnen und Kunden mit von den Häusern selbst erbrachten Dienstleistungen signifikant höher ist als mit vermittelten Dienstleistungen.[44] Die Erfahrungen zeigen auch, dass es schwieriger ist, die Qualität der Dienstleistungen zu sichern, wenn diese nur vermittelt werden und die Dienstleistenden nicht in den Mehrgenerationenhäusern angesiedelt sind. Soziale Einrichtungen, die sich zu Dienstleistungsdrehscheiben entwickeln möchten, sollten daher frühzeitig Qualitätsstandards festlegen, an die sich alle von ihnen vermittelten Dienstleistenden halten müssen.

Obwohl auf die Häuser bei der Vermittlung von Dienstleistungen keine Anstellung von Dienstleistenden zukommt, müssen sie dennoch über Personal verfügen, das die Vermittlungsstelle leitet, erreichbar ist und Kundinnen und Kunden beraten kann. Die Herausforderung liegt hier also darin, die Vermittlungsstelle ausreichend auszulasten, um den Personalaufwand rechtfertigen zu können. Da den Mehrgenerationenhäusern diese notwendige Auslastung oftmals nicht gelingt, kann die Vermittlung der Haushaltsnahen Dienstleistungen nicht kostendeckend bereitgestellt werden: Von den acht vertiefend untersuchten Angeboten im Bereich der Vermittlung Haushaltsnaher Dienstleistungen waren nur zwei kostendeckend. Bei den anderen sechs konnten die entstehenden Kosten nicht – zum Teil auch nicht ansatzweise[45] – durch die Beiträge der Kundinnen und Kunden ausgeglichen werden. Besonders der Vergleich mit den selbst erbrachten Haushaltsnahen Dienstleistungen macht an dieser Stelle noch deutlicher, dass die Angebote im Bereich der Vermittlung Haushaltsnaher Dienstleistun-

---

44 Signifikant bei $p < 0.001$.
45 Von den sechs nicht kostendeckend erbrachten Angeboten im Bereich der Vermittlung Haushaltsnaher Dienstleistungen erzeugen vier nach Anrechnung der Einnahmen noch Kosten in Höhe von mehr als 3.000 Euro pro Jahr, ein Angebot sogar von fast 8.000 Euro pro Jahr.

gen vor großen Herausforderungen stehen: Mehr als die Hälfte der selbst erbrachten Dienstleistungen konnten kostendeckend erbracht werden.

Die hohen Angebotskosten im Bereich der Vermittlung Haushaltsnaher Dienstleistungen sind einerseits darauf zurückzuführen, dass die Vermittlung von Dienstleistungen einen relativ hohen Zeitaufwand erfordert, da die Angebote überwiegend lange Öffnungszeiten beziehungsweise lange telefonische Erreichbarkeit voraussetzen. Zudem werden Vermittlungsangebote im Unterschied zu selbst erbrachten Dienstleistungen vornehmlich von Festangestellten erbracht. Vor dem Hintergrund der Qualitätssicherung ist dies durchaus wünschenswert, stellt jedoch einen nicht zu unterschätzenden Kostenpunkt dar. Andererseits liegt die fehlende Kostendeckung an der geringen Auslastung der Vermittlungsangebote, da die acht untersuchten Angebote im Bereich der Vermittlung Haushaltsnaher Dienstleistungen durchschnittlich nur viermal täglich in Anspruch genommen werden.

> How To – Dienstleistungsdrehscheibe aufbauen
> - Kontakte zu anderen Dienstleistungsanbietern aufbauen
> - Eine Übersicht über vorhandene Angebote erstellen
> - Bedarfslagen der Besucherinnen und Besucher der eigenen Einrichtung analysieren
> - Bedarfslücken durch eigene Angebote decken. Andere Dienstleistungsangebote von Kooperationspartnern vermitteln
> - Für die Dienstleistungen und Vermittlungsleistungen zunächst bei den Besucherinnen und Besuchern der eigenen Einrichtung werben
> - Falls möglich Qualifizierungsangebote für Dienstleistende mit der Vermittlung von Dienstleistungen kombinieren und damit auch einen Beitrag zur Beschäftigungsförderung leisten
> - Regelmäßige Informationsabende zu rechtlichen Rahmenbedingungen anbieten (z. B. zum Haushaltsscheckverfahren)
> - Bei Vermittlungsangeboten kompetente Beratung in der eigenen Einrichtung anbieten und bürokratische Hürden durch direkte Hilfe umgehen (z. B. gemeinsames Ausfüllen von Formularen, Bereitstellung von Merkblättern zur steuerlichen Absetzbarkeit etc.)

Finanzielle Bedeutung Haushaltsnaher Dienstleistungen für soziale Einrichtungen

Die Erfahrungen aus dem Aktionsprogramm zeigen jedoch, dass Haushaltsnahe Dienstleistungen auch den Einrichtungen selbst nutzen können, indem sie beispielsweise einen finanziellen Beitrag dazu leisten, andere Angebote zu bezuschussen oder neue Angebote dadurch sogar erst zu ermöglichen.

Obwohl die Haushaltsnahen Dienstleistungen in der Regel kein finanzielles Standbein darstellen[46], lässt sich in jedem der untersuchten Häuser mindestens ein Angebot finden, das auch aus Kostengesichtspunkten erfolgreich wirtschaftet und somit zu den Einnahmen des Hauses beiträgt.[47] Vergleichbare erfolgreiche Ansätze sind zudem über alle Dienstleistungsarten hinweg vertreten.

Ein zentraler Erfolgsfaktor besteht darin, eine systematische Preisermittlung vorzunehmen und die Zahlungsbereitschaft der potenziellen Kundinnen und Kunden zu erheben. Im Durchschnitt erweisen sich Angebote mit höheren Nutzungspreisen eher gewinnträchtig als preisgünstigere Angebote. Dies ist ein unerwartetes Ergebnis, da die Preissensibilität bei Haushaltsnahen Dienstleistungen allgemein als hoch angenommen wird, sodass höhere Preise hier eher zu einer geringen Auslastung und somit weniger Einnahmen führen würden. Dennoch erfolgt häufig keine systematische Preisermittlung. Bei den vertiefenden Vor-Ort-Analysen wurde vielmehr festgestellt, dass die Preise hauptsächlich auf Erfahrungswerten basierten oder ganz ohne Grundlage festgelegt wurden.

Aus den Erfahrungen der Mehrgenerationenhäuser lässt sich ableiten, dass soziale Einrichtungen, die sich zu lokalen Dienstleistungsdrehscheiben entwickeln möchten, eine systematische Erhebung durchführen sollten, wie viel ihre Nutzerinnen und Nutzer für bestimmte Dienstleistungen zu zahlen bereit sind. Auf der anderen Seite ist davon auszugehen, dass die meisten sozialen Einrichtungen ein sozialverträgliches Preisniveau anbieten möchten, um den Zugang zu den Dienstleistungen auch für sozial schwächere Haushalte zu gewährleisten. Innerhalb dieses Spannungsverhältnisses gilt es, einige Dienstleistungen gezielt sozialverträglich zu gestalten und bei anderen Dienstleistungen zur Gegenfinanzierung die Zahlungsbereitschaft der Kundinnen und Kunden auszuschöpfen.

Resümee

In der gegenwärtigen Marktsituation stehen soziale Einrichtungen, die außerhalb staatlich finanzierter Betreuungs- und Pflegedienstleistungen Haushaltsnahe Dienstleistungen anbieten oder vermitteln, vor komplexen Herausforderungen – so auch die Mehrgenerationenhäuser. Sie sind dem Ziel, sich zu lokalen Dienstleistungsdrehscheiben zu entwickeln, während der Laufzeit des Aktionsprogramms Mehrgenerationenhäuser erkennbar näher gekommen. Dabei gestaltet sich der eigene Angebotsbereich der Häuser äußerst vielseitig und breit gefächert. Auch die Vermittlungsangebote Haushaltsnaher Dienstleistungen weisen ein sehr breites Spektrum bei einer vergleichsweise hohen Streuung zwischen den Häusern auf.

---

46 Wie bereits dargestellt, ist die Mehrheit der untersuchten Dienstleistungs- und Vermittlungsangebote nicht kostendeckend. Von 35 untersuchten Angeboten in diesen Bereichen waren 2010 nur 16 kostendeckend.
47 Eines der sechs untersuchten Mehrgenerationenhäuser verfügt sogar über sieben Dienstleistungsangebote, die kostendeckend erbracht werden oder gar einen Beitrag zur Finanzierung verlustträchtiger Angebote leisten.

Dennoch ist die rein quantitative Entwicklung dieses Handlungsfeldes noch nicht zufriedenstellend, da die Dienstleistungsangebote in ihrer Zahl deutlich hinter den Betreuungsangeboten zurückbleiben. Besonderen Entwicklungsbedarf weisen hier die Vermittlungsangebote auf, bei denen primär in den Bereichen Qualitätssicherung, Personaleinsatz, Preisgestaltung und Kundenansprache Handlungsbedarf besteht. Oft wird dabei auf die Erhebung einer Vermittlungsgebühr verzichtet, sodass insbesondere der hohe Stundenanteil von Festangestellten in der Vermittlung Haushaltsnaher Dienstleistungen dazu führt, dass diese Angebote für die Einrichtungen sehr kostenintensiv sind. Auch die Zufriedenheit der Kundinnen und Kunden mit den vermittelten Dienstleistungen ist geringer als mit Dienstleistungen, die durch die Häuser selbst erbracht werden. Soziale Einrichtungen, die sich zu Dienstleistungsdrehscheiben entwickeln möchten, sollten ausgehend von diesen Erfahrungswerten Qualitätsstandards definieren sowie die Zahlungsbereitschaft potenzieller Kundinnen und Kunden erheben.

Im Unterschied zu privatwirtschaftlichen Dienstleistungsagenturen verfolgen soziale Einrichtungen, die Haushaltsnahe Dienstleistungen erbringen, einen sozialen Anspruch. Bei vielen von ihnen steht das Ziel im Vordergrund, Dienstleistungen auch jenen Personengruppen anzubieten, die diese bei privatwirtschaftlichen Dienstleistungsagenturen nicht bezahlen könnten. Eine solche Zielsetzung führt aber zu Restriktionen bei der Preisgestaltung, und der soziale Anspruch der Einrichtungen verhindert somit häufig kostendeckende Preise. Eine Lösungsmöglichkeit dieser Situation könnte darin bestehen, sozial gestaffelte Preise festzulegen oder einzelne Dienstleistungen sozialverträglich anzubieten und sie aus Überschüssen anderer Dienstleistungen zu finanzieren.

Trotz des noch vorhandenen Entwicklungsbedarfs deuten die bisherigen Erfahrungen aus dem Aktionsprogramm Mehrgenerationenhäuser darauf hin, dass soziale Einrichtungen sich durchaus zu lokalen Dienstleistungsdrehscheiben entwickeln können. Insbesondere der direkte Zugang zu potenziellen Kundinnen und Kunden sowie deren enge Bindung an die Häuser stellen wertvolle Chancen für soziale Einrichtungen dar. Auch die Zufriedenheit mit den angebotenen Dienstleistungen sowie die von Kundinnen und Kunden empfundene Entlastungswirkung tragen zu diesem positiven Gesamtbild bei. Zudem können soziale Einrichtungen ihr Angebot an Haushaltsnahen Dienstleistungen mit anderen Angeboten wie Kinderbetreuung oder Beschäftigungsförderung verzahnen.

9 Kinderbetreuung

Dr. Olaf Jürgens/Maria Puschbeck

Fragen nach der Vereinbarkeit von Familie und Beruf rücken durch den demografischen Wandel immer mehr in den Vordergrund. Bei den zugrunde liegenden Entwicklungen handelt es sich unter anderem um die zunehmende Erwerbstätigkeit von Frauen, eine niedrige Geburtenrate sowie veränderte Formen des familiären Zusammenlebens, beispielsweise in Form von Ein-Eltern-Familien. Hinzu kommen Veränderungen in der Arbeitswelt, beispielsweise durch die Flexibilisierung gewohnter Produktions- und Arbeitsweisen. Diese Entwicklungen werden im wissenschaftlichen Diskurs auch als „Entgrenzung" bezeichnet, da mit ihnen die ehemals klare Trennung zwischen Arbeit und Privatsphäre durchlässig wird (Jurczyket et al. 2004, S. 24). Als Konsequenz stehen Eltern kleiner Kinder vor besonderen Herausforderungen und müssen versuchen, im Rahmen ihrer Lebensentwürfe das Gleichgewicht zwischen Privatleben bzw. Familie und Arbeit als Work-Life-Balance herzustellen. Aber auch arbeitsmarktpolitische Themenfelder wie die zukünftige Erschließung des sinkenden Erwerbspersonenpotenzials oder die Fachkräftesicherung werden zunehmend im Kontext der Vereinbarkeitsproblematik diskutiert.

Vor diesem Hintergrund gilt es zu untersuchen, welche Rahmenbedingungen für eine bessere Vereinbarkeit von Familie und Beruf notwendig sind und wie sich diese in betrieblichen oder kommunalen Kontexten umsetzen lassen. Maßnahmen dazu umfassen auf familienpolitischer Ebene beispielsweise den Mutterschutz, Elternzeitmodelle oder die Einführung des Elterngeldes sowie den Ausbau der Kindertagesbetreuung durch das Kinderförderungsgesetz (KiföG). Diese politischen Vorgaben werden durch Regelungen auf Arbeitgeberseite ergänzt, beispielsweise in Form betrieblicher Kinderbetreuung und Flexibilisierungsmodellen zur Arbeitszeit oder zum Arbeitsort (Arbeitszeitkonten, Heimarbeitsregelungen o.Ä.). Zusätzlich zu diesen Möglichkeiten können auch Haushaltsnahe Dienstleistungen Eltern kleiner Kinder auf vielfältige Weise unterstützen.

Mehrgenerationenhäuser sind auch in diesem Zusammenhang wichtige Akteure: Da die Häuser im Rahmen des Aktionsprogramms einen Markt an breit gefächerten Dienstleistungen für Haushalt und Nachbarschaft aufbauen sollen, gehören auch Haushaltsnahe Dienstleistungen zu ihrem üblichen Angebotsportfolio (siehe Kapitel 8). Eines ihrer sieben zentralen im Aktionsprogramm verankerten Aktionsfelder gilt der Kinderbetreuung und gibt den Mehrgenerationenhäusern vor, selbst Kinderbetreuungsangebote anzubieten oder Betreuungsangebote zu vermitteln (vgl. BMFSFJ 2009a). Dabei bildet die Erweiterung der Betreuungsangebote für unter Dreijährige ein bedeutendes Handlungsfeld in der alltäglichen Praxis der Mehrgenerationenhäuser. Sowohl durch diesen Ausbau des Angebotes als auch durch ergänzende Möglichkeiten der gezielten frühkindlichen Förderung (Bewegungstraining, musikalische Früherziehung und Ähnliches) in den Häusern kann das bestehende lokale Betreuungsarrangement erweitert werden. Auch unabhängig vom Alter der Kinder können beispielsweise durch Angebote wie Randzeit- und Notfallbetreuung Lücken in der bestehenden institutionellen Betreuungsstruktur ausgeglichen werden.

Aus den genannten Ergänzungen und Erweiterungen des lokalen Betreuungsangebotes ergibt sich die besondere Bedeutung der Mehrgenerationenhäuser mit ihrem Beitrag zur besseren Vereinbarkeit von Familie und Beruf. Im folgenden Abschnitt werden daher die Entwicklungen, Herausforderungen und Strategien der Mehrgenerationenhäuser in diesem Bereich dargestellt sowie verallgemeinerbare Erfolgs- und Risikofaktoren für soziale Einrichtungen bei der Verbesserung des lokalen Kinderbetreuungsangebots beschrieben.

Entwicklung der Kinderbetreuungsangebote in den Mehrgenerationenhäusern

Zum Abschluss des Aktionsprogramms erbringen die Mehrgenerationenhäuser im ersten Halbjahr 2011 mehr als 1.100 Angebote, die sich als direkte Betreuungsangebote explizit an Kinder unter 14 Jahren richten. Dieser Wert entspricht einer Steigerung von über 50 Prozent gegenüber dem zweiten Halbjahr 2008, als es etwa 750 Betreuungsangebote dieser Art gab (Abbildung 32).

Parallel zu dieser Entwicklung hat sich umgekehrt der Anteil an Mehrgenerationenhäusern ohne Kinderbetreuungsangebote seit 2008 von 30 auf 15 Prozent halbiert. Darüber hinaus bieten zwei Drittel der Häuser mit Angeboten zur Kinderbetreuung mehr als ein Angebot an. Diese Entwicklung belegt den hohen Stellenwert von Angeboten zur Kinderbetreuung im Aktionsprogramm (Abbildung 33).

Das Angebotsportfolio der Mehrgenerationenhäuser zur Kinderbetreuung ist umfangreich und setzt sich aus institutioneller Kindertagesbetreuung, Randzeitenbetreuung und einer flexiblen, stundenweisen Betreuung zusammen (Abbildung 34). Dabei sind Angebote der institutionellen Kinderbetreuung mit 17 Prozent gegenüber den anderen Angebotsarten in geringerem Umfang vertreten. Der größte Anteil entfällt mit insgesamt 39 Prozent auf flexible Angebote, während die Randzeitenbetreuung zusammengenommen 22 Prozent ausmacht. Flexible Angebote und Randzeitenbetreuung decken häufig besondere Belastungszeiträume ab, die durch institutionelle Angebote der Regelbetreuung nicht erreicht werden, und können Eltern so beispiels-

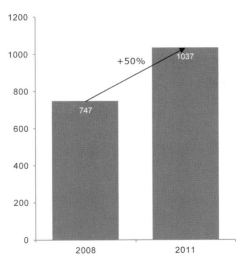

Abb. 32: Anzahl der Kinderbetreuungsangebote 2008 und 2011

Datenquelle: Selbstmonitoring 1. Halbjahr 2011, N = 496

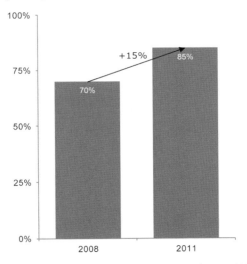

Abb. 33: Anteil der Mehrgenerationenhäuser mit Kinderbetreuungsangeboten 2008 und 2011

Datenquelle: Selbstmonitoring 1. Halbjahr 2011, N = 496

weise für Behördengänge oder Vorstellungsgespräche auch spontan entlasten. Diese Formen der Betreuung bilden einen bedeutenden Innovationsbereich und Schwerpunkt der Mehrgenerationenhäuser, da sie das bereits bestehende institutionelle Betreuungsarrangement ergänzen und erweitern. Auf diese Weise tragen Mehrgenerationenhäuser aktiv zur Verbesserung der Vereinbarkeit von Familie und Beruf bei.

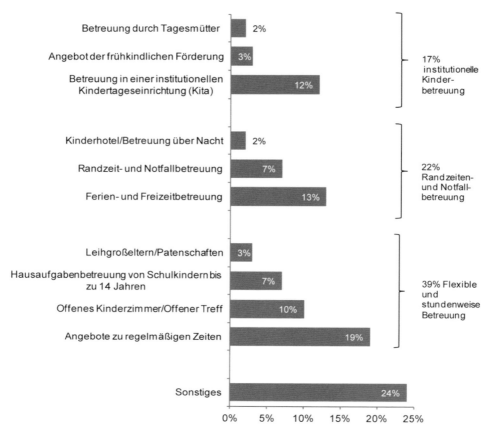

Abb. 34: Arten der Kinderbetreuungsangebote in den Mehrgenerationenhäusern

Datenquelle: Selbstmonitoring 1. Halbjahr 2011, N = 496[48]

Da regional sehr unterschiedliche Bedarfslagen bestehen, variiert der lokale Umfang an Betreuungsangeboten. Beispielsweise beträgt in Ostdeutschland die Betreuungsquote der Kinder unter drei Jahren mit rund 48 Prozent fast das Dreifache der entsprechenden Betreuungsquote in Westdeutschland mit 17 Prozent (2010; BMFSFJ 2011, S. 4). Die Mehrgenerationenhäuser reagieren mit ihrem Angebotsportfolio auf die vorherrschende Bedarfslage und die vorhandenen regionalen Unterschiede. So beträgt der Anteil der Mehrgenerationenhäuser ohne Kinderbetreuungsangebote in Ostdeutschland fast ein Fünftel und liegt um sechs Prozentpunkte höher als in Westdeutschland. Zudem ist der Anteil an Häusern mit mindestens zwei oder mehr Kinderbetreuungsangeboten in Ostdeutschland geringer (47 Prozent im Vergleich zu 63 Prozent). Die Analyse zeigt auch, dass die Häuser in Westdeutschland erwartungsgemäß mit 20 Prozent anteilig mehr Angebote im Bereich der Regelbetreuung erbringen als in Ostdeutschland (Abbildung 35). Umgekehrt beträgt der Anteil an Randzeiten-

---

[48] Differenzen zu 100 Prozent sind rundungsbedingt.

betreuung in Häusern in Westdeutschland nur 17 Prozent, während er in Ostdeutschland bei 30 Prozent liegt. Die Mehrgenerationenhäuser in Westdeutschland müssen also verstärkt selbst institutionelle Kinderbetreuungsangebote erbringen und die Lücken im bestehenden Betreuungsarrangement ausgleichen, wohingegen die Häuser in Ostdeutschland in erster Linie flexible Ergänzungsangebote bereitstellen.

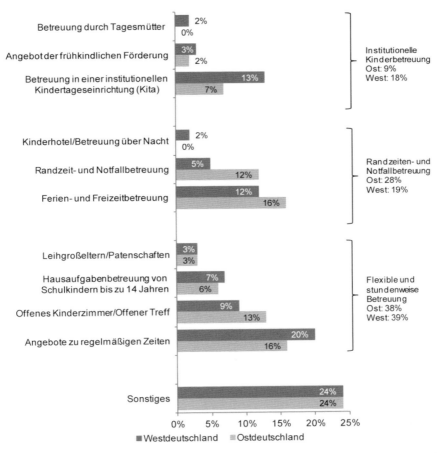

Abb. 35: Arten der Kinderbetreuungsangebote in den Mehrgenerationenhäusern – Ost- und Westdeutschland

Datenquelle: Selbstmonitoring 1. Halbjahr 2011, N = 496

Ähnliche Anpassungsstrategien verfolgen die Mehrgenerationenhäuser auch vor dem Hintergrund kleinräumiger regionaler Kontexte. In dichtbesiedelten verstädterten Regionen ist die Regelbetreuung im Normalfall gut ausgebaut. Daher wird hier eher Bedarf an Randzeitenbetreuung und flexiblen Angeboten bestehen, die von der institutionalisierten Kinderbetreuung nicht abgedeckt werden. Eine Analyse der Betreuungsangebote in Mehrgenerationenhäusern vor dem siedlungsstrukturellen Hintergrund bestätigt diese Vermutung (Abbildung 36). So steigt der Anteil an flexiblen Angeboten von 36 Prozent im ländlichen Raum mit zunehmender Siedlungsdichte auf 43 Prozent im großstädtischen Raum. Nur auf Metropolregionen trifft diese Annahme nicht zu: Dort überwiegen „sonstige" Angebote, die sehr heterogen sind und von Entspannungskursen für Kinder bis zu Theatergruppen reichen können. In diesen Regionen sind offensichtlich bereits gut ausgebaute Betreuungsstrukturen etabliert.

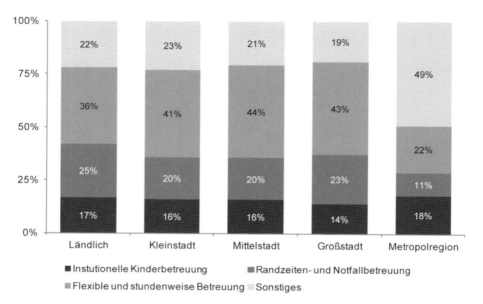

Abb. 36: Arten der Kinderbetreuungsangebote in den Mehrgenerationenhäusern nach Regionstyp

Datenquelle: Selbstmonitoring 1. Halbjahr 2011, N = 496

Die Mehrgenerationenhäuser passen ihre Angebote folglich an die bestehenden regional unterschiedlichen Strukturen der Kinderbetreuung an. Sie sind dann erfolgreich, wenn sie nicht zu der etablierten Angebotslandschaft in Konkurrenz treten, sondern diese ergänzen und vorhandene Angebotslücken schließen. So können sich Mehrgenerationenhäuser in dicht besiedelten Regionen mit einer ausgebauten Regelbetreuung auf flexible oder ergänzende Angebote beschränken. Im ländlichen Raum finden sich hingegen häufiger Lücken im Bereich der Regelbetreuung, die mit Angeboten der Mehrgenerationenhäuser abgedeckt werden können.

Zudem spielt die Vorerfahrung der Mehrgenerationenhäuser in der Erbringung von Kinderbetreuungsangeboten eine wichtige Rolle. Besonders deutlich wird dies bei Häusern, die aus Familien- oder Mütterzentren entstanden sind. Da sie ursprünglich fast ausschließlich von Müttern mit kleinen Kindern genutzt wurden, kommt ihnen eine langjährige Erfahrung in der Unterstützung von Müttern sowie in der Planung und Implementierung von Kinderbetreuungsangeboten zugute. Die so entstandenen Mehrgenerationenhäuser verfügen aufgrund ihrer Tradition mit offenen Unterstützungs- und Betreuungsangeboten über optimale Bedingungen, um flexible Angebote und Randzeitenbetreuung aufzubauen, sodass 65 Prozent ihrer Betreuungsangebote auf diese Angebotsart entfallen. In nur sieben Prozent dieser Häuser findet keine Kinderbetreuung statt.

Demgegenüber haben sich Häuser, die aus Seniorenbildungsstätten und Seniorentreffs entstanden sind, erst mit Beginn des Aktionsprogramms für junge Familien geöffnet und konnten dabei nicht auf Erfahrungswerte aus der Kinderbetreuung zurückgreifen. Von den Häusern dieses Ursprungstyps stellen 20 Prozent keine direkten Angebote zur Kinderbetreuung bereit. Bei ihnen ist der ehemalige institutionelle Hintergrund der Mehrgenerationenhäuser offenbar weiterhin als interner Faktor wirksam.

Aber nicht nur das Vorhandensein, sondern auch die Art der erbrachten Kinderbetreuungsangebote wird von der institutionellen Herkunft der Häuser beeinflusst. Beispielsweise legen Häuser, die aus Kindertagesstätten oder Eltern-Kind-Zentren entstanden sind, ihren Schwerpunkt auf die Regelbetreuung, da sie über die notwendigen Ressourcen und Räumlichkeiten verfügen (Abbildung 37). Häuser, die aus Familien- oder Mütterzentren entstanden sind, haben demgegenüber – wie oben dargestellt – hauptsächlich flexible Angebote und Formen der Randzeitenbetreuung eingerichtet.

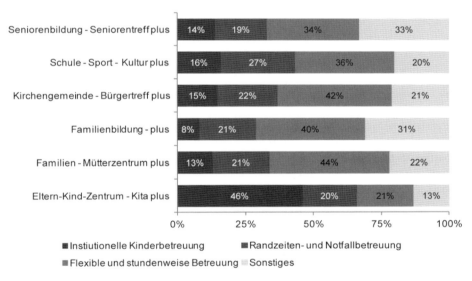

Abb. 37: Verteilung der Arten von Kinderbetreuungsangeboten nach Ursprungstypen

Datenquelle: Selbstmonitoring 1. Halbjahr 2011, N = 496

Je nach Ursprung und Tradition können die Mehrgenerationenhäuser auf unterschiedliche Erfahrungen und Ressourcen zurückgreifen. Somit spielt die Ursprungsinstitution im Rahmen der Ausbauplanung von Angeboten zur Kinderbetreuung zumindest als Hintergrundinformation eine wichtige Rolle. Mehrgenerationenhäuser, die auf ehemaligen institutionellen Einrichtungen zur Kinderbetreuung oder Mütterberatung basieren, greifen im Handlungsfeld Kinderbetreuung auf bereits bestehende

Expertise zurück. Mehrgenerationenhäuser, die aus anderen Einrichtungen hervorgegangen sind und daher andere Schwerpunkte aufweisen, müssen dies sowohl auf strategischer Ebene als auch bei der Umsetzung entsprechend berücksichtigen. Dabei sind Kooperationen und Vernetzungen für diese Häuser von besonderer Bedeutung.

Beitrag der Mehrgenerationenhäuser zur Vereinbarkeit von Familie und Beruf

Mit ihren Angeboten der Kinderbetreuung tragen die Mehrgenerationenhäuser unmittelbar zur besseren Vereinbarkeit von Familie und Beruf bei. Um diesen Beitrag zu analysieren, wurden die Nutzerinnen und Nutzer auch zu diesem Tätigkeitsfeld der Häuser befragt. Von den im Jahr 2010 befragten Besucherinnen und Besuchern nehmen 22 Prozent Kinderbetreuungsangebote in Anspruch. Von diesem Anteil sind 93 Prozent mit den Betreuungsmöglichkeiten zufrieden oder sehr zufrieden. Die Analyse von möglichen Verwendungen der durch die Entlastung gewonnenen Zeit zeigt ein differenziertes Bild. Von den Nutzerinnen und Nutzern, die Angebote zur Kinderbetreuung in Anspruch nehmen, geben 65 Prozent an, durch die Betreuungsangebote stark oder sehr stark entlastet zu werden. Dies entspricht zwar der durchschnittlichen Entlastungswirkung bei den Nutzerinnen und Nutzern aller Angebote, zeigt aber auch, dass die Nutzung von Kinderbetreuungsangeboten in Mehrgenerationenhäusern aus Sicht der Eltern mit einem spürbaren Gewinn an Zeit verbunden ist (BMFSFJ 2009b, S. 36).

Um zu verdeutlichen, welche Ansätze die Vereinbarkeit am besten fördern, sind neben der Perspektive von Nutzerinnen und Nutzern auch die Wirkungszusammenhänge der Mehrgenerationenhäuser im Bereich Kinderbetreuung zu betrachten. Anhand sogenannter Wirkungsketten lässt sich nachvollziehen, worin der Mehrwert der Mehrgenerationenhäuser gegenüber anderen Einrichtungen sowie ihr spezifischer Beitrag als Ergänzung zu den Kitas liegen. Auf der Basis von Fallstudien hat die Wirkungsforschung ausgehend von den Strategien der Häuser im Bereich Kinderbetreuung exemplarische Wirkungsketten beschrieben, aus denen sich drei Ansätze zur Gestaltung der Kinderbetreuung identifizieren lassen. Die *strukturelle Verbesserung der Kinderbetreuungslandschaft* ist dabei ein grundlegender Ansatz, der beispielsweise durch Kooperationen mit Jugendämtern oder Vermittlungsdienstleistungen zur Kinderbetreuung umgesetzt wird. Zwei weitere Ansätze sind die *Entlastung der Eltern* durch eigene Betreuungsangebote der Mehrgenerationenhäuser sowie *Betreuungsangebote für Kinder des Personals von Unternehmen,* in deren Rahmen gleichzeitig mögliche Kooperationspartner akquiriert werden können. Im Folgenden werden diese drei Wirkungsketten mit den jeweiligen Angebotsstrategien der Häuser dargestellt.

Strukturelle Verbesserung der Kinderbetreuungslandschaft
Es wurde bereits auf die regionalen Unterschiede in der Kinderbetreuungslandschaft hingewiesen. In Westdeutschland besteht vor allem für unter dreijährige Kinder Be-

darf an Betreuungsangeboten. Soziale Einrichtungen können diesen aufgreifen und durch ihre Unterstützung eine für die Kommune wichtige Funktion in der lokalen Daseinsvorsorge übernehmen. Für soziale Einrichtungen, die nicht als Kindertageseinrichtungen arbeiten, ist es jedoch schwierig, sowohl die räumlichen als auch personellen Kapazitäten für eine Regelkinderbetreuung bereitzustellen. Um die lokale Kinderbetreuungslandschaft dennoch strukturell zu verbessern, haben einige Mehrgenerationenhäuser unabhängig voneinander den Ansatz entwickelt, Kindertagespflegepersonen zu qualifizieren und zu vermitteln.

Die Mehrgenerationenhäuser haben als soziale Einrichtung gleichsam Zugang zu potenziellen Kindertagespflegepersonen wie auch zu möglichen Kundinnen und Kunden. Darüber hinaus können die Häuser im Kontext der Kinderbetreuung einen wichtigen Beitrag zum Vertrauensaufbau leisten, denn es fällt vielen Eltern schwer, ihre Kinder unter drei Jahren in die Obhut einer anderen Person in einem fremden Haushalt zu geben. Kennen Eltern die Tagespflegepersonen sowie deren Qualifikation hingegen schon aus dem Mehrgenerationenhaus, kann sich dieses Wissen vertrauensbildend auswirken. Daher ist es vorteilhaft, die fachliche Qualifizierung von Kindertagespflegepersonen transparent und offen in der eigenen Einrichtung durchzuführen oder Räume dafür bereitzustellen.

Als weitere Maßnahme oder eigenständige Strategie sollten die Mehrgenerationenhäuser für die Vermittlung Kooperationen mit anderen relevanten Institutionen eingehen, insbesondere mit qualifizierten Trägern von Betreuungsangeboten. Eigene Angebote der Häuser können in diesem Fall eher auf Randzeitenbetreuung oder flexible Betreuungsformen abzielen. Auf diese Weise werden sowohl innerhalb des Mehrgenerationenhauses als auch darüber hinaus Kinderbetreuungsangebote etabliert und die Häuser stärken ihre Bedeutung als Dienstleistungsdrehscheibe durch intern stattfindende Aktivitäten und kooperative Vermittlungsleistungen.

Eine erfolgreiche Etablierung dieses Ansatzes führt zu Wirkungen auf mehreren Ebenen:
- auf Elternebene durch bessere Vereinbarkeit von Familie und Beruf,
- auf Ebene der Kindertagespflegepersonen durch Qualifizierung und Zugang zum Arbeitsmarkt sowie
- auf kommunaler Ebene durch die Verbesserung der Betreuungsstruktur.

Niedrigschwellige Entlastung von Eltern durch offene Kinderbetreuung

Ein weiterer Beitrag der Mehrgenerationenhäuser ist es, neben der Schließung von Bedarfslücken in der lokalen Angebotsstruktur auch den Zugang zu entsprechenden Angeboten zu erleichtern. Mit ihren offenen und flexiblen Betreuungsformen können die Häuser regionale Bedarfslücken abdecken, indem sie eine flexible, stundenweise Betreuung von Kindern in geeigneten Räumen durch qualifiziertes Personal anbieten. Diese kann ohne besondere Hürden bei der Beantragung auch kurzfristig von Eltern in Anspruch genommen werden – beispielsweise als Kinderbetreuung im Offenen Treff.

Sofern Angebote dieser Art nicht ganztägig sein müssen, können sie durch die Beschränkung auf wenige Stunden pro Tag kostengünstig angeboten werden. Außerdem lassen sich derartige Betreuungsangebote leicht mit weiteren Angeboten der Häuser verbinden. Die Eltern können andere Angebote des Hauses nutzen, während die Kinder im offenen Treff oder in einem Parallelangebot betreut werden. Ein Beispiel dafür liefert ein Mehrgenerationenhaus in Westdeutschland: Es stellt die Räumlichkeiten sowie eine pädagogische Fachkraft zur Verfügung, die von Freiwilligen unterstützt wird. Die Fachkraft koordiniert und verantwortet die Betreuung und steht als Ansprechperson zur Verfügung. Die hier angebotene Betreuung kann ohne Voranmeldung in Anspruch genommen werden und dient dem Ziel, dass Eltern während der Betreuungszeit weitere Begegnungsangebote des Hauses nutzen, um Erfahrungen auszutauschen und sich gegenseitig zu unterstützen.

Auf Angebotsebene entstehen als Folge solcher Aktivitäten niedrigschwellige, flexible Betreuungsmöglichkeiten, deren Nutzung sich mit weiteren Angeboten des Hauses wie Begegnungs- oder auch Bildungsangeboten verzahnen lässt. Die Teilnahme an den unterschiedlichen Angebotsformen generiert wiederum Ergebnisse sowohl bei Eltern und Kindern als auch bei den jeweiligen Betreuungspersonen. Durch diese Wirkungen können die Eltern flexibel und bei Bedarf auch spontan über die Inanspruchnahme des einzelnen Betreuungsangebotes entscheiden.

Betreuungsangebote für Kinder von Unternehmenspersonal

Wie in der Einleitung beschrieben, wird das Thema der Vereinbarkeit innerhalb von Unternehmen im Zusammenhang mit der Fachkräftesicherung diskutiert. Dahinter steht das Interesse, qualifiziertes Personal mit Kindern durch geeignete Angebote zu unterstützen, um diese Mitarbeiterinnen und Mitarbeiter an das Unternehmen zu binden. Auch in diesem Zusammenhang können Mehrgenerationenhäuser zur Vereinbarkeit von Familie und Beruf beitragen, indem sie für Unternehmen passende Angebote der Kinderbetreuung erbringen. Hier bieten sich feste Kooperationen beispielsweise für die kurzfristige Notfallbetreuung oder auch für eine reguläre Betreuung während der Kernzeiten an. Voraussetzung für eine solche Strategie ist in jedem Fall das Vorhandensein von qualifiziertem Betreuungspersonal.

Vorteilhaft ist zudem, wenn die Einrichtung oder der jeweilige Träger bereits über eine institutionelle Kindertagesbetreuung verfügt. Unter dieser Voraussetzung kann beispielsweise die Notfallbetreuung durch Fachkräfte aus der eigenen Kindertagesstätte übernommen werden, sodass eine qualitativ hochwertige Betreuung sichergestellt ist. In dieser Form ist beispielsweise ein Mehrgenerationenhaus in Ostdeutschland eine Kooperation mit einem lokalen Unternehmen eingegangen. Mit dieser Zusammenarbeit wurde das Ziel verfolgt und erreicht, geeignete Betreuungsstrukturen für die Kinder von Mitarbeiterinnen und Mitarbeitern bereitzuhalten. Die nötige Infrastruktur stellt dabei das Haus zur Verfügung, und das zugrunde liegende Betreuungskonzept wurde gemeinsam mit dem Unternehmen entwickelt. Als dauerhaftes Angebot ist daraus eine Notfallbetreuung entstanden, die von qualifiziertem Personal einer angeschlossenen Betreuungsstelle bereitgestellt wird. Die positiven Wirkungen für die

Nutzerinnen und Nutzer reichen von der persönlichen zeitlichen Entlastung der beteiligten Eltern bis zu einer allgemein gestiegenen Mitarbeiterzufriedenheit auf Unternehmensebene.

> **How To – erfolgreiche Ansätze im Bereich der Kinderbetreuung**
> - Gezielte Kooperationen mit bestehenden Institutionen der Kinderbetreuung. Gegebenenfalls kann durch das Etablieren einer Vermittlungszentrale für Betreuungsdienstleistungen das Ziel der strukturellen Verbesserung der Kinderbetreuungslandschaft erreicht werden. Flankierend ist der Ausbau von Randbetreuung oder flexiblen Betreuungsangeboten viel versprechend.
> - Niedrigschwelligkeit durch Verzicht auf Voranmeldungen oder hohe Kostenbeiträge. Dabei sollte das eigene Angebotsportfolio sowie das der Kooperationspartner auf mögliche Synergien geprüft werden. Wenn offene und flexible Betreuungsangebote mit anderen Angeboten für die Eltern verzahnt werden, lassen sich Kosten sparen und effektiv Angebotslücken abdecken. Für Eltern wird der Zugang zu anderen Angeboten erleichtert und das Angebotsportfolio attraktiver.
> - Anpassung der Betreuungsangebote für Kinder von Unternehmenspersonal. Nach frühestmöglicher Abklärung des Bedarfes bei den Kooperationspartnern sollten diese Informationen in die Ausbauplanung der eigenen Einrichtung einfließen. So trägt das Angebotsportfolio der Einrichtung nicht nur zur Lösung der Vereinbarkeitsproblematik bei, sondern bindet gleichzeitig Unternehmen als Partner an die Einrichtung.

Verzahnung von Angeboten

Im Gegensatz zu vielen anderen Angebotsträgern haben Mehrgenerationenhäuser die Möglichkeit, Kinderbetreuungsangebote mit anderen Angeboten des Hauses zu verzahnen – sowohl intern als auch extern. Interne Verzahnung bezieht sich auf Angebote innerhalb des Hauses und wurde an früherer Stelle bereits als Strategie zur niedrigschwelligen Entlastung von Eltern erwähnt. Dabei ermöglichen offene Angebote der Kinderbetreuung den Eltern beispielsweise, an Begegnungsangeboten teilzunehmen.

Offene Angebote der Kinderbetreuung können aber auch zunächst genutzt werden, um Eltern anzusprechen, sie auf Angebote des Hauses aufmerksam zu machen und auf Wunsch passgenaue Angebote zu vermitteln. Ebenfalls lassen sich inhaltliche Beratungsangebote zeitlich und räumlich mit der offenen Kinderbetreuung verzahnen, sodass Eltern beispielsweise Informationsangebote zur frühkindlichen Bildung besuchen können, während ihre Kinder im selben Haus betreut werden.

Externe Verzahnung bedeutet hingegen, die eigenen Angebote eng auf bestehende Angebote anderer Träger abzustimmen. Ein Beispiel für diese Art der Verzahnung ist die bereits angesprochene Notfall- oder Randzeitenbetreuung. Hier bietet es sich an, feste Kooperationen mit Kindertageseinrichtungen einzugehen. Die Betreuungszeiten sollten aneinander angepasst werden, und die Kinder könnten im Fall einer Randzeitenbetreuung im Mehrgenerationenhaus dorthin begleitet werden. Darüber hinaus beinhaltet externe Verzahnung die aktive Ansprache von potenziellen Kooperationspartnern zwecks einer möglichen Abstimmung der jeweiligen Angebotsportfolios oder -strategien. Auf diese Weise treten Mehrgenerationenhäuser in der Kinderbetreuung nicht in Konkurrenz zu etablierten Akteuren, sondern ergänzen sie durch gezielte Lösungen für Bedarfslücken.

> **How To – Synergien durch Verzahnung von Angeboten**
> - Das Angebotsportfolio der eigenen Einrichtung sollte darauf geprüft werden, ob Formen der Kinderbetreuung mit Angeboten für Eltern kombiniert werden können. Synergien können entstehen, wenn Angebote intern verzahnt werden.
> - Das eigene Angebotsspektrum sollte mit den bestehenden Betreuungsstrukturen in der Region extern verzahnt werden, um weitere Synergieeffekte freizusetzen. So lässt sich auch eine Konkurrenzsituationen mit etablierten Akteuren vermeiden. Durch diese Strategie kann auch die eigene Einrichtung zu einem zentralen Akteur in der lokalen Betreuungslandschaft werden, da ihre Angebote gezielt auf bestehende Lücken in der Versorgung abgestimmt werden können.

Erfolgsfaktoren

Soziale Einrichtungen können bei ihrer Entwicklung zu Mehrgenerationenhäusern an vielen Stellen von den Erfahrungen der bereits geförderten Häuser profitieren. Um diesen Prozess zu erleichtern, hat die Wirkungsforschung auch für den Aufbau von Kinderbetreuungsangeboten Erfolgsfaktoren identifiziert. Diese sind als Ergänzung der zuvor beschriebenen Strategien im Rahmen von Wirkungsketten sowie Angebotsverzahnung zu verstehen und auf drei Ebenen zu finden (BMFSFJ 2009, S. 64ff.).

Auf der Ebene der *Angebote und Aktivitäten* der Mehrgenerationenhäuser steht im Vordergrund, klare Zielvorstellungen beispielsweise im Rahmen eines Leitbildes zu entwickeln und ein ansprechendes Umfeld zu schaffen. Die konkreten Bedarfe für eine Kinderbetreuung sollten im direkten Kontakt mit den Eltern erfragt werden. Durch Offenheit und Flexibilität geprägte Betreuungsangebote sind besonders dafür geeignet, unterschiedliche Nutzergruppen anzusprechen. Darüber hinaus sollten die Angebote möglichst niedrigschwellig sein, um eventuell vorhandene Hemmungen der Eltern abzubauen. Das dafür notwendige Vertrauen wird durch die offene Gestaltung der Mehrgenerationenhäuser und ihre vielfältigen Möglichkeiten zu informellem Kontakt und Austausch gefördert und kann durch Maßnahmen wie offene Elternabende, Elterngespräche oder Begegnungsrunden gefestigt werden. Dabei müssen einerseits zum Erhalt des Kontakts jene Eltern angesprochen werden, die bereits regelmäßige Kundinnen und Kunden der Mehrgenerationenhäuser sind. Andererseits ist zur Sicherung oder Erweiterung der Angebote auch die aktive Ansprache neuer Nutzergruppen von Bedeutung. Bei ihnen kann durch den Einsatz verschiedener Medien wie Broschüren, Flyer oder Internetpräsenzen Aufmerksamkeit erzeugt werden.

Auf der Eben der *internen Organisation* der Mehrgenerationenhäuser sollten anhand fester Ansprechpartnerinnen und Ansprechpartner Verantwortlichkeiten herausgestellt und feste Anlaufstellen für Eltern etabliert werden. Darüber hinaus ist die fortlaufende Qualitätssicherung beispielsweise durch hausinterne Fortbildungen für alle Aktiven, gemeinsame Reflexionsrunden oder Kooperationen mit Jugendämtern von Bedeutung. Zudem erhalten die Mehrgenerationenhäuser gegenüber anderen Einrichtungen der Kinderbetreuung einen spezifischen Mehrwert, wenn sie ihre Betreuungsangebote umfassend mit weiteren Angeboten innerhalb des Hauses verzahnen. Die Nutzung des offenen Treffs beispielsweise zur Elternansprache oder Beratung sowie die zeitliche Abstimmung von Betreuungsangeboten mit Beratungen, Elternseminaren oder Informationsveranstaltungen können Synergieeffekte erzeugen. Mit gezielten Betreuungsangeboten können die Mehrgenerationenhäuser außerdem Lücken in der lokalen Angebotsstruktur schließen, beispielsweise während der Randzeiten.

Auf der Ebene der *strukturellen Rahmenbedingungen* erhält schließlich die Vernetzung durch aktive Ansprache und Einbindung von Kooperationspartnern einen besonderen Stellenwert. Durch Kooperationen mit Kindertageseinrichtungen, Schulen oder sonstige Bildungs- und Beratungsstätten werden entstehende Synergieeffekte genutzt und Lücken in der institutionellen Betreuungsstruktur geschlossen. Im Rahmen strategischer Kooperationen beispielsweise mit familienpolitischen Netzwerken können Mehrgenerationenhäuser externe Sach- und Fachkompetenz in ihre Arbeit einbeziehen und zudem Impulse nach außen geben, um die Begegnung der Generationen zu initiieren und zu fördern.

Resümee

Die regionalen Anforderungen und vorhandenen Betreuungsstrukturen sind sehr verschieden, sodass sich auch der Entwicklungsstand der einzelnen Häuser entsprechend heterogen darstellt. Beispielsweise bestehen Unterschiede zwischen den Mehrgenerationenhäusern in Ost- und Westdeutschland, die sich durch das jeweilige regionale Angebot an Kinderbetreuungsleistungen erklären lassen. Als Folge der faktischen Bedarfsdeckung bei der institutionellen Kinderbetreuung in Ostdeutschland hat die Kinderbetreuung in Mehrgenerationenhäusern dort eine geringere und vor allem anders gelagerte Bedeutung. Die Mehrgenerationenhäuser widmen sich daher in Ostdeutschland weniger der strukturellen Verbesserung der Kinderbetreuungslandschaft, sondern vielmehr einer punktuellen Ergänzung des vorhandenen Angebotsspektrums.

Darüber hinaus sind zwischen den Mehrgenerationenhäusern Unterschiede als Folge ihres jeweiligen institutionellen Ursprungs und ihrer darauf aufbauenden Entwicklungspfade erkennbar. Insbesondere Häuser, die aus Familien- oder Mütterzentren entstanden sind und von vornherein über Erfahrungen im Bereich der Kinderbetreuung verfügten, arbeiten im Handlungsfeld der Kinderbetreuung erfolgreich. Aber auch Häuser, deren Ursprungseinrichtung traditionell wenig mit jungen Eltern und Kindern zu tun hatte, wie beispielsweise Seniorenbildungsstätten, haben während des Aktionsprogramms zahlreiche Kinderbetreuungsangebote entwickelt. Diese inhaltliche wie organisatorische Öffnung kann als ein Erfolg des Programms gewertet werden.

Im Vergleich zu Einrichtungen der institutionellen Kinderbetreuung liegt eine Stärke der Mehrgenerationenhäuser in der Bereitstellung flexibler und niedrigschwelliger Kinderbetreuungsangebote. Einen weiteren Mehrwert bildet die Möglichkeit zur Verzahnung von Betreuungsmöglichkeiten mit korrespondierenden Angeboten innerhalb der Mehrgenerationenhäuser, beispielsweise zur Information oder Beratung der Eltern.

Mehrgenerationenhäuser bieten somit ein Angebotspaket aus einer Hand, das über die herkömmlichen getrennten Bildungs- und Betreuungsangebote hinaus weitere familienorientierte Dienstleistungen bereithält (Rauschenbach 2008, S.147). Kinder können hier flexibel betreut werden und an altersgerechten Bildungsangeboten teilnehmen. Familien und Alleinerziehende können sich untereinander vernetzen und erhalten durch bedarfsorientierte Dienstleistungen vielfältige Unterstützung in ihrem Alltag. Mit Blick auf das Kindeswohl tragen Mehrgenerationenhäuser durch ihre integrative Betreuungskonzeption auch zur eigenständigen Persönlichkeitsentwicklung von Kindern bei. Neben den Eltern als Hauptressource fördern Umwelt, Nachbarschaft, Freunde und externe Betreuung die kindliche Entwicklung – in diesem Sinne verknüpfen Mehrgenerationenhäuser genau die Ressourcen, die der kindlichen Entwicklung dienen (BMFSFJ 2006, S.197).

10 Pflege und Demenz

Nina Jablonski/Christopher Gess

In Deutschland leben heute etwa 2,3 Millionen Pflegebedürftige und 1,2 Millionen Menschen mit Demenz (Statistisches Bundesamt 2011b, S. 6). Diese Zahlen werden aufgrund demografischer Entwicklungen und struktureller Veränderungen der Altersphase in den nächsten Jahren weiter steigen (vgl. u. a. Tews 1993; Schroeter 2006; Neubert 2010). Beispielsweise wird sich der Anteil der über 80-Jährigen bis 2060 von 2 Prozent auf 9 Prozent erhöhen (Statistisches Bundesamt 2011a, S. 11). Damit wird auch ein vermehrter Anteil an Pflegebedürftigen und Menschen mit Demenz einhergehen, denn das Risiko, an Demenz zu erkranken, nimmt in diesem Alter signifikant zu, und die Erkrankung bildet eine der Hauptursachen von Pflegebedürftigkeit (Rothgang et al. 2010, S. 150). Strukturelle Veränderungen innerhalb der Gesellschaft zeigen sich besonders in der Vereinsamung älterer Menschen. Aufgrund der höheren Lebenserwartung von Frauen und der Verkleinerung sozialer Netzwerke nimmt der Anteil an Alleinstehenden und Ein-Personen-Haushalten zu. Diese Situation birgt die Gefahr einer zukünftig verringerten Anzahl familiärer Pflegepersonen und einer steigenden Anzahl auf professionelle Pflege angewiesener Pflegebedürftiger (Zeman 2005, S. 315).

Diese demografischen und strukturellen Veränderungsprozesse führen zu einem verstärkten Handlungsbedarf im Bereich der Pflege.
Erstens gilt es dabei, die Vereinbarkeit von Pflege, Familie und Beruf zu verbessern, um die Ressourcen vorhandener familialer Pflegepersonen zu unterstützen. Zwar sind Angehörige diejenigen, die am häufigsten die Betreuung und Pflege ihrer Familienmitglieder leisten (Statistisches Bundesamt 2011b, S. 6), doch ist es für sie oft schwierig, die Pflegetätigkeit mit dem Alltagsleben aus beruflichen und familiären Verpflichtungen zu verbinden. Vor diesem Hintergrund rückt das Thema der Vereinbarkeit immer stärker in den politischen Fokus. Die im Jahr 2012 in Kraft tretende Familienpflegezeit ist dabei ein erster Schritt, um Familie, Beruf und die Pflege von Angehörigen besser vereinbaren zu können. Auf der politischen Agenda stehen außerdem weitere Maßnahmen zur Unterstützung der häuslichen Pflege wie beispielsweise die Förderung Haushaltsnaher Dienstleistungen zur Diskussion. Zudem bilden die bereits 2009 im Rahmen des Pflege-Weiterentwicklungsgesetzes implementierten

Pflegestützpunkte regionale Anlaufstellen zur Beratung von Pflegebedürftigen und ihren Angehörigen.

Zweitens ist es aufgrund der beschriebenen sozialen Veränderungen zukünftig notwendig, niedrigschwellige Pflegearrangements zu erschließen und damit vereinfachte Zugänge zur Pflege zu schaffen, die auf gemischte Pflegeformen aus familialen, professionellen und ehrenamtlichen Pflegepersonen zurückgreifen (Zeman 2005, S. 316). Nur auf diese Weise ist eine nachhaltige Infrastruktur der Pflege zu gewährleisten, denn schon heute können nicht alle Bedürfnisse von Pflegebedürftigen und ihren Angehörigen durch stationäre, ambulante oder familiale Pflege abgedeckt werden. Es fehlt beispielsweise an Möglichkeiten für Betroffene, sich über ihre Situation auszutauschen, sowie an stundenweiser Betreuung Pflegebedürftiger zur Entlastung der pflegenden Angehörigen. Zudem fehlen Maßnahmen, die einer Vereinsamung älterer Menschen entgegenwirken. Diese Beispiele machen bereits deutlich, dass besonderer Bedarf an niedrigschwelligen Angeboten besteht. Insgesamt fällt es Pflegebedürftigen und Angehörigen in einer zunehmend individualisierten Gesellschaft auch immer schwerer, nachbarschaftliche Hilfe zu erhalten oder ein Gegenüber für Gespräche über die mit der alltäglichen Pflege verbundenen Probleme zu finden (Neubert 2010, S. 284; Dietz 2010, S. 341).

Drittens gilt es, die Lebensqualität einer steigenden Anzahl pflegebedürftiger und demenzkranker Menschen durch entsprechend ausgerichtete Dienstleistungen auch in Zukunft zu sichern. In der Wissenschaft werden unterschiedliche Möglichkeiten diskutiert, wie Pflegedienstleistungen den sozialen Veränderungsprozessen anzupassen sind. Naegele legt beispielsweise dar, dass innerhalb der Pflege ein Perspektivwechsel von defizitorientierter Pflege zu einer auf Selbstständigkeit der Pflegebedürftigen ausgerichteten Pflege nötig ist (Naegele 2011, S. 405). Statt die Defizite und Verluste einer mit Pflegebedürftigkeit verbundenen Lebenslage hervorzuheben, wird in diesem Ansatz besonderer Wert auf den Erhalt von Kompetenzen gelegt.

Den dargestellten Herausforderungen steht zudem eine noch immer existierende Hemmschwelle zum Thema Pflege und Demenz entgegen. Auch versuchen von Demenz betroffene Menschen oft, besonders im Anfangsstadium der Krankheit, die Symptome zu verbergen, und schämen sich ihrer vermeintlichen Unzulänglichkeit (vgl. Bundesministerium für Gesundheit 2011). Gleiches gilt für viele Angehörige wie Ehepartnerinnen und -partner von Menschen mit Demenz, die sich für ihren Partner oder ihre Partnerin schämen und davor zurückschrecken, über Details aus ihrem Privatleben zu sprechen. Um die Öffentlichkeit für dieses Thema zu sensibilisieren, werden seitens der Politik Informationskampagnen durchgeführt. In der wissenschaftlichen Diskussion werden zudem neue Möglichkeiten zur generationenübergreifenden Begegnung thematisiert (Dietz 2010, S. 347). Die allgemeine Förderung eines Miteinanders der Generationen kann in diesem Zusammenhang maßgeblich zu einem vorurteilsfreien Umgang mit dem Themenbereich Pflege und Demenz beitragen.

Auch die Mehrgenerationenhäuser reagieren auf diese gesellschaftlichen Herausforderungen, da sie die steigende und veränderte Nachfrage nach pflege- und demenzbezogenen Angeboten bereits erkannt und aufgegriffen haben. Das Handlungsfeld der Pflege und Demenz hat sich, obwohl es zu Beginn des Aktionsprogramms nicht explizit als solches benannt wurde, zu einem Angebotsschwerpunkt der Mehrgenerationenhäuser entwickelt.[49] Im Folgenden wird daher die Entwicklung dieses Handlungsfeldes in den Mehrgenerationenhäusern dargestellt. Zunächst geht es um den allgemeinen Stand, wie viele Häuser mit welchen Angeboten im Bereich Pflege und Demenz aktiv sind. Anschließend werden Einflussfaktoren der erfolgreichen Implementierung pflege- und demenzbezogener Angebote beschrieben sowie konkrete Ansätze vorgestellt, die Mehrgenerationenhäuser in der Arbeit mit Pflegebedürftigen und ihren Angehörigen entwickelt haben. Einrichtungen, die sich zu Mehrgenerationenhäusern weiterentwickeln möchten, können sich an diesen Ausführungen orientieren.

Aktivitäten und Angebotsstrukturen in Mehrgenerationenhäusern

Derzeit sind mehr als zwei Drittel der Mehrgenerationenhäuser im Bereich Pflege und Demenz aktiv. Ihre Angebote richten sich sowohl an pflegebedürftige und demenzkranke Personen als auch an pflegende Angehörige.

Zu diesen Angeboten zählen:
- direkt pflege- oder demenzbezogene Angebote, die sich in ihrem Leistungsprofil ausschließlich an Pflegebedürftige, Demenzkranke und pflegende Angehörige richten;
- indirekt pflege- oder demenzbezogene Angebote, die sich nicht ausschließlich an diese Zielgruppen als Hauptnutzergruppen wenden, selbst wenn sie am stärksten von diesen Angeboten profitieren.

Tabelle 8 veranschaulicht die prozentuale Verteilung dieser unterschiedlichen Angebotsarten in den Häusern:

Tab. 8: Arten pflege- oder demenzbezogener Angebote

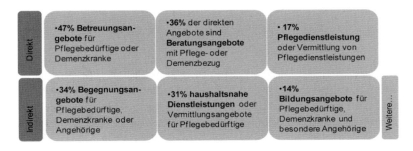

[49] Aufgrund der hohen gesellschaftlichen Bedeutung und des zukünftig weiter steigenden Bedarfs ist der Themenkomplex als neuer Schwerpunkt „Alter und Pflege" im Folgeprogramm Aktionsprogramm Mehrgenerationenhäuser II verankert.

Es wird deutlich, dass bei den *direkt pflege- und demenzbezogenen Angeboten* die Betreuung und Beratung von Pflegebedürftigen, Demenzkranken und pflegenden Angehörigen im Vordergrund stehen. In etwa der Hälfte dieser Angebote werden Pflegebedürftige und Menschen mit Demenz betreut, darunter fallen auch Tagespflegeangebote für Seniorinnen und Senioren sowie Entlastungsangebote für pflegende Angehörige durch stundenweise, individuelle Besuchsdienste. Der hohe Anteil dieser Formen der Betreuung zeigt, dass die Häuser sich auf den steigenden Bedarf an Angeboten zur Vereinbarkeit von Pflege, Beruf und Familie eingestellt haben.

Weitere 36 Prozent der direkt pflege- und demenzbezogenen Angebote werden für die Beratung genutzt. Hier erhalten Pflegebedürftige selbst, häufiger jedoch pflegende Angehörige beispielsweise in Angehörigensprechstunden oder -gruppen Unterstützung durch Gespräche. Die Vielzahl der Beratungsangebote macht deutlich, dass Angehörige nicht nur die Betreuungsangebote für ihre Pflegebedürftigen zur zeitlichen Entlastung in Anspruch nehmen, sondern ebenso beratende Angebote und den Austausch z. B. mit anderen pflegenden Angehörigen nutzen, um auf diese Weise auch psychisch entlastet zu werden.

Klassische Pflegedienstleistungen oder ihre Vermittlung werden dagegen seltener von Mehrgenerationenhäusern erbracht. Der geringe Anteil an Pflegeleistungen zeigt, dass die Häuser – statt in direkte Konkurrenz zu bestehenden Anbietern von Pflegeleistungen zu treten – eher ergänzende Angebote zu den klassischen Pflegearrangements entwickeln.

Bei den *indirekt pflege- oder demenzbezogenen Angeboten* liegt der Schwerpunkt auf den Begegnungsangeboten. In einem Drittel der Angebote werden Begegnungsmöglichkeiten für Pflegebedürftige, Menschen mit Demenz oder pflegende Angehörige geschaffen. Dabei geht die Ansprache bewusst über diese Zielgruppen hinaus, sodass hier auch ein Zusammentreffen mit anderen Besucherinnen und Besuchern des Hauses stattfindet.

Haushaltsnahe Dienstleistungen machen knapp ein weiteres Drittel der indirekten Angebote aus. Mit diesem Anteil wird der aktuellen politischen Diskussion über unterstützende Dienstleistungen im Haushalt entsprochen. Durch ergänzende, Haushaltsnahe Dienstleistungen wird von den Mehrgenerationenhäusern sowohl die Vereinbarkeit von Pflege, Beruf und Familie für pflegende Angehörige unterstützt als auch die Selbstständigkeit von Seniorinnen und Senioren gefördert, um ihnen den längeren Verbleib im eigenen Haushalt und Umfeld zu ermöglichen.

Darüber hinaus führen die Häuser Bildungsangebote für Pflegebedürftige, Menschen mit Demenz und pflegende Angehörige durch. Dies können Vortragsreihen zum Thema Demenz oder auch Präventionsangebote wie z. B. in Form von Sturzprophylaxe oder Gedächtnistraining sein, die häufig ebenfalls stark begegnungsorientiert konzipiert sind.

Die beschriebenen Angebotsarten machen deutlich, dass die Mehrgenerationenhäuser primär zur psychischen und zeitlichen Entlastung von pflegenden Angehörigen sowie zu präventiven und integrativen Aktivitäten im Alltag von Pflegebedürftigen und Demenzkranken beitragen.

Einflussfaktoren pflege- und demenzbezogener Angebote

Die im Bereich Pflege und Demenz aktiven Mehrgenerationenhäuser erbringen zusammen etwa 900 pflege- und demenzbezogene Angebote. Dass die Angebote in ihrer Anzahl und Ausrichtung zwischen den einzelnen Häusern variieren, lässt sich zum einen mit den unterschiedlichen Vorerfahrungen der Einrichtungen begründen. Zum anderen haben lokale Bedarfslagen und dabei insbesondere Unterschiede zwischen städtischen und ländlichen Regionen sowie zwischen West- und Ostdeutschland einen Einfluss auf die Entwicklung von Angeboten.

Die jeweiligen Vorerfahrungen der Mehrgenerationenhäuser ergeben sich aus ihren unterschiedlichen Ursprungstypen. Entsprechend ihrem ehemaligen Prototyp haben die Einrichtungen unterschiedliche pflege- und demenzbezogene Angebote aufgebaut. Während beispielsweise Mehrgenerationenhäuser, die aus Seniorenbildungsstätten, Seniorenheimen oder Kirchengemeinden entstanden sind, schon vor Beginn des Aktionsprogramms über passende Angebote verfügten und diesbezüglich länger aktiv waren, haben andere Häuser diesen Bereich erst im Rahmen der Förderung durch das Aktionsprogramm entwickeln können. So finden sich in 41 Prozent der Mehrgenerationenhäuser des Typs „Seniorenbildung/Seniorentreff plus" vier und mehr Angebote für Pflegebedürftige und Menschen mit Demenz. Auch Häuser des Typs „Kirchengemeinde/Bürgertreff plus" verfügen vielfach über Vorerfahrungen in der Arbeit mit Seniorinnen und Senioren und sind im Bereich Pflege und Demenz dementsprechend überdurchschnittlich aktiv.

Somit stellen die Ursprungstypen einen wichtigen Faktor zur Erklärung der unterschiedlichen Verteilung pflege- oder demenzbezogener Angebote dar[50], wirken dabei aber nicht determinierend. Denn auch die Mehrheit der Häuser, die nicht auf entsprechende Vorerfahrungen zurückgreifen können und sich traditionell anderen Zielgruppen zugewandt haben, ist im Bereich Pflege und Demenz aktiv. Fast drei Viertel der Häuser innerhalb der Ursprungstypen „Eltern-Kind-Zentrum/Kita plus" erbringen Angebote für Pflegebedürftige und Menschen mit Demenz sowie für ihre Familien. Ebenso sind von den Häusern anderer Ursprungstypen über die Hälfte in diesem Feld aktiv. Insgesamt wird daran deutlich, dass auch Einrichtungen, die sich zuvor nicht der Zielgruppe pflegebedürftiger oder dementer Menschen gewidmet haben, ebenfalls erfolgreich Angebote in diesem Bereich aufbauen können.

Neben den Vorerfahrungen spielen auch die lokalen Bedarfslagen für die Erbringung pflege- und demenzbezogener Angebote eine prägende Rolle. Insbesondere kommt es

---

[50] Prototypen erklären 33 Prozent der Variation der Anzahl pflege- oder demenzbezogener Angebote in den Mehrgenerationenhäusern.

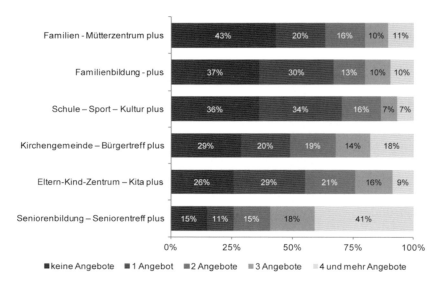

Abb. 38: Anzahl der pflege- und demenzbezogenen Angebote in den Mehrgenerationenhäusern nach Ursprungstyp

Datenquelle: Selbstmonitoring 1. Halbjahr 2011, N = 496

bei der Implementierung und Gestaltung sozialer Dienst- und Unterstützungsleistungen auf fundierte Kenntnisse der regionalen Rahmenbedingungen an (Strohmeier/Neu 2011, S. 164). Wie aus der folgenden Abbildung hervorgeht, stellen Mehrgenerationenhäuser in ländlichen Regionen sowie kleinen und mittelgroßen Städten deutlich mehr Angebote mit Pflege- oder Demenzbezug bereit als Häuser in Großstädten oder Metropolregionen.

Lediglich 50 Prozent der Häuser in Metropolregionen sind in diesem Bereich aktiv, demgegenüber aber mehr als zwei Drittel der Häuser im ländlichen sowie klein- und mittelstädtischen Raum. Die Unterschiede lassen sich auf die vorhandenen regionalen Strukturen für Pflege und Demenz zurückführen. Da in größeren Städten häufig schon ausreichend Angebote bestehen, können die Mehrgenerationenhäuser an diese anknüpfen und vermitteln, um Lücken zu schließen statt Doppelungen zu schaffen.[51] In dünn besiedelten Regionen finden sich dagegen vielfach lokale Bedarfslücken an Angeboten und Begegnungsstrukturen für Pflegebedürftige und Menschen mit Demenz sowie ihre Angehörigen, die durch Mehrgenerationenhäuser geschlossen werden können.

---

[51] Näheres zum Thema Kooperation im Kapitel „Vernetzung mit Kooperationspartnern und Zusammenarbeit mit der Kommune" in dieser Publikation.

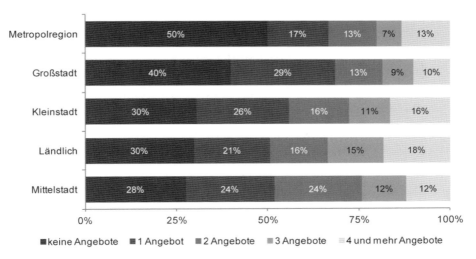

Abb. 39: Anzahl der pflege- und demenzbezogenen Angebote in den Mehrgenerationenhäusern nach Regionstyp[52]

Datenquelle: Selbstmonitoring 1. Halbjahr 2011, N = 496

Des Weiteren zeigen sich Unterschiede zwischen Ost- und Westdeutschland. So liegt die Wahrscheinlichkeit, bei Mehrgenerationenhäusern im Osten Deutschlands pflege- oder demenzbezogene Angebote vorzufinden, deutlich niedriger als bei Häusern im Westen. Dieser Befund lässt allerdings nicht auf einen in Ostdeutschland geringeren Bedarf an solchen Angeboten schließen, denn die Pflegequote ist in Ostdeutschland sogar höher als im Westen (vgl. Statistisches Bundesamt 2008). Bei einem Vergleich der Pflegeinfrastruktur zeigt sich außerdem, dass in Westdeutschland die stationäre Pflege stärker verbreitet ist, während pflegebedürftige Personen im Osten häufiger in der ambulanten Pflege betreut werden (vgl. Rothgang et al. 2010). Ein Grund für die geringe Anzahl der im Bereich Pflege und Demenz aktiven Häuser in Ostdeutschland kann die insgesamt dort geringere Quote Freiwilligen Engagements sein, die sich auch auf die Zahl der Engagierten in den Mehrgenerationenhäusern auswirkt (BMFSFJ, 2010, S. 24). Da die Einbindung Freiwillig Engagierter eine Besonderheit des Aktionsprogramms darstellt, erbringen diese auch einen Großteil der pflege- und demenzbezogenen Angebote in den Häusern.[53]

Zusammenfassend ist der Einfluss von Vorerfahrungen und lokalen Bedarfslagen auf die Mehrgenerationenhäuser hier im Vergleich zu anderen Handlungsfeldern sehr hoch. Abbildung 40 verdeutlicht den Einfluss der Strukturmerkmale grafisch:

---

52 Die Regionstypen erklären 17 Prozent der Variation der Anzahl der Pflege- und Demenzangebote in den Häusern.
53 Näheres zum Thema „Freiwilliges Engagement" siehe Kapitel 6 in dieser Publikation.

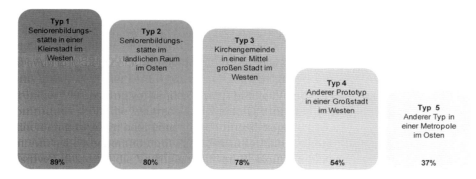

Abb. 40: Wahrscheinlichkeit mindestens eines pflege- oder demenzbezogenen Angebots/ Logit-Analyse

Datenquelle: Selbstmonitoring 1. Halbjahr 2011, N = 496, Logistische Regression

Die Wahrscheinlichkeit, pflege- oder demenzbezogene Angebote durchzuführen, variiert abhängig von den Strukturmerkmalen der Mehrgenerationenhäuser statistisch betrachtet zwischen 37 Prozent (anderer Prototyp als Seniorenbildungsstätte oder Kirchengemeinde in einer Metropole in Ostdeutschland) und 89 Prozent (Seniorenbildungsstätte in einer Kleinstadt in Westdeutschland). Bei der Implementierung des Handlungsfeldes Pflege und Demenz sollten daher in jedem Fall die lokalen Bedarfslagen beachtet werden, um eine adäquate Angebotsstruktur aufzubauen.

Der hohe Anteil der im Bereich Pflege und Demenz aktiven Mehrgenerationenhäuser zeigt, dass sie den gesellschaftlichen Bedarf an pflege- und demenzbezogenen Angeboten erkannt haben und das Thema auch in der Breite über den klassischen Bereich der Seniorentreffs und Seniorenheime hinweg in ihre Arbeit einbeziehen. Als förderlich hat sich dabei die generationenübergreifende Ausrichtung der Häuser erwiesen, die es ihnen ermöglicht, die Bedarfe mehrerer Ziel- und Altersgruppen zu erkennen und aufzugreifen. Zudem wird die Erschließung neuer generationenübergreifender Begegnungsmöglichkeiten aufgrund sich verändernder oder fehlender sozialer Netzwerke vor allem in der Pflege zukünftig an Bedeutung gewinnen (Dietz 2010, S. 347). Hier leisten die Häuser mit ihren generationenübergreifenden Angeboten bereits heute einen wertvollen Beitrag. Ebenso gelingt es den Mehrgenerationenhäusern, durch häufig intensive „Mitmach-Strukturen" auf neue Problemlagen ihrer Nutzerinnen und Nutzer, wie z. B. die Pflegebedürftigkeit eines Angehörigen, einzugehen und diese gegebenenfalls in Kooperation mit anderen Institutionen zu thematisieren, um gezielte Angebote zu entwickeln.

Zusammenfassend steht somit die Verbesserung der lokalen Versorgungsstruktur bei der Angebotsentwicklung der Mehrgenerationenhäuser im Vordergrund, um insbesondere in strukturschwachen Regionen dem demografischen Wandel besser begegnen zu können.

Etablierung niedrigschwelliger Zugänge und Angebote im Bereich Pflege und Demenz

Der Aufbau neuer Angebote stellt soziale Einrichtungen vor komplexe Herausforderungen. Neben der Berücksichtigung von Vorerfahrungen und lokalen Rahmenbedingungen bildet dabei ebenso die Nutzergewinnung einen zentralen Faktor. Denn ein pflege- und demenzbezogenes Angebot kann sich nur dann etablieren, wenn die Dienstleistung breite Akzeptanz findet und von einer ausreichenden Personenzahl genutzt wird. Eine besondere Schwierigkeit im Bereich Pflege und Demenz besteht wie bereits erwähnt darin, die Hemmschwelle gegenüber dieser Thematik zu überwinden. Die folgende Abbildung zeigt Ansätze, die Mehrgenerationenhäuser verfolgt haben, um pflege- und demenzbezogene Angebote erfolgreich und nachhaltig zu verorten.

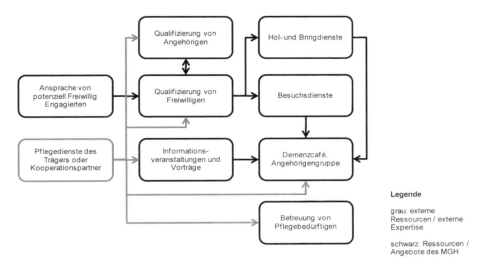

Abb. 41: Ansätze der Arbeit mit Pflegebedürftigen/Demenzerkrankten und ihren Angehörigen

Quelle: Wirkungsforschung Aktionsprogramm Mehrgenerationenhäuser, Vor-Ort-Besuche 2010, N = 20

Zum einen sind die in den Mehrgenerationenhäusern vorhandenen Ressourcen und Angebote von entscheidender Bedeutung (siehe schwarze Linien in Abbildung 41). Ausgangspunkte für den Aufbau einer wirksamen Angebotsstruktur waren entweder sogenannte Demenzcafés oder Angehörigengruppen. Demenzcafés richten sich an Pflegebedürftige sowie an Menschen mit Demenz, die dort betreut werden, und tragen mit dieser Versorgung zu einer zeitlichen Entlastung pflegender Angehöriger bei. Die Angehörigengruppen wenden sich hingegen an die pflegenden Personen und geben ihnen ähnlich wie in Selbsthilfegruppen die Möglichkeit, sich mit anderen Betroffenen auszutauschen. Es hat sich jedoch schnell herausgestellt, dass diese beiden Angebote jeweils für sich allein nicht wirksam sein können. Für pflegende Angehörige steht bei der Betreuung ihrer pflegebedürftigen oder dementen Verwandten weniger die zeitliche als vielmehr die psychische Entlastung im Vordergrund, sodass die Möglichkeit des Austausches während der Betreuung einen entscheidenden Mehrwert für sie darstellt. Umgekehrt konnte eine ausreichende Teilnehmerzahl für Angehörigengruppen nur dann erreicht werden, wenn zeitgleich ein Betreuungsangebot für Menschen mit Demenz stattfand. Auf diese Weise hat sich aus *zwei* ursprünglich sehr unterschiedlichen Ansätzen *ein* wirkungsvoller Ansatz entwickelt: die Betreuung von Pflegebedürftigen und Demenzerkrankten mit gleichzeitig stattfindender Angehörigengruppe.

Ebenso haben sich Informationsveranstaltungen und Vorträge im Bereich Pflege und Demenz als sehr effektiv für die Nutzeransprache erwiesen. Doch reichen sie in frontaler Form nicht aus, um Angehörige und Betroffene für Angebote im Mehrgenerationenhaus zu aktivieren. Besonders gut wurden Fachvorträge hingegen dann angenommen, wenn die Teilnehmenden dabei zusätzlich Raum zum Austausch hatten. Veranstaltungen dieser Art können auch dazu genutzt werden, einzelne Angehörige oder Pflegebedürftige von ihren Erfahrungen berichten zu lassen, um so andere Anwesende für das Thema Pflege und Demenz zu sensibilisieren und Hemmschwellen abzubauen.

Hol-, Bring- und Besuchsdienste, die vor allem durch Freiwillig Engagierte erbracht werden, ergänzen die Angebotsstruktur der Mehrgenerationenhäuser. Die Förderung Freiwilligen Engagements stellte von Anfang an eine Besonderheit der Mehrgenerationenhäuser dar. Dieses ist gerade im Handlungsfeld Pflege und Demenz aufgrund der schwindenden Unterstützungspotenziale von bedeutendem Wert. In Hol- und Bringdiensten engagieren sich Freiwillig Engagierte, indem sie den Transport vom Haushalt der betreuten Person zum Mehrgenerationenhaus und zurück übernehmen. In Besuchsdiensten entlasten Freiwillig Engagierte durch stundenweise Betreuung der Pflegebedürftigen ihre pflegenden Angehörigen. Diese können die Zeit beispielsweise nutzen, um Behördengänge zu erledigen oder sich ihren Hobbys zu widmen, die sonst im Alltag zu kurz kommen. Ein möglicher Nachteil dieser Form der Betreuung besteht darin, dass die Besuchsdienste vorwiegend in den Haushalten der Pflegebedürftigen stattfinden und damit keinen Kontakt zu anderen Menschen bieten. Demgegenüber stehen Freiwillig Engagierte im Rahmen von Begleitdiensten den Pflegebedürftigen oder Menschen mit Demenz bei Veranstaltungen außerhalb des persönlichen Haushalts zur Seite. Hier können Synergien mit anderen Angeboten der Mehrgenerationenhäuser entstehen, wenn die Engagierten beispielsweise zusammen mit den Pflegebedürftigen an Angeboten im Mehrgenerationenhaus teilnehmen.

Begleitdienste erfolgen in dieser Form jedoch selten, während klassische Besuchsdienste in den Haushalten der betreuten Personen überwiegen.

Vervollständigt wird die Angebotsstruktur durch in Mehrgenerationenhäusern angebotene Qualifizierungskurse. Hier werden Freiwillig Engagierte oder pflegende Angehörige unter Anleitung des Fachpersonals in Pflegetätigkeiten oder pflegeergänzenden Aufgaben geschult. Die Häuser stellen für die Qualifizierung nicht nur ihre Räumlichkeiten zur Verfügung, sondern tragen durch ihren engen Kontakt zu potenziellen Freiwilligen auch zur Rekrutierung von Teilnehmerinnen und Teilnehmern bei. Die freiwillig Engagierten wiederum können die hier erworbenen Fähigkeiten und Kenntnisse in den Begleit- und Besuchsdiensten der Mehrgenerationenhäuser für Menschen mit Demenz und Pflegebedürftige anwenden.

Zum anderen spielen bei der Etablierung von Angeboten im Bereich Pflege und Demenz auch die durch Träger, Pflegedienste und andere Kooperationspartner erbrachten externen Ressourcen eine wichtige Rolle (siehe graue Linien in Abbildung 41). Beispielsweise kann die Anbindung an einen großen Träger für die erfolgreiche Umsetzung von pflege- und demenzbezogenen Angeboten ausschlaggebend sein. Da hinsichtlich der Themen Pflege und Demenz weiterhin spürbare Hemmschwellen in der Bevölkerung existieren, sollte mit einer anfänglich geringen Erreichbarkeit der Zielgruppen und zögernden Nutzung der Angebote gerechnet werden. Um diese Phase einer schwachen Auslastung bei konstant hohem Aufwand auch über einen längeren Zeitraum hinweg zu überstehen, kann vor allem der finanzielle Rückhalt des Trägers wichtig sein. Ebenso ist ein ausgeprägtes strategisches Interesse des Trägers hilfreich, um zum Beispiel eine eigene Fachkraft im Bereich Pflege und Demenz als Koordinatorin oder Koordinator des Hauses einzustellen. Diese Möglichkeit kann vor allem für jene sozialen Einrichtungen eine Alternative bieten, die keinen der vor Ort ansässigen Pflegedienste zu einer Kooperation aktivieren können.

Insbesondere aus der Zusammenarbeit mit lokalen Pflegediensten oder Seniorenheimen können sich fruchtbare Kooperationen zu beiderseitigem Nutzen entwickeln – etwa in der Form, dass die Mehrgenerationenhäuser ihre Nutzergruppen erweitern und die Kooperationspartner ihre Angebots- und Dienstleistungsstruktur durch generationenübergreifende oder begegnungsorientierte Angebote ausbauen. Pflegedienste und ähnliche lokale Akteure sind dabei für die Angebotserbringung der Häuser von grundlegender Bedeutung, da sie entsprechend geschultes Fachpersonal für die Qualifizierungs-, Betreuungs- und Informationsangebote zur Verfügung stellen. Die auf diese Weise in die Angebotserbringung eingebundenen Pflegedienste können wiederum ihre Kundinnen und Kunden über die Angebote im Mehrgenerationenhaus informieren und ihnen so auch Leistungen vermitteln, die sie als Pflegedienste selbst nicht anbieten.

In diesem Kontext sollte jedoch darauf geachtet werden, dass unterschiedliche Träger und Pflegedienste in die Angebotserbringung einbezogen werden. Da eine starke Konkurrenz zwischen den einzelnen Pflegediensten und ihren Trägern herrscht, kann eine Kooperation mit nur einem Pflegedienst mittelfristig erschwerte Vernetzungsbedingungen über die Grenzen des kooperierenden Pflegedienstes hinaus nach sich ziehen. Diese Situation können die Mehrgenerationenhäuser umgehen, indem sie zum Beispiel Informationsveranstaltungen mit wechselnden Partnern durchführen oder Kooperationen mit mehreren Pflegestützpunkten eingehen.

Entscheidend für das Handlungsfeld Pflege und Demenz ist neben den lokalen Kooperationen insbesondere die Zusammenarbeit mit der jeweiligen Kommune, da einerseits durch sie bestehende Bedarfslücken an die Mehrgenerationenhäuser herangetragen werden und andererseits die Häuser als „Themenanwälte" für ihre Zielgruppen in den entsprechenden Gremien agieren. Ferner tragen die Mehrgenerationenhäuser indirekt zu einer Kostenersparnis auf Seiten der Kommune bei, die von der zeitlichen und psychischen Entlastung der pflegenden Angehörigen sowie von der verlängerten Selbstständigkeit der Pflegebedürftigen profitiert.

Auch wenn nicht alle hier beschriebenen Angebote in jedem der Häuser umgesetzt werden, so bilden sie doch insgesamt eine idealtypische Angebotsstruktur der Mehrgenerationenhäuser im Bereich Pflege und Demenz ab, an denen sich andere soziale Einrichtungen beim Aufbau ähnlicher Angebote orientieren können. Durch den offenen, begegnungsorientierten und damit niedrigschwelligen Ansatz ist es den Häusern gelungen, Nutzerinnen und Nutzer für neue pflege- und demenzbezogene Angebote zu gewinnen. Dabei hat sich speziell eine Struktur bewährt, die sowohl Pflegebedürftige als auch ihre Angehörigen gleichzeitig in Angebote einbindet. Zudem ist im Bereich der Pflege die Kooperation mit lokalen Akteuren für die Angebotsentwicklung und -erbringung von entscheidender Bedeutung, da der steigende und komplexer werdende Bedarf mit den bisher vorhandenen Ressourcen nicht zu bewältigen ist. Vor allem mit Blick auf die Nutzeransprache, die Gewinnung von Fachpersonal sowie die finanziellen Ressourcen ist eine enge Zusammenarbeit unterschiedlicher Akteure in diesem Handlungsfeld notwendig, um auch in Zukunft eine bedarfsgerechte Pflegeinfrastruktur sicherzustellen (Dietz 2010, S. 347; Zeman 2005, S. 316).

> How To – Nutzerinnen und Nutzer für pflege- und demenzbezogene Angebote gewinnen
> - Um kurzfristig, etwa zum erstmaligen Aufbau von Angeboten, Nutzerinnen und Nutzer zu gewinnen, sollten geeignete Kooperationspartner eingebunden werden. Pflegedienste können beispielsweise ihre Kundinnen und Kunden einladen, Interessenverbände ihre Mitglieder.
> - Mittelfristig ist es sinnvoll, Informationsveranstaltungen anzubieten. Hier kann für niedrigschwellige Angebote der eigenen Einrichtung geworben werden. Auch Beratungsangebote sind in besonderer Weise dafür geeignet.
> - Für die langfristige Nutzeransprache müssen sich soziale Einrichtungen lokal als Themenanwälte etablieren und Öffentlichkeitsarbeit betreiben. Gelingt es, in der öffentlichen Wahrnehmung mit dem Thema Pflege und Demenz verknüpft zu sein, kommen Nutzerinnen und Nutzer häufig von selbst.

Resümee

Die Mehrgenerationenhäuser leisten somit einen wichtigen gesellschaftlichen Beitrag, um neuen Herausforderungen im Bereich Pflege und Demenz erfolgreich zu begegnen. Auf individueller Ebene der Pflegebedürftigen tragen pflege- und demenzbezogene Angebote einerseits zu einer verbesserten Lebensqualität und verlängerten Selbstständigkeit bei. Andererseits ermöglichen generationenübergreifende Ansätze sowie Überschneidungen von pflege- und demenzbezogenen Angeboten mit anderen Angebotsbereichen eine Stärkung der Integration und Inklusion von Pflegebedürftigen und Demenzkranken in die Gesellschaft. Demenzbetreuung im regulären Offenen Treff, zeitgleiche Kinderbetreuung sowie Tagespflege für Seniorinnen und Senioren oder auch gemeinsame Freizeitaktivitäten für demenzerkrankte und nicht demenzerkrankte ältere Menschen sind Beispiele guter Ansätze, die sowohl für Mehrgenerationenhäuser als auch für andere soziale Einrichtungen Vorbildcharakter haben.

Darüber hinaus tragen die Mehrgenerationenhäuser zur Vereinbarkeit von Pflege, Beruf und Familie bei. Hier steht allerdings weniger die zeitliche Entlastung durch Besuchsdienste im Vordergrund als vielmehr die psychische Entlastung aufgrund eines Austausches über die eigenen Erfahrungen. Zu wissen, dass andere Personen ähnliche Situationen bewältigen müssen und dass in Problemsituationen emotionale Unterstützung angeboten wird, entlastet die pflegenden Angehörigen sehr. Auf diese Weise können sie die Scham überwinden, über die Erkrankung zu sprechen, und es fällt ihnen leichter, auch im privaten Umfeld Schwierigkeiten zu benennen und Unterstützung aus dem familiären oder nachbarschaftlichen Umfeld zu akzeptieren. Weitere Wirkungen wie ein verstärktes Sicherheitsgefühl durch das Wissen um Ansprechpartnerinnen und Ansprechpartner in Problemsituationen oder eine positivere Wahrnehmung der eigenen Pflegetätigkeit steigern die Lebensqualität der pflegenden Angehörigen. Zudem werden die Mehrgenerationenhäuser aufgrund ihrer Informationsveranstaltungen und niedrigschwelligen Angebote für pflegende Angehörige als lokale Themenanwälte für Pflege und besonders für Demenz angesehen und tragen als solche zur Enttabuisierung von Pflegebedürftigkeit und Demenz in der Gesellschaft bei.

Bereits heute setzen die Mehrgenerationenhäuser durch die Einbindung von Kooperationspartnern aus dem pflegerischen Bereich sowie von Freiwillig Engagierten auf gemischte Pflegearrangements aus professioneller, familialer und ehrenamtlicher Unterstützung. Die offene, begegnungsorientierte und generationenübergreifende Ausrichtung der Häuser bildet einen gelungenen Ansatz, um auf die veränderten demografischen, altersstrukturellen sowie familiären Gegebenheiten zu reagieren. Zudem umfasst dieser Ansatz ein funktionierendes nachhaltiges Konzept für die im Bereich der Pflege tätigen sozialen Einrichtungen, das es auch in Zukunft weiter zu verfolgen gilt. Die Angebote der Mehrgenerationenhäuser im Bereich Pflege und Demenz ergänzen die lokale Pflegeinfrastruktur und leisten damit einen erheblichen Beitrag zur Verbesserung sowohl der Lebensqualität pflegebedürftiger und dementer Menschen als auch der Vereinbarkeit von Pflege, Beruf und Familie im Alltag der Angehörigen.

How To – Pflege- und Demenzangebote in sozialen Einrichtungen aufbauen

- Vor dem erstmaligen Aufbau von Pflege- und Demenzangeboten sollten Kooperationen mit Pflegediensten, Seniorenzentren oder Verbänden (beispielsweise der Alzheimergesellschaft) etabliert werden.
- Als Einstieg bietet es sich an, gemeinsam mit Kooperationspartnern in der eigenen Einrichtung Informationsveranstaltungen zum Thema Pflege oder Demenz anzubieten. Diese dienen dazu, die Öffentlichkeit für die Problematik zu sensibilisieren.
- Bei Informationsveranstaltungen sollte den Teilnehmerinnen und Teilnehmern die Möglichkeit gegeben werden, ihre eigene Situation zu schildern. Dies trägt dazu bei, die Hemmschwelle zu senken, später selbst an Angeboten des Hauses teilzunehmen.

Teil V: Nachhaltigkeit

11 Einführung in die Nachhaltigkeitsanalyse

Christopher Gess/Nina Jablonski

Nachhaltigkeit hat als globales Ziel in alle Politikfelder Einzug erhalten. Dort wurde diese bisher primär auf der Makroebene im Sinne einer ökonomischen, sozialen und insbesondere ökologischen Nachhaltigkeit der Gesellschaft diskutiert. Ausgehend von diesem übergreifenden Anspruch hat sich die Frage der Nachhaltigkeit nun auch zu einem dezidierten Steuerungsziel entwickelt. So richten politische Entscheidungsträger ihren Blick vermehrt auf eine dauerhafte Rentabilität und langfristige Wirkung ihrer Vorhaben. Für das Ziel, politische Programme qualitativ zu verbessern und ihre nachhaltige Wirksamkeit effektiv zu steuern, erfüllt die Evaluation als Steuerungsinstrument eine wichtige Funktion (Stockmann/Meyer 2010, S.10).

Definition von Nachhaltigkeit im Evaluationskontext

Obwohl Nachhaltigkeit zunehmend als Ziel bei der Auflage politischer Programme genannt wird und dementsprechend auch in der Evaluation von Bedeutung ist, beschäftigt sich die Fachliteratur zum Thema Evaluation vergleichsweise selten mit der Operationalisierung dieses Begriffs. In der deutschen Fachliteratur wird Nachhaltigkeit lediglich im Bereich der Entwicklungszusammenarbeit diskutiert, da sie im Sinne einer „Hilfe zur Selbsthilfe" fest in diesem Politikfeld verankert ist. Als wegweisend kann hier der Evaluationsansatz von Stockmann gelten, der die deutsche Nachhaltigkeitsdiskussion im Bereich entwicklungspolitischer Programme maßgeblich beeinflusst hat. Die Evaluation von Nachhaltigkeit analysiert gemäß Stockmann „das Ausmaß, in dem die Ziele des Programms auch nach dessen Ende vom Programmpartner und der Zielgruppe aufrechterhalten und weiterverfolgt werden" (Caspari/Kevenhörster/Stockmann 2003, S.7).

Shediac-Rizkallah und Bone (1998) haben sich dem Begriff der Nachhaltigkeit („sustainability") im Bereich der Implementierung gesundheitspolitischer Programme genähert und dabei zunächst die amerikanische Diskussion zusammengefasst. Sie stel-

len fest, dass das Verständnis von Nachhaltigkeit auch in der Literatur stark variiert. So wird Nachhaltigkeit in der Fachliteratur
- als „Langfristigkeit des Programmnutzens",
- als „Beibehaltung" eines Programms,
- als dessen „Institutionalisierung" oder
- dessen „Inkorporation",
- als „Integration" des Programms innerhalb einer Einrichtung oder
- als „Umwandlung" der Programmprozesse zur Routine innerhalb einer bestehenden Organisation

verstanden.

Diese Formulierungen – wie auch die Definition von Stockmann – haben gemeinsam, dass sie implizit einen Prozess benennen, durch den Nachhaltigkeit erreicht werden kann. Die Inkorporation eines Programms – oder der Programmziele wie bei Stockmann – wird beispielsweise als Prozess verstanden, der darin mündet, den ursprünglichen Programmzweck weiter zu verfolgen. Gleichzeitig bezeichnen diese Formulierungen jedoch verschiedene Prozesse. Shediac-Rizkallah und Bone kommen zu dem Schluss, dass Nachhaltigkeit drei Dimensionen beinhaltet: (1) die Institutionalisierung des Programms innerhalb einer Organisation, (2) die Beibehaltung des Programmnutzens und (3) die Fortführung des Programms im regionalen Umfeld.[54] Auf diese Weise wird Nachhaltigkeit nicht singulär in Form *eines* möglichen Prozesses betrachtet, sondern als Ergebnis *unterschiedlicher* Prozesse auf *unterschiedlichen* Ebenen.

Abb. 42: Aspekte der Nachhaltigkeit politischer Programme

---

[54] „For example, an entire program may be continued under its original or an alternate organizational structure, parts of the program may be institutionalized as individual components, or there may be a transfer of the whole or parts to community ownership." (Shediac-Rizkallah/Bone 1998, S. 92)

Definition von Nachhaltigkeit im Evaluationskontext des Aktionsprogramms Mehrgenerationenhäuser

Wird dieses multidimensionale Verständnis von Nachhaltigkeit als Ausgangspunkt der Nachhaltigkeitsanalysen im Aktionsprogramm Mehrgenerationenhäuser genutzt, ist zunächst zu klären, welche Ziele und Aktivitäten den Kern des Aktionsprogramms ausmachen. Angesichts der sieben Handlungsfelder und der thematischen Breite des Aktionsprogramms stellt dies eine komplexe Aufgabe dar. In den thematischen Analysen (insbesondere in den Kapiteln 5 bis 10) ist deutlich geworden, dass die zentrale Programminnovation des Aktionsprogramms darin besteht, Begegnung zu ermöglichen, insbesondere zwischen den Generationen. Die unterschiedlichen Formen der Begegnung fungieren wiederum als Triebfeder für die anderen Handlungsfelder. So ergab beispielsweise die Diskussion des Freiwilligen Engagements, dass die Begegnung mit anderen Menschen die Hauptmotivation für dieses Engagement darstellt. Ähnliche Zusammenhänge finden sich auch in den weiteren Handlungsfeldern des Aktionsprogramms.

Vor diesem Hintergrund und anhand des oben hergeleiteten multidimensionalen Verständnisses von Nachhaltigkeit wird den folgenden Analysen eine an die Mehrgenerationenhäuser angepasste Definition zugrunde gelegt:
Nachhaltigkeit bedeutet im Kontext der Mehrgenerationenhäuser, dass Aktivitäten, die Begegnung und insbesondere Generationenbegegnung ermöglichen, in den geförderten Einrichtungen oder ihrem Umfeld nach Ende des Programms unverändert oder modifiziert fortbestehen.

Diese Definition enthält vier wichtige Aspekte:
- Erstens konzentriert sich die Definition auf Aktivitäten (erste Dimension von Shediac-Rizkallah) und ist dadurch leicht zu operationalisieren.
- Zweitens berücksichtigt die Definition den konkreten Programmnutzen der Begegnung und Generationenbegegnung (zweite Dimension von Shediac-Rizkallah).
- Drittens beschränkt sich diese Definition nicht auf die ursprünglich geförderte Einrichtung, sondern bezieht auch das Umfeld mit ein (dritte Dimension von Shediac-Rizkallah).
- Viertens kann mit dieser Definition darauf verzichtet werden, die Aktivitäten, die fortbestehen sollen, zuvor explizit zu bestimmen. Stattdessen liegt der Fokus hier darauf, dass die Aktivitäten dem Programmziel dienen, Begegnung und Generationenbegegnung zu ermöglichen. Sie können insofern auch aus den Aktivitäten, die während der Programmlaufzeit aufgebaut wurden, abgeleitet werden und aufgrund der jeweiligen Umweltbedingungen modifiziert fortbestehen.

Analyseschritte

Der Hauptgrund für eine vergleichsweise offene Definition von Nachhaltigkeit im Kontext des Aktionsprogramms Mehrgenerationenhäuser besteht darin, auf diese Weise mehr als einen Weg zur Nachhaltigkeit zu ermöglichen und damit ihrer Multidimensionalität Rechnung zu tragen. Dieses Vorgehen erfordert jedoch einen höheren Aufwand, um sinnvolle Aussagen über die Nachhaltigkeit des Programms treffen zu können.

Stockmann schlägt vor, bei der Evaluation von Nachhaltigkeit verschiedene Teilaspekte zu berücksichtigen, die gemeinsam eine nachhaltige Entwicklung ermöglichen oder beeinflussen. Dabei sollte festgestellt werden, „ob Maßnahmen nur so lange wirksam sind, wie sie mit Finanzmitteln gefördert werden, oder ob Strukturen geschaffen und Verhaltensänderungen herbeigeführt werden können, die eine Problemsituation dauerhaft verändern" (Stockmann 2007, S. 57f.). Als Strukturen und Verhaltensänderungen im Aktionsprogramm sind im Sinne der oben zugrunde gelegten Nachhaltigkeitsdefinition auch Änderungen zu verstehen, die sich im Umfeld des eigentlichen Programms vollziehen und beispielsweise die Fortführung des Programms oder dessen Nutzens in anderen Organisationen ermöglichen.

Zentrale Faktoren für die Nachhaltigkeit sind dementsprechend (1) die finanziellen Strukturen, (2) die organisatorischen Strukturen innerhalb der als Mehrgenerationenhäuser geförderten Einrichtungen, (3) das Verhalten am Programm beteiligter Akteure, (4) die Strukturen im Umfeld sowie (5) das Verhalten von Akteuren im Umfeld, kommunalen Vertreterinnen und Vertretern sowie Kooperationspartnern. In den qualitativen Analysen des Jahres 2011 wurden diese fünf Faktoren getrennt betrachtet und eine Gesamtbewertung der Nachhaltigkeit geförderter Regionen vorgenommen.

Die ersten beiden Faktoren werden nachfolgend in jeweils eigenen Kapiteln beleuchtet. Zunächst geht es im Kapitel „Finanzielle Nachhaltigkeit" um die finanziellen Aspekte der Nachhaltigkeit von Mehrgenerationenhäusern, da die bereitgestellten Ressourcen den Grundstein für die Implementierung der Häuser in ihren Regionen bilden. Im Zentrum stehen hier Einfluss- und Erfolgsfaktoren einer nachhaltigen Finanzierung der Mehrgenerationenhäuser.

Auf den zweiten Faktor wird im Kapitel „Organisatorische Nachhaltigkeit" eingegangen. Er umfasst die Organisations- und Führungsstrukturen sowie Prozesse, die innerhalb des Programms aufgebaut werden konnten, wie sie Shediac-Rizkallah und Bone oder auch Durlak und DuPre (2008) herleiten. Diese Veränderungen können wiederum auf die finanzielle Nachhaltigkeit einwirken, indem beispielsweise neu gegründete oder zusammengesetzte Gremien zur Kostensenkung oder finanziellen Unterstützung durch Kooperationspartner beitragen.

Die Faktoren (3) bis (5) werden gemeinsam im Kapitel „Inhaltliche Nachhaltigkeit" betrachtet, da sie als Ergebnis von Inkorporationsprozessen sowohl innerhalb der geförderten Einrichtungen als auch zwischen den Einrichtungen und den Akteuren im

Umfeld zustande kommen. Dabei ist die Verbreitung der Ziele des Aktionsprogramms innerhalb der Einrichtungen und im Umfeld von zentralem Stellenwert. In diesem Kapitel erfolgt abschließend auch die Gesamtbewertung der Nachhaltigkeit.

Die drei Nachhaltigkeitskapitel basieren auf 20 vertiefenden Vor-Ort-Analysen, die im Jahr 2011 noch vor Ablauf des Aktionsprogramms durchgeführt wurden. In allen besuchten Mehrgenerationenhäusern wurde ein Datenblatt zur Finanzstruktur 2010 ausgefüllt, das Auskunft über die Finanzierungsquellen der Häuser gab. Zudem fanden qualitative Interviews mit Leitungskräften der Häuser, Freiwillig Engagierten, Kooperationspartnern sowie Vertreterinnen und Vertretern der Träger und Kommunen statt. Insgesamt wurden fünf Häuser unter dem Schwerpunkt der finanziellen Nachhaltigkeit vertiefend untersucht sowie sieben Häuser mit Blick auf die organisatorische Nachhaltigkeit und acht Häuser zur inhaltlichen Nachhaltigkeit.

Einschränkung der Aussagekraft

Die Wirkungsforschung im Aktionsprogramm war als programmbegleitende Evaluation aufgebaut. Daher wurden sowohl die Analysen zur Umsetzung und Wirkung als auch die Nachhaltigkeitsanalysen während der Programmlaufzeit durchgeführt. Da das beendete Aktionsprogramm I bei der großen Mehrheit der geförderten Einrichtungen nahtlos in das Aktionsprogramm II übergeht, waren rückblickende Ex-post-Analysen der Nachhaltigkeit nicht möglich.

Somit musste die Nachhaltigkeitsanalyse programmbegleitend durchgeführt werden. Caspari stellt diesbezüglich unter Rückbezug auf die OECD und das Bundesministerium für wirtschaftliche Zusammenarbeit und Entwicklung fest, dass unter solchen Bedingungen keine eindeutig positiven oder negativen Aussagen zur Nachhaltigkeit eines Programms möglich sind. Stattdessen könnten die Ergebnisse „also lediglich das Nachhaltigkeits*potential* betreffen" (Caspari 2004, S. 81, Hervorhebung im Original).

Die Leserin bzw. der Leser sollte diese Einschränkung im Folgenden bei der Einordnung der Befunde berücksichtigen. An geeigneten Stellen wird im weiteren Verlauf auf diese bei der Einordnung der Befunde stets zu berücksichtigende Einschränkung hingewiesen: Die Aussagen der folgenden drei Kapitel betreffen ausschließlich das Nachhaltigkeitspotenzial des Aktionsprogramms Mehrgenerationenhäuser. Eine Ex-post-Analyse der Nachhaltigkeit sollte allerdings im Anschluss an das Aktionsprogramm Mehrgenerationenhäuser II durchgeführt werden. Hier würde voraussichtlich bereits ein zeitlicher Abstand von einem Jahr reichen, um die Langfristigkeit der durch das Programm eingeführten Innovationen untersuchen zu können.

12 Finanzielle Nachhaltigkeit

Anna Iris Henkel

Die moderne Sozialpolitik definiert die Rollen von Staat, Markt und Bürgergesellschaft[55] in der Wohlfahrtsproduktion zunehmend neu (vgl. Evers/Olk 2002).[56] Charakteristische Merkmale dieser Entwicklung sind eine Stärkung des Marktprinzips und der vermehrte Einsatz ökonomischer Instrumente[57] im Bereich der sozialen Dienste. Durch Verschiebungen beispielsweise weg vom Zuwendungsrecht hin zu Leistungsvereinbarungen, vom Kostendeckungsprinzip in Richtung „Gewinnorientierung" oder von der Input- zur Outputorientierung soll die Effizienz gesteigert werden. Die zunehmend „pluralistische und sektorübergreifende Verfasstheit und Struktur der Wohlfahrtsproduktion und -steuerung" (Riedel 2009, S. 20) verändert im System der sozialen Arbeit sowohl die Trägerlandschaft als auch Angebotsarten und Finanzierungsstrukturen.[58] Für soziale Einrichtungen und Träger ergeben sich daraus bezüglich ihrer Steuerungsprinzipien andere Anforderungen und Vorgehensweisen.

Die Abgabe von Verantwortung bei der Leistungserbringung an Markt und Akteure der Zivil- und Bürgergesellschaft bringt eine Reihe von Chancen, aber auch Herausforderungen mit sich. Eines der häufigsten Bedenken, das bezüglich einer Übertragung des Markt- beziehungsweise Wettbewerbsprinzips auf soziale Dienstleistungen diskutiert wird, ist die „Hilfebedürftigkeit" der Nutzerinnen und Nutzer. Es wird befürchtet, dass das System der sozialen Arbeit nicht konkurrenzfähig mit anderen „Märkten" ist und daher manche sozialgesellschaftlich wünschenswerten und/oder notwendigen Angebote und Dienstleistungen nicht erbracht werden. Dieser Einwand ist berechtigt, greift aus unserem Verständnis allerdings zu kurz: Soziale Einrichtungen sollten in einem optimalen Welfare-Mix eine zentrale Rolle einnehmen, da bei ihnen Ziele und Mittel unterschiedlicher Sektoren zusammenlaufen. Handlungs-

---

55 Unter Bürgergesellschaft fallen sowohl Akteure des Dritten Sektors als auch Gemeinschaftsformen wie etwa Familien und soziale Netzwerke. (Riedel 2009, S. 20)
56 Die enge Kopplung von sozialer Arbeit mit der Vorstellung des Sozialstaates wird im Zuge reformuliert. (z. B. Lutz 2008, S. 3)
57 Diese Entwicklung wird auch als „Ökonomisierung" sozialer Arbeit bezeichnet. (Halfar 1999, S. 27)
58 Ein anschauliches Beispiel hierfür ist die Entwicklung und Landschaft der Kinderbetreuungsangebote und -träger. Die zunehmende Ausdifferenzierung der Trägerlandschaft zieht sowohl eine intensivere Beziehung zwischen öffentlichen und freien Wohlfahrtsakteuren als auch einen „hybriden" Charakter von Organisationen und Angeboten nach sich. (vgl. Riedel 2009)

spielräume und Finanzierung von sozialen Einrichtungen können zunehmend auch durch nicht öffentliche Förderungen und Transferzahlungen erbracht werden. Das ökonomische Prinzip sollte nicht die Inhalte sozialer Arbeit definieren, sondern der anhand von Effektivitäts- und Effizienzkriterien optimierte Mitteleinsatz soll zur Sicherstellung der vorher festgelegten (sozialgesellschaftlichen) Ziele beitragen.

Finanzielle Ressourcen sind grundsätzlich als Mittel (Input) zu verstehen, die sowohl bereitgestellt als auch investiert werden, um bestimmte Aktivitäten (Output) zur Erreichung spezieller Ziele (Outcome) beziehungsweise Wirkungen (Impact) zu ermöglichen. Anders ausgedrückt: Mittel sind folglich dann optimal eingesetzt, wenn mit ihnen die gewünschten Ziele erreicht werden. So definieren letztlich Ziele, Nutzen und sozialgesellschaftlicher Mehrwert, was tatsächlich als „ökonomisch" gilt. Auf diese Weise beeinflussen sie auch politische Allokationsentscheidungen.

Das Aktionsprogramm Mehrgenerationenhäuser ist ein Modellprogramm, bei dem mit der Bundesförderung von 40.000 Euro pro Haus und Jahr konkrete Ziele verknüpft sind.[59] Die Häuser sind also besonders gefordert, ihre Aktivitäten (finanziell) nachhaltig zu gestalten, wenn sie die Ziele des Aktionsprogramms auch nach Auslaufen des Förderzeitraums weiterverfolgen wollen. Bereits im Jahr 2010 fand vor diesem Hintergrund eine Nachhaltigkeitsbefragung[60] statt, um die Pläne und den Umsetzungsstand der Pläne in den Häusern zum Ausgleich der Fördermittel zu ermitteln. Dabei konnten Häuser identifiziert werden, die in ihrer Planung weit fortgeschritten waren. Diese Häuser wurden 2011 im Rahmen einer Schwerpunktanalyse zur finanziellen Nachhaltigkeit erneut besucht.[61] Zusätzlich zu den fünf Best-Practice-Häusern wurden 15 Häuser vertiefend zu ihrer Einnahmestruktur befragt. Die Auswertung dieser Nachhaltigkeitsbefragung lieferte Hinweise auf Erfolgs- und Einflussfaktoren, die in einer anschließenden Schwerpunktanalyse ausführlich betrachtet wurden. Im Folgenden wird zuerst ein Blick auf die Finanzierungsstruktur der Häuser geworfen, bevor Strategien und Aktivitäten zur Stärkung der finanziellen Nachhaltigkeit erläutert werden.

Mischfinanzierung und Nachhaltigkeit

Wie „leicht" und „dringlich" eine Kompensation der Bundesförderung ist, hängt wesentlich von dem Anteil dieser Mittel am Gesamtbudget der Einrichtungen ab.[62] Diese Annahme lag der Betrachtung der Einnahmestruktur der Mehrgenerationenhäuser[63] zugrunde. Die Untersuchung zeigt deutlich, dass eine „Gewichtung von staatlichen,

---

59 Für eine genauere Erläuterung der Ziele siehe Kapitel 1.
60 An der schriftlichen Nachhaltigkeitsbefragung Anfang 2010 nahmen 253 von 500 Häusern teil.
61 Unter Einbeziehung der vorangegangenen Fallstudienberichte konnten Häuser identifiziert werden, die einen hohen Entwicklungsstand bezüglich ihrer Strategien und Aktivitäten zur Stärkung und Erreichung finanzieller Nachhaltigkeit aufweisen.
62 Je geringer der Anteil der Mittel des Aktionsprogramms am Gesamtbudget, desto wahrscheinlicher ist ein Ausgleich dieser Mittel.

marktlichen, gemeinnützigen und familiären Beiträgen" (Riedel 2009, S. 22) nicht nur die Ausgestaltung des Wohlfahrts-Mix normativ oder in Bezug auf Akteurskonstellationen prägt, sondern auch in der Zusammensetzung der Ressourcen erkennbar ist. In der folgenden Abbildung wird eine Bündelung der Einnahmen in sieben mögliche Finanzierungsquellen vorgenommen und ihr jeweiliger Anteil am Gesamtbudget ausgewiesen.[64]

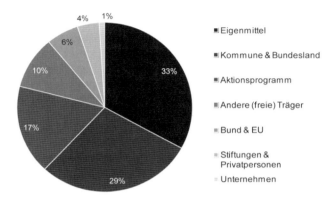

Abb. 43: Anteil unterschiedlicher Finanzierungsquellen am Gesamtbudget[65], Haushaltsjahr 2010

Datenquelle: Schwerpunktanalyse zur finanziellen Nachhaltigkeit 2011, N = 20

Öffentliche Transferzahlungen und Eigenmittel stellen die zentralen Finanzierungsquellen der 20 untersuchten Häuser dar. Staatliche Förderung macht knapp über die Hälfte (52 Prozent) des Budgets aus. Davon entfallen 19 Prozentpunkte auf kommunale Mittel und 10 Prozentpunkte auf Landesmittel. So sind regionale und lokale öffentliche Mittel hier mit insgesamt 29 Prozent die wichtigste Einnahmequelle. Bundes- und EU-Zuwendungen belaufen sich auf 23 Prozent, von denen 17 Prozentpunkte die Mittel des Aktionsprogramms ausmachen, Eigenmittel bilden 33 Prozent des Budgets, wobei erst ihre genauere Unterteilung das Gewicht erzielter eigener Einnahmen verdeutlicht. Jeweils die Hälfte der Eigenmittel kommt vom Träger beziehungsweise wird durch eigene Einnahmen erzielt. Neben Einnahmen aus Mitgliedsbeiträgen, Raumnutzung und den Erlösen aus Aktivitäten (3 Prozent) sowie Erträgen aus wirtschaftlichen Zweck- und Geschäftsbetrieben im gemeinnützigen Verein (6 Prozent) sind es vor allem Einnahmen aus Angeboten der Häuser (7 Prozent), die zum Gesamtbudget beitragen. Ein entscheidender Vorteil eigener Mittel ist ihre große Verwendungsfreiheit, denn im Gegensatz zu zweckgebundenen Mitteln, die hier mit 53 Prozent des Gesamtbudgets bestimmten vorgeschriebenen Zielen dienen, stehen

---

63 Die finanzielle Nachhaltigkeitsanalyse umfasst die Betrachtung der Einnahmeseite der Finanzierungspläne von 20 Mehrgenerationenhäusern. Betrachtet wurde das zum Zeitpunkt der Erhebung abgeschlossene Haushaltsjahr 2010.

64 Unter Eigenmittel fallen sowohl die Mittel des Trägers als auch erzielte Einnahmen aus Aktivitäten und Angeboten.

65 Das Gesamtbudget der 20 untersuchten Häuser beläuft sich auf 4.745.764 Euro. Den Häusern war es freigestellt, welche Organisationseinheiten sie bei der Angabe des Budgets einbeziehen. Sechs der untersuchten 20 Häuser haben die Organisationseinheit „Mehrgenerationenhaus" angegeben. Bei den anderen Häusern wurde die Kostenstelle „Mehrgenerationenhaus" nicht gesondert ausgewiesen, sondern alle Teileinrichtungen betrachtet.

zweckungebundene Mittel (47 Prozent) frei zur Verfügung. Sie erhöhen folglich den Handlungs- und Entscheidungsspielraum der Häuser. Nicht zuletzt daran wird deutlich, dass Einnahmen im Unterschied zu neuartigen Finanzierungsquellen wie unter anderem Spenden von Stiftungen und Privatpersonen (4 Prozent) oder auch Unternehmen (1 Prozent) einen wichtigen Stellenwert einnehmen. 10 Prozent ihres Gesamtbudgets beziehen die Mehrgenerationenhäuser aus Mitteln anderer freier Träger.[66] Dies stellt allerdings nur einen Annäherungswert an die finanzielle Bedeutung „horizontaler" Vernetzung mit anderen sozialen Akteuren dar. Denn oft erbringen und tragen Kooperationspartner Angebote in den Häusern; sie stellen Materialien oder auch Personal zur Verfügung, deren Gegenwert nicht in der Einnahmestruktur enthalten ist. Ähnliches gilt für „bürgerschaftliche Beiträge" wie freiwillig geleistete Stunden.[67]

Es lässt sich festhalten, dass die untersuchten Häuser über eine breite Finanzierung verfügen. Grundsätzlich ist davon auszugehen, dass eine breite Finanzierungsgrundlage die Nachhaltigkeit von Aktivitäten, die zur Erreichung der Programmziele durchgeführt werden, stärkt, da Aktivitäten bei einer aus mehreren Quellen zusammengesetzten Finanzierung tendenziell weniger gefährdet sind wegzufallen, falls einzelne Finanzierungsquellen ausbleiben. Darüber hinaus werden Potenziale zur internen Subventionierung und Umschichtung geschaffen und folglich die Verfolgung eigener Ziele sowie die Fortführung von Angeboten gestärkt. In Abbildung 45 ist jedoch zu erkennen, dass bestimmte Anteile der Finanzierung deutlich wichtiger sind als andere. Neben der Breite ist daher vor allem die Verteilung der Quellen für eine Betrachtung und Bewertung der Nachhaltigkeit ausschlaggebend.

Folglich stärkt eine breit angelegte und gleichmäßig verteilte Mischfinanzierung die finanzielle Nachhaltigkeit und gewährleistet zudem die größtmögliche Unabhängigkeit von einzelnen Geldgebern und ihren Interessen. Umgekehrt betrachtet wäre demnach die komplette Finanzierung aus einer einzigen Quelle die schlechteste mögliche Variante. Diese Annahme dient als Referenzgröße zur Entwicklung eines Mischfinanzierungsindex[68], anhand dessen der Grad der Verteilung ermittelt und somit die Mischfinanzierung der Mehrgenerationenhäuser verdeutlicht werden kann. Ein Mischfinanzierungsindex von eins bedeutet beispielsweise, dass sich das Gesamtbudget aller in Abbildung 43 ausgewiesenen Quellen zu gleichen Anteilen zusammensetzt.

Im Durchschnitt verfügen die 20 untersuchten Mehrgenerationenhäuser über einen Mischfinanzierungsindex von 0,37. Die Varianz ist dabei groß, da die Indexwerte von 0,10 bis 0,59 reichen.[69] Eine gesonderte Betrachtung der fünf ausgewählten Best-Prac-

---

66 Darunter fallen andere gemeinnützige Organisationen und Einrichtungen, wie unter anderem Vereine und Verbände.
67 Im Schnitt verfügen die untersuchten Häuser über 70 Freiwillig Engagierte, die durchschnittlich insgesamt 210 Stunden pro Woche einbringen. Zur näheren Erläuterung der Freiwillig Engagierten und ihrer Bedeutung im Rahmen des Aktionsprogramms vergleiche Kapitel 6.
68 Eine optimale Mischfinanzierung hieße, dass jede Finanzierungsquelle einen Anteil von 14 Prozent an dem Gesamtbudget ausmacht. Der Mischfinanzierungsindex ergibt sich aus dem (rechnerischen) Verhältnis der tatsächlichen Anteile zum optimalen Anteil.

tice-Häuser zeigt, dass diese tendenziell einen höheren Mischfinanzierungsindex aufweisen. Im Schnitt liegt dieser bei 0,41. Gleichzeitig gelingt es den Best-Practice-Häusern (10 Prozent) im Vergleich zu den anderen 15 untersuchten Häusern (0 Prozent) weitere finanzielle Mittel aus der Bundes- und EU-Förderung zu akquirieren. Ebenso liegt bei den Best-Practice-Häusern der Anteil aus Mitteln des Aktionsprogramms mit 8 Prozent deutlich niedriger. Diese Befunde bestätigen grundsätzlich die Annahme, dass eine möglichst breite und gleich verteilte Finanzierungsgrundlage die finanzielle Nachhaltigkeit stärkt. Zudem scheint ein möglichst geringer Anteil der Mittel aus dem Aktionsprogramm am Gesamtbudget einen Ausgleich dieser später wegfallenden Mittel zu erleichtern, wenngleich dies nicht notwendigerweise einen geringeren Handlungsdruck bedeutet, diese Mittel auszugleichen. Alle Best-Practice-Häuser haben trotz ihres geringeren Anteils der Mittel des Aktionsprogramms frühzeitig damit begonnen, Strategien zur Kompensation der zukünftig fehlenden Fördermittel zu entwerfen. Diese frühzeitige Planung stellt einen ersten Erfolgsfaktor zur Stärkung finanzieller Nachhaltigkeit dar.

Anhand der Schwerpunktanalyse wurden weitere Erfolgsfaktoren und Herausforderungen bezüglich der Stärkung finanzieller Nachhaltigkeit identifiziert. Diese werden nachfolgend beleuchtet.

Strategien und Aktivitäten zur Stärkung finanzieller Nachhaltigkeit

Bereits zum Zeitpunkt der Nachhaltigkeitsbefragung gaben zwei Drittel der Mehrgenerationenhäuser (77 Prozent) an, konkrete Pläne zum Ausgleich der wegfallenden Fördermittel zu haben. Dieser Wert spricht nicht zuletzt für eine hohe Identifikation mit den Zielen des Aktionsprogramms. Ein frühzeitig eingeplanter Ausgleich verdeutlicht die Absicht der Häuser, die Ziele des Programms und somit auch die dafür notwendigen Aktivitäten nach Auslaufen der Bundesförderung weiter zu verfolgen.

Die Befragung hat gezeigt, dass zwei unterschiedliche Strategien verfolgt werden. Eine Strategie ist der Ausgleich der Bundesförderung durch andere zusätzlich akquirierte Mittel. Über die Hälfte der Häuser planen, die Bundesförderung mit Mitteln anderer staatlicher Einrichtungen (55 Prozent) sowie Spenden von Privatpersonen und Unternehmen (52 Prozent) auszugleichen.[70] 49 Prozent der Häuser rechnen mit Zuschüssen des Trägers nach Auslaufen der Bundesförderung. Diese waren knapp einem Drittel der Häuser zum Erhebungszeitpunkt bereits in Aussicht gestellt. Demgegenüber gaben lediglich neun Prozent der Häuser an, dass ihnen bereits Mittel der Kommune beziehungsweise des Landkreises in Aussicht gestellt wurden.

---

69   Zwei der untersuchten Häuser verfügen über einen durchschnittlichen Mischfinanzierungsindex von 0,37. Zehn Häuser liegen über, acht unter diesem durchschnittlichen Mischfinanzierungsindex.
70   Mehrfachnennung möglich.

Die zweite Strategie der Mehrgenerationenhäuser beruht darauf, die eigenen Aktivitäten zur Erreichung der Ziele des Aktionsprogrammes nach Auslaufen der Bundesförderung auch mit geringerem Ressourceneinsatz zu ermöglichen. Dabei sind sowohl die Steigerung der Einnahmen aus Angeboten (56 Prozent) als auch die Senkung von Ausgaben (48 Prozent) geplante Maßnahmen der Häuser zur Stärkung ihrer finanziellen Nachhaltigkeit.

Insgesamt zeigen die Ergebnisse der Nachhaltigkeitsbefragung einerseits, dass die Stärkung der eigenen erzielten Einnahmen eine große Rolle in den Plänen zum Ausgleich der wegfallenden Fördermittel spielt. Andererseits scheint es in diesem Zusammenhang schwierig zu sein, kommunale Mittel für einen Ausgleich zu akquirieren. Daher wurde bei den Vor-Ort-Besuchen der Best-Practice-Häuser besonderes Augenmerk auf Strategien und Aktivitäten zur Ansprache der Kommune gelegt. Zudem wurde untersucht, wie es den Mehrgenerationenhäusern gelingt, ihre Aktivitäten zur Zielerreichung mit einem geringeren Ressourceneinsatz fortzusetzen.

Kommunale Unterstützungsleistungen

Sowohl die Vor-Ort-Besuche als auch die Nachhaltigkeitsbefragung bestätigen, dass die Wahrscheinlichkeit kommunaler Zuwendungen zunimmt, wenn das Haus bereits unterstützt wird.[71] Insbesondere personelle und dienstleistungsbezogene Verflechtungen mit der Kommune haben einen entscheidenden Einfluss auf die Unterstützungsbereitschaft. Grundsätzlich steigt das Interesse der Kommune an einer Förderung mit dem Bekanntheitsgrad der Häuser. Neben Maßnahmen der Presse- und Öffentlichkeitsarbeit kann auch die Vernetzung mit anderen Trägern und Einrichtungen die Aufmerksamkeit der Kommune erhöhen. Die Beteiligung externer Akteure an Steuerungs- und Entscheidungsfindungsprozessen steigert nicht nur die Verbindlichkeit zwischen den jeweiligen Partnern, sondern auch die öffentliche Präsenz der Einrichtung sowie ihre Bedeutung als Infrastrukturplattform.

Ein fachlicher Austausch zwischen der Einrichtung und Vertreterinnen und Vertretern der Kommune ist eine wichtige Voraussetzung für einen der zentralen Erfolgsfaktoren in der Ansprache der Kommune: die Berücksichtigung sozialer und regionaler Besonderheiten. Für die Mehrgenerationenhäuser ist es von zentraler Bedeutung, ihre Aktivitäten und Angebote ins Verhältnis zu dem kommunalen Bedarf und Strategien zu setzen. Kommunalen Vertreterinnen und Vertretern den sozialen Mehrwert der Häuser deutlich zu machen, erfordert eine an den Zielen der Kommune orientierte Darstellung der Erfolge. Neben dem Verweis auf bereits erreichte Erfolge haben die Best-Practice-Häuser häufig auch den Dialog über gemeinsame Zukunftsvisionen und Entwicklungsmöglichkeiten mit der Kommune gesucht. In diesem Rahmen ist es zum einen hilfreich, Fürsprecherinnen und Fürsprecher in die Gespräche einzubinden,

---

71 Die Nachhaltigkeitsbefragung hat ergeben, dass das von den Mehrgenerationenhäusern vermutete Interesse der Kommune, Finanzmittel bereitzustellen, signifikant höher ist, wenn die Kommune das Mehrgenerationenhaus bereits fördert.

und zum anderen sinnvoll, die Unterstützung von Nutzerinnen und Nutzern in den Vordergrund zu stellen. Die Einrichtung eines Bürgerforums oder auch Bürgerfonds kann zum Beispiel einen Multiplikatoreffekt erzielen. Die Analyse hat gezeigt, dass der monetäre Beitrag eines Bürgerfonds zwar eher gering ausfällt, aber die symbolische Bedeutung für die Gewinnung öffentlicher kommunaler Mittel dagegen nicht zu unterschätzen ist.

Die Umsetzung verschiedener Projekte und Programme steigert die Bekanntheit einer Einrichtung und stärkt das Vertrauen in ihre Leistungen. Letztlich wird die Projekt- und Programmumsetzung auch durch die Etablierung und Profilierung des Mehrgenerationenhauses als Themenanwalt gefördert. Als Einrichtung wahrgenommen zu werden, die Expertise bezüglich einer bestimmten Zielgruppe oder in einem spezifischen Themenfeld vorzuweisen hat, ist für die Häuser im Kontakt zu kommunalen Vertreterinnen und Vertretern von großer Bedeutung. Hier bieten sich Möglichkeiten, den fachlichen Austausch mit kommunalen Vertreterinnen und Vertretern zu suchen. Die Breite des Aktionsprogramms stellt prinzipiell ein Alleinstellungsmerkmal der Häuser dar, und sie werden häufig gerade in ihrer Funktion als soziale Anlaufstelle geschätzt. Die Analyse der Best-Practice-Häuser hat gezeigt, dass die Wahrnehmung als Themenanwalt die Wahrscheinlichkeit erhöht, kommunale Mittel zu gewinnen.

Zudem hat die Analyse ergeben, dass neben der Chance durch zusätzliche Projekt- und Programmmittel die Finanzierung und auch Expertise zu stärken, diese Form der Mittelakquise ebenfalls einige Risiken in sich birgt. Eine breite Projektförderung ist zeitintensiv. Die meisten Projekte und Programme weisen kurzfristige Laufzeiten auf und bedeuten somit kurze Planungshorizonte. Um dem damit einhergehenden Aufwand einen entsprechenden Nutzen gegenüberzustellen, ist eine strategische Akquise zusätzlicher Projekt- und Programmmittel von entscheidender Bedeutung.

Tab. 9: Spannungsfeld zwischen Kosten und Nutzen einer breiten Projekt- und Programmfinanzierung

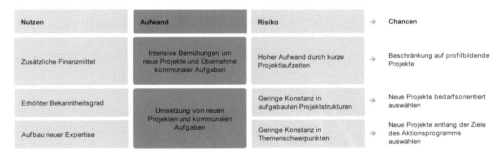

Eine den Zielen und Profilen entsprechende Akquise zusätzlicher Programm- und Projektmittel ist den Best-Practice-Häusern maßgeblich gelungen, indem sie Angebote und Projekte in neuen Themenbereichen aufgebaut und darüber neue Zielgruppen ins Haus eingebunden haben. Die Förderung des Aktionsprogramms hat auf diese Weise Handlungsspielräume eröffnet, die nicht nur für Kooperationspartner neue

Anknüpfungspunkte bedeuten. Alle Best-Practice-Häuser zeichnen sich durch professionelle Steuerungsstrukturen aus, innerhalb derer die Sicherung finanzieller Nachhaltigkeit eine Leitungsaufgabe darstellt. So ist es die Leitung der Mehrgenerationenhäuser, in einzelnen Fällen auch auf Ebene der Träger, die sich systematisch und kontinuierlich um Bundes- und Landesprojekte bewirbt. In der Regel ist es dieselbe Person, die zentral für externe Vernetzung und Fördermittelakquise zuständig ist.

Steuerung nach Kostengesichtspunkten

Eine professionelle und kompetente Steuerung ist auch der zentrale Erfolgsfaktor, der zu einer Stärkung der erzielten Einnahmen beiträgt. Ein Ziel aller in den Best-Practice-Häusern geplanten Maßnahmen ist es, Umfang und Qualität der zentralen Angebote auch bei geringeren Ressourcen beizubehalten. Als zentral gelten hier Angebote, die von besonderer Bedeutung für bestimmte Ziele oder auch Zielgruppen sind. Dabei zeigt sich deutlich, dass sinnvolle Entscheidungen zur Kostenoptimierung bestimmte Überlegungen voraussetzen. So ist beispielsweise vorab festzulegen, welche Angebote als zentral eingestuft werden und welche Indikatoren sich eignen, um Kosten und Nutzen dieser Angebote zu ermitteln. Darüber hinaus ist zu prüfen, welche Faktoren die Angebotskosten beeinflussen und wie hoch letztlich die Brutto- und Nettoeinnahmen einzuschätzen sind. Diese Fragen müssen beantwortet werden, bevor Antworten darauf zu finden sind, wie sich Kosten verringern lassen und auf welche Weise der Nutzen gesteigert werden kann. Eine kontinuierliche Überprüfung und Steuerung der Angebote und Aktivitäten unter Kostengesichtspunkten stärkt die finanzielle Nachhaltigkeit. Diese Erkenntnis hört sich selbstverständlich an, bedeutet in der Praxis aber eine sehr komplexe Aufgabe, die hohe Managementkompetenz voraussetzt.

Die Kosten-Nutzen-Analyse[72] von Angeboten der Mehrgenerationenhäuser hat ergeben, dass sowohl das Format als auch die Angebotskonzeption entscheidende Einflussfaktoren darstellen. Während Nutzerinnen und Nutzer offener Angebote nicht auf die Teilnahme innerhalb einer bestimmten Angebotszeit festgelegt werden, bestehen bei geschlossenen Angeboten hingegen verbindliche Angebotstermine und in der Regel auch feste Gruppen. Ob ein Angebot offen oder geschlossen erfolgt, ist folglich ein erstes wichtiges Unterscheidungsmerkmal, das auch kosten- und nutzenrelevant ist.

Ein Vergleich zwischen offenen und geschlossenen Angeboten zeigt, dass offene Angebote pro Öffnungsstunde tendenziell weniger kostenintensiv sind.[73] Bei genauerer Betrachtung der Angebotskonzeption wird jedoch deutlich, dass auch Inhalte und verfolgte Ziele einen Einfluss auf die Angebotskosten haben. Während beispielsweise offene Bildungsangebote überdurchschnittlich kostenintensiv sind, entstehen bei ge-

---

72 2010 wurden im Rahmen der Kosten-Nutzen-Analyse insgesamt 153 Angebote untersucht. Davon waren 81 offene und 72 geschlossene Angebote.

73 Offene Angebote kosten pro Öffnungsstunde 40 Prozent weniger als geschlossene Angebote. Oder anders ausgedrückt: Offene Angebote kosten pro Nutzung 25 Prozent weniger als geschlossene Angebote.

schlossenen Bildungsangeboten nur 56 Prozent der durchschnittlichen Kosten pro Nutzungsstunde.[74] Bei offenen Beratungsangeboten liegen die Kosten sogar 67 Prozent höher als bei geschlossenen Beratungsangeboten. Es ergibt sich ein differenziertes Bild: Aus Kostengesichtspunkten ist es vorteilhaft, gezielt die Angebote geschlossen zu erbringen, die einen hohen Personalaufwand erfordern und daher eine gewisse Auslastung erreichen müssen. Geschlossene Angebote erlauben eine planbare Beteiligung und die Beschränkung auf einen bestimmten Angebotszeitraum. Offene Beratungs- und Bildungsangebote sind im Unterschied dazu nur dann sinnvoll, wenn Niedrigschwelligkeit und Offenheit als Angebotsmerkmale entscheidend sind. Eine Teilnahme gewährleistet hier allerdings noch nicht, dass die eigentlichen Ziele wie beispielsweise die Begegnungen zwischen Nutzerinnen und Nutzern auch erreicht werden.

Eine Besonderheit sind allerdings Angebote mit dem Ziel der Generationenbegegnung.[75] Geschlossene Angebote *mit* dem Ziel der Generationenbegegnung sind durchschnittlich um 73 Prozent kostenintensiver als geschlossene Angebote *ohne* dieses Ziel. Bei offenen Angeboten wirkt sich das Ziel der Generationenbegegnung dagegen kostensenkend aus. So sind offene Angebote *mit* dem Ziel der Generationenbegegnung durchschnittlich um 61 Prozent kostengünstiger als *ohne* diese Zielsetzung. Entscheidend ist hier die Anzahl der Nutzerinnen und Nutzer. Ihre durchschnittliche Teilnahme liegt bei geschlossenen Angeboten 20 Prozent hinter den zielgleichen offenen Angeboten, sodass mit der offenen Angebotsform folglich mehr Nutzerinnen und Nutzer bei vergleichbaren Kosten erreicht werden.

Steuerung erfordert grundsätzlich ein Abwägen zwischen Kostengesichtspunkten und Zielsetzungen. Dies ermöglicht eine sinnvolle Kombination aus offenen, generationenübergreifenden Angeboten, die eine niedrigschwellige und kostengünstige Ansprache ermöglichen, mit geschlossenen Angeboten mit festem Gruppengefüge und spezifischen Themen. Eine solche Steuerung ermöglicht eine hohe Wirkung bei gleichzeitigen kosteneffizienten Angebotsstrukturen. Während sowohl die Kosten-Nutzen-Analyse als auch die Schwerpunktanalyse gezeigt haben, dass es den Best-Practice-Häusern gelingt, Ressourcen entsprechend ihrer Ziele zu steuern und Angebote bedarfsgerecht und kosteneffizient zu konzipieren und zu steuern, ist die Preisgestaltung ein Bereich, in dem Entwicklungspotenzial besteht. Die Analysen zu diesem Aspekt haben ergeben, dass auch die Best-Practice-Häuser nur selten zwischen Zahlungsfähigkeit und Zahlungsbereitschaft ihrer Nutzerinnen und Nutzer unterscheiden. Weder Zahlungsfähigkeit noch -bereitschaft werden systematisch ermittelt. Ein Beispiel aus den Vor-Ort-Besuchen hat gezeigt, dass bereits eine Preiserhöhung um nur einen Euro Angebote aus der Verlust- in die Überschusszone führen kann, ohne Nutzerinnen und Nutzer zu verlieren. Alternativ denkbar wäre beispielsweise auch eine Kostenstaffelung nach Alter oder sozialer Verträglichkeit. Schlussendlich

---

74 Ein offenes Bildungsangebot kostet pro Nutzung etwa 44 Prozent mehr als die durchschnittlichen Kosten der offenen Angebote.
75 Fast zwei Drittel der untersuchten Angebote verfolgen dieses Ziel.

bedeutet eine Differenzierung von Zahlungsbereitschaft und Zahlungsfähigkeit auch eine Verschiebung vom Versorgungsprinzip hin zur Inanspruchnahme.

How-To: Stärkung der finanziellen Nachhaltigkeit
- Aufbau einer möglichst breiten und gleichverteilten Mischfinanzierung
  - Aufbau neuer Themenfelder und Expertise sowie Integration neuer Zielgruppen
  - Strategische Vernetzung mit freien und öffentlichen Trägern
  - Beteiligung externer Akteure an Steuerungs- und Entscheidungsfindungsprozessen
  - Strategische Akquise von Projekt- und Programmmitteln
  - Bekanntheit der Einrichtung steigern
- Kostenoptimierung
  - Identifikation zentraler Angebote (Ziele und Zielgruppen)
  - Entwicklung geeigneter Indikatoren zur Kosten-Nutzen-Überprüfung
  - Steuerung nach Kostengesichtspunkten
  - Kontinuierliche Überprüfung der Angebotskosten
  - Systematische Ermittlung von Zahlungsfähigkeit und -bereitschaft
  - Etablierung eines differenzierten Preissystems

Resümee

Soziale Einrichtungen und soziale Dienste finanzieren sich zunehmend aus verschiedenen Quellen. Auch die Mehrgenerationenhäuser verfügen über ein breit gefächertes Angebot an sozialen Dienstleistungen. Ähnlich wie die Wohlfahrtsverbände ergeben sich breite „Finanzierungsportfolios" (Schneider/Halfar 1999, S. 65), die einen ausgeprägten Finanzierungsmix zur Folge haben.

Die Förderung im Rahmen des Aktionsprogramms hat es den Häusern grundsätzlich ermöglicht, ihre Finanzierung zu stärken, indem sie neue Handlungsfelder erschlossen und weitere Zielgruppen integriert haben. Als zentrale Herausforderung bleibt für sie die Erschließung neuartiger Finanzierungsquellen wie beispielsweise Fundraising bestehen. Diese haben im Gegensatz zu Eigenmitteln und öffentlichen Transferzahlungen eine geringe praktische Bedeutung. Zudem stellt eine Aufwertung von Markt- und Wettbewerbselementen spezifische Anforderungen an finanzielle Gesichtspunkte der Steuerung: Konkret ergeben sich für die finanziell nachhaltige Arbeit Aufgaben im Bereich des Management, wie Controlling, Analyse der Preisstruktur und Kosten-Nutzen-Analysen. Zum anderen müssen Herausforderungen in Zusammenhang mit der Finanzierungsgrundlage der Häuser bewältigt werden. Hier sind als Instrumente die Eigenmittelfinanzierung, das Einwerben von Fördergeldern, die Übernahme von Dienstleistungen sowie die Generierung von Unterstützung durch Stiftungen, Bürgerfonds und Unternehmen zu nennen.

13 Organisatorische Nachhaltigkeit

Jann Nestlinger

Wie im vorangehenden Kapitel deutlich wurde, bildet die Sicherung finanzieller Ressourcen eine wichtige Säule zur Weiterführung der Programmaktivitäten nach Ende eines Modellprogramms. Nachhaltigkeit ist jedoch nicht nur eine Frage des Geldes. Auch der Erhalt der Organisationstrukturen muss als notwendige Voraussetzung zur Fortführung von Aktivitäten berücksichtigt werden. Häufig wird Nachhaltigkeit in diesem Zusammenhang als ein Programmaspekt angesehen, der erst nach Ablauf der Programmlaufzeit von Bedeutung ist. In der Forschung hat sich jedoch die Sichtweise durchgesetzt, dass Nachhaltigkeit bereits vor Beginn und während der Laufzeit eines Modellprogramms vorbereitet werden sollte (vgl. Shediac-Rizkallah/Bone 1998). Demnach ist es nicht ausreichend, erst am Ende eines Programms zu planen, wie die implementierten Angebote und Aktivitäten fortgesetzt werden können. Stattdessen sollte Nachhaltigkeit von Anfang an als explizites Ziel einbezogen werden.

Die Implementierungs- und Nachhaltigkeitsforschung hat Einflussfaktoren für die Nachhaltigkeit von Modellprojekten identifiziert. Für den US-amerikanischen Kontext unterscheiden Shediac-Rizkallah und Bone diesbezüglich zwischen Programm- und Projektebene. Sie nennen Faktoren zum einen für Ausgestaltung und Förderbedingungen des Modellprogramms (Programmebene) sowie zum anderen für Strukturen innerhalb der geförderten Einrichtung (Projektebene). Als zusätzliche Ebene stellen sie Faktoren des Umfeldes heraus (Shediac-Rizkallah/ Bone 1998, S. 102).

Zur Diskussion der organisatorischen Nachhaltigkeit widmet sich dieses Kapitel den ersten beiden Ebenen und konzentriert sich auf die Ausgestaltung des Modellprogramms und die Bedingungen in den geförderten Einrichtungen. Im Einzelnen wird das Aktionsprogramm Mehrgenerationenhäuser zunächst dahingehend untersucht, ob es die strukturellen Voraussetzungen auf Programm- und Projektebene erfüllt, mit denen sich die Chancen auf organisatorische Nachhaltigkeit erhöhen. Da es sich bei den geförderten Projekten im Kontext des Aktionsprogramms Mehrgenerationenhäuser um soziale Einrichtungen handelt, wird dabei im Folgenden der Begriff „Einrichtungsebene" verwendet. In einem weiteren Schritt wird untersucht, wie die bestehenden Organisationsstrukturen auch nach Ende des Aktionsprogramms aufrechterhalten werden können.

Organisatorische Nachhaltigkeitsfaktoren auf Programm- und Einrichtungsebene

Ziele von Modellprogrammen erfüllen sich nicht von selbst. Deren erfolgreiche Umsetzung hängt bereits von den Startbedingungen ab. Zum einen werden diese Voraussetzungen durch die Konzeption und Ausgestaltung eines Modellprogramms definiert, zum anderen entscheidet sich eine erfolgreiche und nachhaltige Wirkung auf Ebene der einzelnen geförderten Einrichtungen.

Programmebene	• Programmdauer • Flexible Fördermodalitäten • Training und Begleitung
Einrichtungsebene	• Anknüpfung an bestehende Einrichtungen und Inhalte • Gefestigte Strukturen • Programm-Koordination

Abb. 44: Zentrale Faktoren auf Programm- und Einrichtungsebene zur Erreichung von Nachhaltigkeit

Quelle: Shediac-Rizkallah/Bone 1998 (eigene Darstellung)

Organisatorische Nachhaltigkeit auf der Programmebene

Auf der Programmebene geht es um die konzeptionelle Ausgestaltung und anschließende Implementierung des Modellprogramms. Bereits hier kann der Grundstein für eine erhöhte Chance auf Nachhaltigkeit gelegt werden. Zunächst sollte die Programmdauer einen ausreichend langen Zeitraum umfassen. Studien haben gezeigt, dass sich eine zu kurze Programmlaufzeit negativ auf die nachhaltige Wirksamkeit auswirkt, während eine Förderdauer von fünf Jahren die Chance auf Nachhaltigkeit beträchtlich erhöht (vgl. Shediac-Rizkallah/ Bone 1998). Das Aktionsprogramm Mehrgenerationenhäuser unterstützt die Einrichtungen im Zeitraum von 2007 bis 2012, sodass sie über eine Laufzeit von fünf Jahren Fördermittel erhalten. Diese langfristige Planungssicherheit ermöglicht es den einzelnen Häusern, den komplexen Anforderungen des Aktionsprogramms gerecht zu werden. Insbesondere die Aufgabenfelder Vernetzung und Zielgruppenansprache sind nur in einem längerfristigen Prozess erfolgreich zu verwirklichen. Die Kontinuität in der Förderung bietet hier einen zeitlichen und finanziellen Rahmen, der die nötige Sicherheit zur Planung und Umsetzung der jeweiligen Maßnahmen gewährleistet. Im Januar 2012 startet das Folgeprogramm, in dem etwa 400 der Einrichtungen, die bereits an der ersten Phase des Aktionsprogramms teilgenommen haben, eine Förderung von weiteren drei Jahren erhalten. Durch eine Anpassung der Handlungsfelder[76] und die finanzielle Einbindung der Kommune in die Förderung ergeben sich zwar einige Änderungen, doch bleibt die Kontinuität im Sinne der übergeordneten Ziele des Programms bestehen. Insgesamt fördert die Bundesregierung damit den Hauptteil der teilnehmenden Einrichtungen über einen Zeitraum von acht Jahren. Das Aktionsprogramm eröffnet mit dieser Förderdauer einen zeitlichen Horizont, der in erheblichem Maß zur Nachhaltigkeit der Programmwirkung beiträgt.

Auch die Art der Finanzierung ist für die organisatorische Nachhaltigkeit entscheidend. Kofinanzierung sowie die Möglichkeit, einen Finanzierungsmix oder einzelne zusätzliche Geldquellen heranzuziehen, erhöhen die Chance auf Substitution nach Förderende (Shediac-Rizkallah/Bone 1998, S. 100). Ein besonderer Vorteil der Förderung durch das Aktionsprogramm liegt allerdings in ihrer Flexibilität, da den Häusern auf inhaltlicher Ebene ein großer Freiraum eingeräumt wird. Zwar bestehen sowohl auf das Gesamtprogramm bezogen als auch innerhalb der Handlungsfelder klar formulierte Kriterien und Zielsetzungen, anhand derer die Häuser in ihrer Mittelverwendung überprüft werden. Die Ausgestaltung zur Erreichung der Ziele ist den Häusern jedoch freigestellt, sodass sie zu Auswahl und Inhalten ihrer einzelnen Maßnahmen individuelle Entscheidungen treffen können. Die verbindlichen Zielvereinbarungen sehen vor, dass die Mehrgenerationenhäuser Angebote entwickeln und umsetzen, die folgende Kriterien des Aktionsprogramms erfüllen: Einbeziehung der vier Lebensalter, Bereitstellung generationenübergreifender Angebote, Möglichkeiten der Kinderbetreuung und Einrichtung eines Offenen Treffs sowie als übergreifendes Ziel die Entwicklung zu einer Informations- und Dienstleistungsdrehscheibe vor Ort. Dabei sind als Grundprinzipien umzusetzen, zum einen Bürgerschaftliches Engagement zu fördern und zum anderen Kooperationen mit der lokalen Wirtschaft zu entwickeln.[77] Organisatorische Umsetzung sowie inhaltliche Ausgestaltung der Handlungsfelder können auf Grundlage der jeweiligen Rahmenbedingungen und Bedarfe vor Ort dann wie eingangs erwähnt individuell erfolgen. Zudem sind die Häuser relativ frei in ihrer Mittelverwendung, denn die finanzielle Förderung von 40.000 Euro im Jahr ist flexibel einsetzbar – abgesehen von der Restriktion, dass maximal 50 Prozent für Personalmittel bereitstehen. Die Fördermittel können auch mit anderen Förderquellen kombiniert werden, beispielsweise mit anderen Bundes- und Landesprogrammen.[78] Insgesamt lassen die Fördermodalitäten somit genügend Spielraum, um passende Aktivitäten und Strukturen in den Mehrgenerationenhäusern umzusetzen, und schaffen bereits eine wesentliche Grundlage für Nachhaltigkeit.

Ein weiterer Faktor zur Stärkung der organisatorischen Nachhaltigkeit ist die Unterstützung von geförderten Projekten in Form eines Trainings oder einer Begleitung. Grundsätzlich sollte in einem Modellprogramm sichergestellt sein, dass die Akteure der einzelnen Einrichtungen dazu befähigt werden, die Programmziele umzusetzen (Shediac-Rizkallah/Bone 1998, S. 99) Die geförderten Mehrgenerationenhäuser werden daher durch eine Serviceagentur betreut, die zwar kein individuelles Coaching

---

76 Im Folgeprogramm Mehrgenerationenhäuser gibt es vier thematische Schwerpunkte: „Alter und Pflege", „Integration und Bildung", „Haushaltsnahe Dienstleistungen" und „Freiwilliges Engagement". Zu den Handlungsfeldern im Aktionsprogramm Mehrgenerationenhäuser I siehe Kapitel 1.

77 Zielvereinbarung im Rahmen des Aktionsprogramms Mehrgenerationenhäuser des Bundesministeriums für Familie, Senioren, Frauen und Jugend (BMFSFJ). Für weitere Informationen zum Aktionsprogramm siehe Kapitel 1.

78 Besonderheiten ergeben sich nur, wenn ein Haus durch Mittel des Europäischen Sozialfonds (ESF) gefördert wird.

oder Training der Akteure vor Ort vornimmt, jedoch in Form einer Begleitung individuelle Hilfestellungen gibt und die Häuser in organisatorischen Belangen sowie bei auftretenden Problemen berät. Die Serviceagentur unterstützt die Häuser auch bei der Entwicklung und Verbesserung eigenständiger Konzepte und Steuerungsstrukturen. Darüber hinaus wird durch die Teilnahme von Vertreterinnen und Vertretern aus den Mehrgenerationenhäusern an bundesweiten Veranstaltungen und regionalen Vernetzungsgruppen ein Austausch zwischen den Häusern gefördert.

In Bezug auf die Programmebene ist zusammenfassend festzuhalten, dass das Aktionsprogramm Mehrgenerationenhäuser die zentralen Voraussetzungen erfüllt, um zur Nachhaltigkeit beizutragen. Die Dauer der Förderung, die Flexibilität der Fördermodalitäten sowie die Instrumente der Begleitung schaffen die notwendigen Rahmenbedingungen für eine nachhaltige Programmwirkung auch über das Ende der Förderung hinaus.

Organisatorische Nachhaltigkeit auf der Einrichtungsebene

Auf der Einrichtungsebene erweisen sich insbesondere folgende drei Faktoren als förderlich für eine nachhaltige Programmwirkung: Anknüpfung an bestehende Einrichtungen und Inhalte, gefestigte Strukturen sowie eine gute Programm-Koordination (Shediac-Rizkallah/Bone 1998, S. 102).

Die Anknüpfung an bereits vorhandene Strukturen und Inhalte bewirkt, dass das Aktionsprogramm Mehrgenerationenhäuser nicht in den luftleeren Raum gestellt wird, sondern Synergien mit etablierten Aktivitäten der Einrichtung genutzt werden. Da 75 Prozent der geförderten Häuser aus Einrichtungen entstanden sind, die es bereits vor dem Aktionsprogramm gab[79], werden durch das Programm kaum neue soziale Einrichtungen geschaffen, sondern überwiegend bestehende weiterentwickelt. Jeweils etwa ein Fünftel der Mehrgenerationenhäuser waren vorher Mütter- bzw. Familienzentren, Familienbildungsstätten und Bürgertreffs, sodass bezüglich der Ursprungsinstitutionen eine breite Vielfalt erkennbar ist. Weitere Mehrgenerationenhäuser wurden beispielsweise in Kindertageseinrichtungen oder Seniorentreffs eingerichtet.[80] Ein Vorteil dieses Anknüpfens für die Praxis ist, dass die Einrichtungen im Stadtteil und bei Akteuren (Stadt, Kooperationspartner) bekannt sind und bereits über Erfahrungen in der sozialen Arbeit verfügen. So waren schon vor Beginn des Aktionsprogramms in der Regel gute Vernetzungsstrukturen und Kenntnisse zur Arbeit mit Freiwilligen, Organisation von Angeboten und Ansprache von Zielgruppen vorhanden.

Von gefestigten Strukturen kann ausgegangen werden, wenn die Einrichtung routiniert arbeitet und Erfahrung in der Arbeit mit den Zielgruppen hat, sich die Ziele der geförderten Einrichtung mit denen des Modellprogramms decken und es klare Füh-

---

79 Selbstmonitoring Aktionsprogramm Mehrgenerationenhäuser 2008, Berechnungen Rambøll Management Consulting.
80 Selbstmonitoring Aktionsprogramm Mehrgenerationenhäuser 2011, Berechnungen Rambøll Management Consulting.

rungsstrukturen mit einem hohen Maß an Professionalität gibt. Ausgehend von ihren bisherigen Strukturen und Aktivitäten konnten sich die Mehrgenerationenhäuser als überwiegend bereits erfahrene Einrichtungen gemäß den Zielsetzungen des Aktionsprogramms weiterentwickeln. Zwar mussten die Häuser dabei erhebliche Anpassungen in der Ansprache neuer Zielgruppen oder Ausweitung ihrer Angebotsstruktur leisten, jedoch waren in den meisten Fällen schon klare Leitungsstrukturen vorhanden. Damit verbunden verfügten die Einrichtungen auch unabhängig vom Aktionsprogramm über ein hohes Maß an Professionalität und Arbeitsroutinen. Während der Laufzeit des Aktionsprogramms sind mit der Umwandlung zu Mehrgenerationenhäusern in vielen Einrichtungen eine Reihe struktureller Anpassungen vorgenommen worden. Hier ist besonders die (Weiter-) Entwicklung sowohl von Leitungsstrukturen und Strukturen zur Einbindung Freiwillig Engagierter als auch von Gremien zur Einbindung der Netzwerkpartner zu nennen. Diese gestärkten Strukturen ermöglichen eine klare Rollenverteilung, gute Vernetzung und offene Kommunikation sowie partizipative Entscheidungsprozesse. Somit erhöhen sie auf vielfältige Weise letztlich die Wahrscheinlichkeit, dass die Projektziele erreicht werden (Durlak/DuPre 2008, S. 337). Insgesamt bilden die Strukturen und Netzwerke, die bereits bestanden oder neu implementiert wurden, eine solide Basis für die Arbeit der Häuser (vgl. Kapitel 3).

Ein weiterer Beitrag zur Nachhaltigkeit ist das Vorhandensein einer Personalstelle im Organisationsgefüge, die für die Programmumsetzung zuständig ist. Die Programmkoordination erfüllt eine wichtige Funktion, da sie klare Verantwortlichkeiten festlegt und die notwendigen Aktivitäten steuert (Shediac-Rizkallah/Bone 1998, S. 102). Aus der Programmbegleitung ist bekannt, dass die Mehrgenerationenhäuser in der Regel über eine Koordinatorenstelle verfügen. Die Koordinatorin oder der Koordinator plant die Angebote des Hauses und organisiert ihre Durchführung. Insbesondere in der Einbindung der Freiwillig Engagierten sind diese Aufgaben von entscheidender Bedeutung und tragen unmittelbar zur Umsetzung der Ziele des Aktionsprogramms bei.

Programmebene	• Programmdauer	✓
	• Flexible Fördermodalitäten	✓
	• Training und Begleitung	✓
Einrichtungsebene	• Anknüpfung an bestehende Einrichtungen und Inhalte	✓
	• Gefestigte Strukturen	✓
	• Programm-Koordination	✓

Abb. 45: Zentrale Faktoren auf Programm- und Einrichtungsebene zur Erreichung von Nachhaltigkeit: Berücksichtigung der Faktoren im Aktionsprogramm Mehrgenerationenhäuser

Erhalt und Substitution zentraler Strukturen in den Mehrgenerationenhäusern

Insgesamt lässt sich festhalten, dass die Organisationsstrukturen in den Mehrgenerationenhäusern die Nachhaltigkeit der Programmwirkungen fördern. Eine zentrale Frage ist daher, ob und wie diese Strukturen über die Förderdauer des Aktionsprogramms hinaus erhalten bleiben können.

Aus Sicht der begleitenden Wirkungsforschung können zunächst grob zwei Gruppen von Mehrgenerationenhäusern unterschieden werden. In einem Teil der Häuser ist eine gesicherte Anschlussfinanzierung gegeben, sodass die etablierten Strukturen auch nach Ablauf des Programms vollständig erhalten bleiben können. Für den anderen Teil der geförderten Häuser ist das Ende der Förderung allerdings mit finanziellen Einschnitten verbunden, da es hier nicht gelungen ist, alternative Finanzierungsquellen zur vollständigen Kompensation der Fördermittel zu erschließen.[81] Bei dieser zweiten Gruppe muss der Wegfall der Mittel jedoch nicht zwangsläufig zu einem Funktionalitätsverlust der Strukturen führen. Während einige Häuser zwar damit rechnen, dass ihnen der vollständige Erhalt der Strukturen nicht gelingt, kann für andere Häuser trotz finanzieller Einschnitte bezüglich der Funktionalität ihrer zentralen Strukturen und Prozesse eine positive Prognose abgegeben werden. Einen solchen Erhalt können die Häuser mittels einer frühzeitigen Planung für die Zeit nach dem Programm erreichen. Im Folgenden sollen zu dieser Zielsetzung zwei Strategien skizziert werden.

Aufgrund der hohen Bedeutung der Leitungsfunktion für die gesamte Organisationsstruktur der Mehrgenerationenhäuser ist es insbesondere im Hinblick auf die Nachhaltigkeit der Programmziele von Vorteil, wenn die Leitung nicht aus befristeten Mitteln des Aktionsprogramms finanziert wird. Durch personelle Kontinuität in der Wahrnehmung der Leitungsaufgaben erhöht sich die Wahrscheinlichkeit, dass die Programmziele auch nach der Laufzeit des Programms weiterverfolgt werden. Aus den Vor-Ort-Besuchen der Wirkungsforschung ist bekannt, dass viele der geförderten Einrichtungen aus diesem Grund bewusst darauf geachtet haben, ihre zentralen Stellen auf Planungs- und Entscheidungsebene unabhängig von Mitteln des Aktionsprogramms einzurichten.

Wie bereits im Zusammenhang mit der Einrichtungsebene betont, ist die Koordinatorin oder der Koordinator für ein Mehrgenerationenhaus besonders wichtig für die Umsetzung von Programmaktivitäten und die Koordination der Freiwillig Engagierten. In einigen Häusern konnte hier jedoch die finanzielle Unabhängigkeit von Mitteln des Aktionsprogramms nicht erzielt werden, sodass diese Stelle auf befristeten Projektmitteln beruht und nach Förderende häufig nicht weitergetragen werden kann. Eine Strategie der im Rahmen der Wirkungsforschung untersuchten Häuser ist eine geplante Substitution, um die entstehende Vakanz in der Angebots- und Freiwilligen-

---

81 siehe Kapitel 12 „Finanzielle Nachhaltigkeit".

koordination aufzufangen. Dies kann gelingen, indem insbesondere Freiwillig Engagierte, aber auch die Leitung oder Vertreterinnen und Vertreter von Kooperationspartnern stärker in die operativen Bereiche dieser Mehrgenerationenhäuser eingebunden werden. Da aber eine solche Umverteilung der Aufgaben nicht erst ad hoc am Ende des Programms erfolgen kann, müssen die jeweiligen Koordinatoren schon vorausschauend darauf hinwirken, passende Akteure zur Selbstorganisation zu befähigen und in die Planungs- und Umsetzungsebene einzubinden. Bereits während der Projektlaufzeit sollte daher das Ende des Aktionsprogramms gedanklich einbezogen und rechtzeitig gemeinsam von den Akteuren im Mehrgenerationenhaus vorbereitet werden.

> **How To – Voraussetzungen für organisatorische Nachhaltigkeit schaffen**
> - Formulierung konkreter Nachhaltigkeitsziele für die Einrichtung
> - Festlegung der Organisationsstrukturen im Hinblick auf Aspekte der Nachhaltigkeit
> - Finanzierung der wichtigsten Personalstellen unabhängig von Mitteln des Aktionsprogramms. Finanzieren Sie die wichtigsten Personalstellen nicht aus Mitteln des Aktionsprogramms.
> - Frühzeitige institutionelle und partizipative Einbindung Freiwillig Engagierter
> - Einbindung der Kommune auf Steuerungsebene
> - Beteiligung von Kooperationspartnern an Entscheidungsprozessen durch neue Gremien

Resümee

Nachhaltigkeit entsteht nicht zufällig, sondern als Ergebnis komplexer Entscheidungs- und Umsetzungsprozesse. Ob eine geförderte Einrichtung auch nach Ablauf der Förderung in ähnlicher Weise weitergeführt werden kann, entscheidet sich daher nicht erst am Ende der Programmlaufzeit. Bereits im Vorfeld können sowohl auf der Programmebene als auch auf der Einrichtungsebene die Grundlagen für eine Fortsetzung geschaffen werden. Das Aktionsprogramm Mehrgenerationenhäuser erfüllt die zentralen Voraussetzungen auf beiden Ebenen. In seiner Ausgestaltung ist die Laufzeit ausreichend, die Förderung flexibel und die notwendige Unterstützung in der Umsetzung gegeben. Auf Ebene der geförderten Häuser ist von Vorteil, dass das Programm an bestehenden Einrichtungen ansetzt, die bereits über gefestigte Strukturen verfügen. Zudem wirken Koordinatorinnen und Koordinatoren auf die Umsetzung der Ziele des Aktionsprogramms hin. Insbesondere aufgrund dieser Voraussetzungen ist es aus Sicht der Wirkungsforschung vielen der geförderten Mehrgenerationenhäuser möglich, die zur Durchführung der Aktivitäten und zur Koordination der Freiwillig Engagierten notwendigen Strukturen auch unter veränderten Vorzeichen beizubehalten.

Die Organisationsstrukturen können wiederum einen positiven Einfluss auf die finanzielle Nachhaltigkeit haben (vgl. Kapitel 12). Leitungsstrukturen, die unabhängig von den Mitteln des Aktionsprogramms bestehen, gewährleisten personelle Kontinuität auch über den Zeitraum der Förderung hinaus. Zudem ist es bei der Mittelakquise von Vorteil, wenn der Leitung die lokale Akteurslandschaft bekannt ist und gute Strukturen der Vernetzung vorhanden sind. Vor allem eine enge Zusammenarbeit mit der Kommune erhöht die Wahrscheinlichkeit, Drittmittel für einzelne Projekte und Aktivitäten einzuwerben oder eine einrichtungsbezogene finanzielle Förderung zu erhalten. Auch die Kooperation mit Partnern außerhalb der kommunalen Verwaltung kann positive Effekte auf die Verfügbarkeit von Ressourcen haben. So ermöglicht beispielsweise eine gemeinsame Finanzierung und Durchführung von Projekten oder Aktivitäten eine Kostenersparnis. Indem Freiwillig Engagierte institutionalisiert in Planungs- und Entscheidungsprozesse des Hauses eingebunden werden, erhöht sich ihre Identifikation mit dem Mehrgenerationenhaus. Diese wiederum kann zu einem langfristigeren Engagement und somit unmittelbar zur Fortsetzung ehrenamtlich erbrachter Angebote beitragen.

Wenn Nachhaltigkeit bereits von Beginn an angestrebt wird, erhöht sich die Chance, dass die Ziele des Aktionsprogramms auch nach dessen Ende weiterverfolgt werden. Daher sollten die Akteure frühzeitig eingebunden und dazu befähigt werden, verantwortungsvolle Aufgaben zu übernehmen. Hier ist insbesondere die institutionelle und partizipative Einbindung der Freiwillig Engagierten von Vorteil, um Aktivitäten fortzuführen, die Begegnung und insbesondere Generationenbegegnung ermöglichen. Eine begleitende Überprüfung im Sinne der Nachhaltigkeit kann den Einrichtungen dabei helfen, ihre Ziele nicht aus dem Blick zu verlieren.

14 Inhaltliche Nachhaltigkeit

Christopher Gess

Zur Einführung in die Nachhaltigkeitsanalyse wurden basierend auf Stockmann (2007) fünf übergeordnete Faktoren für die Nachhaltigkeit angesprochen: (1) die finanziellen Strukturen, (2) die organisatorischen Strukturen innerhalb der als Mehrgenerationenhäuser geförderten Einrichtungen, (3) das Verhalten am Programm beteiligter Akteure, (4) die Strukturen im Umfeld sowie (5) das Verhalten von Akteuren im Umfeld (vgl. Kapitel 11). In den voranstehenden Kapiteln wurden die ersten beiden dieser Faktoren zur finanziellen und organisatorischen Nachhaltigkeit der Mehrgenerationenhäuser untersucht. Sowohl die zur Verfügung stehenden Finanzmittel als auch die vor und während der Laufzeit des Aktionsprogramms aufgebauten Organisationsstrukturen können einen Beitrag dazu leisten, zentrale Programminnovationen auch nach Ablauf des Aktionsprogramms zu bewahren. Zudem können zusätzliche oder alternative Finanzierungsquellen und -wege genutzt werden, um Aktivitäten fortzuführen, die Begegnung und insbesondere Generationenbegegnung ermöglichen. Anhand organisatorischer Strukturen können die Ziele des Aktionsprogramms fest in der Einrichtung etabliert werden, beispielsweise durch die institutionalisierte Einbindung von Freiwillig Engagierten.

Zwar sind damit potenzielle Faktoren für die Nachhaltigkeit identifiziert, jedoch noch keine Antworten darauf gegeben, ob und in welchem Umfang die inhaltlichen Programminnovationen tatsächlich bewahrt werden können. Eine Kompensation der Mittel aus dem Aktionsprogramm ist nicht gleichzusetzen mit einer nachhaltigen Umsetzung und Wirkung von Programminnovationen. Wenn beispielsweise die Ziele des Aktionsprogramms nicht fest in der Einrichtung verankert sind (Faktor: Verhalten am Programm beteiligter Akteure), kann auch die Akquise zusätzlicher oder alternativer Finanzmittel letztlich nicht bewirken, dass Innovationen fortgesetzt werden. Im Umkehrschluss bedeutet der Wegfall von Programmmitteln ebenso wenig automatisch das Ende der Programmumsetzung und -wirkung.

Vor diesem Hintergrund wird hier der Frage nachgegangen, inwiefern davon auszugehen ist, dass auch nach Ablauf des Aktionsprogramms die inhaltlichen Ziele und Programminnovationen in den Einrichtungen und ihrem regionalen Umfeld (Faktoren: Strukturen im Umfeld, Verhalten von Akteuren im Umfeld) fortbestehen.[82] Dabei ist die Nachhaltigkeit des Aktionsprogramms multidimensional zu betrachten, um mögliche Effekte beispielsweise bei Kooperationspartnern oder in der Kommune nicht zu vernachlässigen. Die nachfolgende Analyse orientiert sich an den Dimensionen der Nachhaltigkeit, die Caspari (2004) in Anlehnung an Stockmann (1996) im Bereich der Entwicklungszusammenarbeit aufgestellt hat: projektorientierte Nachhaltigkeit, nutzenorientierte Nachhaltigkeit, systemorientierte Nachhaltigkeit und verhaltensorientierte Nachhaltigkeit. Diese Begrifflichkeiten werden bezogen auf das Aktionsprogramm operationalisiert und anhand der Erkenntnisse aus 20 vertiefenden Vor-Ort-Analysen aus dem Jahr 2011[83] untersucht. Im Anschluss daran erfolgt eine Gesamtbetrachtung zur Nachhaltigkeit des Aktionsprogramms.

Projektorientierte Nachhaltigkeit

Die erste Dimension bezeichnet als projektorientierte Nachhaltigkeit nach Caspari in der Entwicklungszusammenarbeit die dauerhafte Fortführung des Projektes durch den Projektträger oder die Zielgruppe aus eigenem Antrieb (Caspari 2004, S. 67). Diese Dimension liegt fast allen Nachhaltigkeitsdefinitionen zugrunde, da sie sich schlichtweg auf die Weiterführung des geförderten Projektes und seiner Inhalte bezieht. Sie ist somit auch leicht auf Projekte außerhalb des Bereiches der Entwicklungszusammenarbeit anwendbar.

Ausgehend vom Nachhaltigkeitsbegriff, der in Kapitel 11 in Bezug auf die Mehrgenerationenhäuser entwickelt wurde, lässt sich folgende Definition projektorientierter Nachhaltigkeit für Mehrgenerationenhäuser ableiten: *Ein Mehrgenerationenhaus ist projektorientiert nachhaltig, wenn in der Einrichtung auch nach Ende des Aktionsprogramms in ähnlichem Umfang Aktivitäten verfolgt werden, die Begegnung und insbesondere Generationenbegegnung ermöglichen (Dimension I).*

Da die vorliegende Nachhaltigkeitsanalyse programmbegleitend und somit nicht rückblickend, ex-post durchgeführt wurde, kamen dabei unterschiedliche Indikatoren zum Einsatz, die zum Teil auf Einschätzungen des Personals in den Mehrgenerationenhäusern beruhen. Als primäre Indikatoren sind zu nennen:
- Die zu erwartende Fortführung von Angeboten, die von den programmbeteiligten Akteuren (Festangestellte, Freiwillig Engagierte, Nutzerinnen und Nutzer) als zentral angesehen werden. Hier wurde insbesondere die Fortführung des Offenen Treffs betrachtet. Anhand dieses Indikators wird festgestellt, ob sich der Charakter der Einrichtung nach Ablauf des Aktionsprogramms maßgeblich ändern oder fortbestehen wird.
- Die zu erwartende Fortführung von Angeboten, die sich an nicht-traditionelle Zielgruppen der Ursprungseinrichtung des Mehrgenerationenhauses wenden.

---

82 Siehe auch Definition von Nachhaltigkeit in Kapitel 11: „Nachhaltigkeit bedeutet im Kontext der Mehrgenerationenhäuser, dass Aktivitäten, die Begegnung und insbesondere Generationenbegegnung ermöglichen, in den geförderten Einrichtungen oder ihrem Umfeld nach Ende des Programms unverändert oder modifiziert fortbestehen." Gess, C./Jablonski, N. (vorliegende Publikation).

83 Zur Methodik und Auswahl der vertiefend untersuchten Mehrgenerationenhäuser siehe Kapitel 2.

Dieser Indikator zeigt an, ob sich das Mehrgenerationenhaus in Richtung seiner Ursprungseinrichtung zurückentwickeln wird.
- Die Identifikation der am Programm beteiligten Akteure im Mehrgenerationenhaus mit den Zielen des Aktionsprogramms. Diese wurde anhand verschiedener Faktoren wie der Priorisierung bestimmter Angebote oder der Angabe generationenübergreifender Begegnung als Bedingung für weiteres Engagement über die Dauer des Aktionsprogramms hinaus ermittelt.

Von den 20 im Jahr 2011 vertiefend untersuchten Mehrgenerationenhäusern weisen zwölf ein hohes projektorientiertes Nachhaltigkeitspotenzial[84] auf. Den Untersuchungsergebnissen zufolge werden in diesen Häusern auch nach Ablauf des Aktionsprogramms mit hoher Wahrscheinlichkeit Angebote und Aktivitäten bestehen bleiben, die ihren Charakter als generationenübergreifende Begegnungsstätten sichern. Die anderen acht Häuser werden sich hingegen vermutlich zurückentwickeln und zentrale Programminnovationen wie den Offenen Treff oder die Ansprache aller Generationen nicht weiter verfolgen können.

Der Untersuchung zufolge wird die projektorientierte Nachhaltigkeit von drei grundlegenden Faktoren beeinflusst. Erstens hat sich gezeigt, dass die Identifikation der am Programm beteiligten Akteure mit den Zielen des Aktionsprogramms einen starken Einfluss auf die anderen Indikatoren hat. Je höher die Identifikation, desto mehr zentrale Angebote werden auch fortgeführt.[85] Insofern ist die Identifikation der Akteure mit dem Programm nicht nur als ein eigenständiger Indikator, sondern insgesamt als der zentrale Einflussfaktor für projektorientierte Nachhaltigkeit anzusehen.

Zweitens wirkt es sich positiv aus, wenn die Fördermittel des Aktionsprogramms einen eher geringen Anteil am Gesamthaushalt der geförderten Einrichtung ausmachen. Ein geringer Anteil am Gesamthaushalt ist gleichbedeutend damit, dass die Einrichtung zusätzliche Angebote und Aktivitäten erbringt, die aus anderen Quellen finanziert werden. Dies ermöglicht es, die Programminnovationen auf bestehende Angebote und Aktivitäten der (größeren) Ursprungseinrichtung zu übertragen. Auf diese Weise ist sichergestellt, dass Aktivitäten zur Generationenbegegnung auch nach Ablauf des Förderprogramms fortgeführt werden.

Drittens haben sich auf Nachhaltigkeit ausgerichtete Organisationsstrukturen als Einflussfaktor erwiesen. Denn eine Organisationsstruktur, in der die Leitung des Hauses ohne von Mitteln des Aktionsprogramms abhängig zu sein in die Implementierung der Programminnovationen eingebunden ist, kann die Ziele des Aktionsprogramms nach dessen Ablauf weiter verfolgen.[86] Dieser Einfluss hat sich auch quantitativ mit Blick auf die Finanzierung der Mehrgenerationenhäuser bestätigt. Demnach verfügen

---

[84] Es muss grundsätzlich von Nachhaltigkeitspotenzial gesprochen werden, da die Nachhaltigkeit programmbegleitend und nicht ex-post untersucht wurde (siehe Kapitel 11).
[85] Im Anschluss an die vertiefenden Vor-Ort-Analysen wurde eine Reihe von Indikatoren für das jeweilige Mehrgenerationenhaus durch die Wirkungsforschung auf einer Skala von 1 bis 10 bewertet. Die Zusammenhänge zwischen den einzelnen Indikatoren wurden ebenfalls beleuchtet.
[86] Zu den optimalen Entwicklungs- und Steuerungsprozessen in Mehrgenerationenhäusern gibt Kapitel 3 Aufschluss.

die zwölf als projektorientiert nachhaltig identifizierten Häuser über einen Personalmittelanteil von durchschnittlich 35 Prozent, der durch das Aktionsprogramm gedeckt wird. Die anderen acht Häuser erreichen dabei hingegen einen Wert von durchschnittlich 53 Prozent. Das Personal in diesen projektorientiert wenig nachhaltigen Häusern ist folglich stärker von den Mitteln des Aktionsprogramms abhängig. Es zeichnet sich deutlich ab, dass eine möglichst hohe Personalkonstanz sich positiv auf die inhaltliche Nachhaltigkeit auswirkt. Voraussetzung hierfür ist jedoch, dass sich die zentralen Personen der Einrichtungen mit den Zielen des Aktionsprogramms identifizieren.

Nutzenorientierte Nachhaltigkeit

Ist die projektorientierte Nachhaltigkeit wie beschrieben gesichert, heißt dies allerdings noch nicht, dass das Projekt auch Ausstrahlungskraft auf sein Umfeld hat. So können Projekte langfristig fortbestehen, ohne sich jedoch über den Stand einer „Projektinsel" (Caspari 2004, S. 67) hinaus zu entwickeln. Caspari führt daher zur Abgrenzung eine zweite Dimension ein – die nutzenorientierte Nachhaltigkeit. Ein Projekt ist demnach nutzenorientiert nachhaltig, wenn andere Träger oder andere Zielgruppen die Innovationen des Projektes dauerhaft im eigenen Interesse und zum eigenen Nutzen übernehmen (vgl. ebd.).

In Anlehnung an den in Kapitel 11 entwickelten Nachhaltigkeitsbegriff für Mehrgenerationenhäuser lässt sich folgende Definition nutzenorientierter Nachhaltigkeit ableiten: *Ein Mehrgenerationenhaus ist nutzenorientiert nachhaltig, wenn andere soziale Einrichtungen aus eigenem Antrieb vom Mehrgenerationenhaus Aktivitäten aufnehmen, die Begegnung und insbesondere Generationenbegegnung ermöglichen (Dimension II).*

Als Indikatoren wurden hier Aspekte des Verhaltens von Akteuren im Umfeld betrachtet. Dies betrifft:
- Die Beratung anderer Akteure durch das Mehrgenerationenhaus bei der Umsetzung des Mehrgenerationenansatzes. Dieser Indikator gibt an, ob das Haus bewusst Transferarbeit geleistet hat.
- Die Übernahme von Aktivitäten während der Programmlaufzeit in andere Einrichtungen, die somit auch selbst (Generationen-)Begegnung ermöglichen. Anhand dieses Indikators wird festgestellt, ob bereits vor Ablauf des Aktionsprogramms Änderungen im Umfeld – intendiert oder nicht intendiert – durch das Mehrgenerationenhaus erzielt wurden.
- Die Verankerung der Ziele des Aktionsprogramms bei Kooperationspartnern. Dieser Indikator zeigt die Wahrscheinlichkeit an, mit der Kooperationspartner nach Ablauf des Aktionsprogramms entsprechende Aktivitäten bei sich aufbauen.

Von den 20 im Jahr 2011 vertiefend untersuchten Mehrgenerationenhäusern weisen zwölf ein hohes nutzenorientiertes Nachhaltigkeitspotenzial auf. Durch diese Häuser hat sich auf intendierte oder nicht intendierte Weise der Mehrgenerationenansatz in ihrem Umfeld verbreitet, sodass hier keine Projektinseln gebildet, sondern Transferprozesse angestoßen wurden. Aufgrund der gleichen Anzahl sei darauf hingewiesen, dass es sich hier nicht ausschließlich um dieselben Häuser handelt, bei denen zuvor die projektorientierte Nachhaltigkeit nachgewiesen wurde. Es erreichen fünf Häuser diese zweite Dimension, ohne die projektorientierte Nachhaltigkeit in der eigenen Einrichtung sichern zu können.

Im Rahmen der Untersuchungen wurden vier zentrale Faktoren identifiziert, die Einfluss auf die nutzenorientierte Nachhaltigkeit haben. Erstens ist als wichtigster Einflussfaktor innerhalb dieser Dimension die Vernetzung der Mehrgenerationenhäuser zu nennen. Je intensiver die Häuser mit ihren Partnern zusammenarbeiten, desto höher ist die Wahrscheinlichkeit, dass sich die Ziele des Aktionsprogramms verbreiten. Dabei ermöglicht die Institutionalisierung der Kooperationsbeziehungen, beispielsweise durch gemeinsame Gremienarbeit oder den Aufbau eines Beirats mit Kooperationspartnern, dass die inhaltliche Arbeit auch bei wechselnden Ansprechpersonen fortgesetzt wird (siehe dazu Kapitel 13 „Organisatorische Nachhaltigkeit"). Diese verbindliche Vernetzung erleichtert eine inhaltlich motivierte Zusammenarbeit auch über die Programmlaufzeit hinaus.[87]

Zweitens hat es sich als vorteilhaft erwiesen, Kooperationspartner in die Durchführung von Angeboten des Mehrgenerationenhauses einzubinden. Auf diese Weise können sich die Partner unmittelbar von den Vorteilen des generationenübergreifenden Ansatzes überzeugen und persönliche Erfahrungen darin sammeln, ihn praktisch anzuwenden. Die Untersuchung zeigt, dass insbesondere jene Partner, die aktiv in die Angebotsdurchführung eines Mehrgenerationenhauses eingebunden sind, auch in den eigenen Einrichtungen Aktivitäten aufgebaut haben, die (Generationen-)Begegnung fördern.

Drittens waren besonders ausgeprägte Transferwirkungen bei den Mehrgenerationenhäusern zu beobachten, die im Rahmen von Trägerverbünden geleitet wurden. Trägerverbünde verstärken die Transferarbeit der Häuser, da die Träger über jeweils eigene Partner verfügen und in unterschiedlichen Feldern aktiv sind. Ähnlich verhält es sich mit Häusern in kommunaler Trägerschaft. Auch ihnen ist es leichter gefallen, Partner in die Programmarbeit einzubinden, da über die Kommune bereits viele nützliche Kontakte vorhanden waren.

Viertens hat sich in einigen Fällen eine starke Konkurrenzsituation zwischen den Mehrgenerationenhäusern und anderen Trägern positiv auf die Verbreitung der Ziele und Aktivitäten des Aktionsprogramms ausgewirkt. Dabei konnten als Effekt des Wettbewerbs um Fördermittel deutliche Anpassungsprozesse und Übernahmebemühungen anderer Einrichtungen im Umfeld festgestellt werden. Entscheidender Faktor war allerdings wiederum das Interesse der Kommunen, den Mehrgenerationenansatz zu fördern.

---

[87] Ein weiterer Zusammenhang hat sich in Bezug auf die Einnahmestruktur gezeigt: Die zwölf nutzenorientiert nachhaltigen Häuser weisen einen höheren Mischfinanzierungsindex auf (0,41) als in dieser Dimension nicht nachhaltige Häuser (0,33). Somit können zusätzliche Finanzierungsquellen dazu führen, dass verstärkt Vernetzungsarbeit stattfindet bzw. stattfinden muss.

Systemorientierte Nachhaltigkeit

Die systemorientierte Nachhaltigkeit als dritte Dimension „bewertet die Breitenwirksamkeit auf das System" (Caspari 2004, S. 68). Caspari grenzt diese Dimension insofern von der nutzenorientierten Nachhaltigkeit ab, als sie Letztere als Ausdehnung der Nutzergruppe beschreibt und die systemorientiere Nachhaltigkeit als Ausdehnung auf alle Akteure innerhalb eines gesamten Systems (vgl. ebd.).

Im Kontext des Aktionsprogramms Mehrgenerationenhäuser muss diese Definition leicht abgewandelt und auf die lokale Ebene bezogen werden, da das Aktionsprogramm flächendeckend angelegt ist und somit bereits inhärent systemorientiert wirkt. Daher werden im Folgenden als „Systeme" die verschiedenen Leistungssysteme auf lokaler Ebene verstanden, beispielsweise Kinderbetreuung, Jugendarbeit, Senioren- oder Bildungsarbeit. *Ein Mehrgenerationenhaus ist demnach systemorientiert nachhaltig, wenn es Veränderungen auf lokaler Systemebene bewirkt, die Begegnung und insbesondere Generationenbegegnung ermöglichen (Dimension III).*

An dieser Stelle sind zwei unterschiedliche Prozesse denkbar, die zu einer entsprechenden strukturellen Wirkung der Mehrgenerationenhäuser führen können. Zum einen kann die Kommune eine Veränderung innerhalb von Leistungssystemen herbeiführen (top-down). Zum anderen können die im Zusammenhang mit nutzenorientierter Nachhaltigkeit festgestellten Verbreitungsprozesse auch eine Spannweite erreichen, die ein gesamtes System beeinflusst (bottom-up). Folgende Indikatoren wurden daher in dieser Dimension betrachtet:
- Die Identifikation der Kommune mit den Zielen des Aktionsprogramms. Diese wurde operationalisiert durch a) die Aufnahme des Mehrgenerationenansatzes in kommunale Strategien oder Leitbilder und b) kommunale Unterstützungsleistungen für die Häuser.
- Die Übernahme des Mehrgenerationenansatzes in die Leistungsvergabe kommunaler Mittel und somit die Verknüpfung kommunaler Mittel mit Aktivitäten, die (Generationen-)Begegnungen ermöglichen.
- Die Anzahl der Einrichtungen innerhalb eines Leistungssystems, die einzelne Aktivitäten zur Förderung von (Generationen-)Begegnung übernommen haben.

Von den 20 im Jahr 2011 vertiefend untersuchten Mehrgenerationenhäusern weisen acht ein hohes systemorientiertes Nachhaltigkeitspotenzial auf. Hier spielte bei allen die Kommune die entscheidende Rolle (top-down). Nur in einem dieser Fälle konnte systemorientiertes Nachhaltigkeitspotenzial aufgrund von Verbreitungsprozessen ermittelt werden (bottom-up). Insgesamt betrachtet sind fast alle der Häuser, die als systemorientiert nachhaltig eingestuft werden, auch nutzenorientiert nachhaltig. Folglich gehen Diffusionsprozesse einzelner Einrichtungen häufig mit dem Transfer des Mehrgenerationenansatzes durch die Kommune einher. Beide Effekte scheinen sich gegenseitig positiv zu beeinflussen: Die Kommune übernimmt den Mehrgenerationenansatz besonders dann, wenn es bereits positive Beispiele aus anderen Einrichtungen als dem geförderten Haus gibt. Und andere Einrichtungen übernehmen den

Mehrgenerationenansatz wiederum besonders dann, wenn die Kommune diesem gegenüber positiv eingestellt ist.

Innerhalb dieser dritten Dimension von Nachhaltigkeit konnten anhand der Untersuchungen zwei zentrale Einflussfaktoren identifiziert werden. Den wichtigsten Faktor stellt hier die Kooperation zwischen Mehrgenerationenhaus und Kommune dar. Wird diese Zusammenarbeit sehr eng gestaltet, beispielsweise durch die Einbindung der Kommune in Leitungsgremien des Hauses, erhöht sich die Chance einer lokalen Einflussnahme des Hauses auf gesamte Leistungssysteme. Als besonders erfolgreich hat sich erwiesen, gemeinsame Projekte mit der Kommune durchzuführen und für einzelne Angebote kommunale Zuschüsse zu erwirken – selbst wenn diese nur ein geringes Volumen aufweisen. Zudem ist es sinnvoll, möglichst früh die eigenen Erfahrungen einzubringen, wenn neue kommunale Programme aufgelegt werden. Wird der Mehrgenerationenansatz schon bei dieser Planung einbezogen, gelingt es in der Folge oft, gesamte Systeme lokal zu beeinflussen.

Als zweiter zentraler Einflussfaktor hat sich die öffentliche Wahrnehmung der Häuser als kompetente Anlaufstellen herausgestellt. Wenn sich ein Mehrgenerationenhaus in der Öffentlichkeit als „Themenanwalt" etabliert hat und den Mehrgenerationenansatz durch öffentlichkeitswirksame Lobbyarbeit verbreitet, kann es auf diese Weise auch den gesellschaftlich geführten Diskurs mitbestimmen.

Verhaltensorientierte Nachhaltigkeit

Die vierte Dimension von Nachhaltigkeit beschreibt als verhaltensorientierte Ausprägung die Wandlungsfähigkeit eines Projektes. Diese Dimension ist insofern von Bedeutung, als sich die Umweltbedingungen von Projekten ändern können und der Projektansatz aufgrund der geänderten Bedingungen Gefahr laufen kann zu veralten. Unter verhaltensorientierter Nachhaltigkeit versteht Caspari daher, dass der Projektträger, die Zielgruppe des Projektes oder ein System über Problemlösungsfähigkeiten verfügt, um auf veränderte Umweltbedingungen flexibel und angemessen reagieren zu können (Caspari 2004, S. 68).

Da es sich bei den Untersuchungen zum Aktionsprogramm um eine programmbegleitende Evaluation handelte, kann diese Dimension im Kontext der Mehrgenerationenhäuser nicht anhand der Wandlungsfähigkeit „aus eigener Kraft" (Caspari 2004, S. 68) überprüft werden. Es wäre ein zeitlicher Abstand von vermutlich mehreren Jahren zum Programmende nötig, um überhaupt veränderte Umweltbedingungen feststellen zu können. Aus diesem Grund wird hier auf Erfahrungen im laufenden Programm zurückgegriffen: *Ein Mehrgenerationenhaus ist dann verhaltensorientiert nachhaltig, wenn es seine Aktivitäten so an neue Nutzergruppen oder veränderte Bedarfslagen anpassen kann, dass sie auch bei veränderten Bedingungen im Umfeld Begegnung und insbesondere Generationenbegegnung ermöglichen (Dimension IV).*

Als Indikatoren wurden dazu folgende Aspekte herangezogen:
- Die Entwicklung des Mehrgenerationenhauses in bei der Ursprungseinrichtung nicht-traditionellen Handlungsfeldern. Darin spiegelt sich die aktuelle Wandlungsfähigkeit der Einrichtung wider.
- Die Entwicklung des Hauses in nicht-traditionellen Handlungsfeldern, die nicht durch das Aktionsprogramm gefordert wurden, aber zu (Generationen-) Begegnung beigetragen haben. Dieser Indikator gibt an, ob die Einrichtung auch aus eigenem Antrieb auf ihre Umweltbedingungen reagiert.
- Die Verankerung von Instrumenten und Gremien, um veränderte Bedarfslagen aufzuspüren und bedarfsorientierte Angebote zu entwickeln. Dieser Indikator zeigt, ob die Einrichtung auch nach Ablauf des Aktionsprogramms in der Lage sein wird, Veränderungen im Umfeld zu bemerken und darauf zu reagieren.

Von den 20 im Jahr 2011 vertiefend untersuchten Mehrgenerationenhäusern weisen zwölf ein hohes verhaltensorientiertes Nachhaltigkeitspotenzial auf. Allerdings bezieht sich dieser Befund lediglich auf die während der Programmlaufzeit festzustellende Wandlungsfähigkeit der Einrichtung und ist somit weniger belastbar als die Befunde in den vorangegangenen drei Dimensionen. Es hat sich herausgestellt, dass genau jene Mehrgenerationenhäuser verhaltensorientiert nachhaltig sind, die auch als projektorientiert nachhaltig eingestuft wurden. Dieser Zusammenhang liegt darin begründet, dass Häuser, die sich während des Aktionsprogramms erfolgreich entwickelt haben, mit diesem langen und intensiven Veränderungsprozess bereits ihre Wandlungsfähigkeit bewiesen haben.

Einflussfaktoren auf verhaltensorientierte Nachhaltigkeit lassen sich aufgrund der Schwierigkeiten in programmbegleitenden Evaluationen nur in Form von allgemeinen Beobachtungen formulieren. So hat sich beispielsweise während der Programmlaufzeit positiv ausgewirkt, wenn die Leitungskräfte in den Mehrgenerationenhäusern über langjährige Erfahrung verfügten. Eine breite Finanzierungsgrundlage hat die Häuser zudem darin unterstützt, Neues auszuprobieren und sich an veränderte Bedingungen anzupassen. Auch umfassende Beteiligungsmöglichkeiten für Nutzerinnen und Nutzer sowie Freiwillig Engagierte haben sich für die Weiterentwicklung der Einrichtungen als wichtig erwiesen, da sie Interessen und Wünsche kanalisieren und somit dazu beitragen, neue Bedarfe frühzeitig zu erkennen.

Nachhaltigkeitsprofile vertiefend untersuchter Mehrgenerationenhäuser

Werden die 20 vertiefend untersuchten Mehrgenerationenhäuser anhand der vier benannten Nachhaltigkeitsdimensionen eingestuft und dargestellt, ergeben sich fünf übergeordnete Häusertypen, die zur besseren Übersicht im Folgenden als Typ A bis E bezeichnet werden (siehe Tabelle 10).

Insgesamt ist davon auszugehen, dass bei 17 der 20 untersuchten Mehrgenerationenhäuser mit hoher Wahrscheinlichkeit einige der Programminnovationen in den Einrichtungen oder im Umfeld auch nach Ablauf des Aktionsprogramms fortgesetzt werden (Typen A bis D). Dies ist als sehr positives Ergebnis der Nachhaltigkeitsanalysen zu werten. Nur drei Häuser wurden in allen vier Dimensionen als nicht nachhaltig eingestuft (Typ E). Hier werden sich die Programminnovationen vermutlich innerhalb kurzer Zeit verlieren.

Drei Häuser gehören zum *Typ A* und zeichnen sich damit durch das höchste Nachhaltigkeitspotenzial aus. Den Einrichtungen dieses Typs gelingt es wahrscheinlich, sowohl intern ihre eigenen zentralen Angebote aufrechtzuerhalten als auch extern den Mehrgenerationenansatz im Umfeld weiter zu verbreiten. Sie haben durch gezielte Öffentlichkeitsarbeit und eine enge Kooperation mit der Kommune sogar systemweite Transferwirkungen erzielt.

Fünf Mehrgenerationenhäuser werden dem *Typ B* zugeordnet, da sie ebenfalls über ein hohes Nachhaltigkeitspotenzial verfügen. Von Typ A unterscheidet diese Häuser lediglich, dass sie weniger Transferwirkungen entfaltet haben. Nichtsdestoweniger werden die zentralen Programminnovationen in diesen Einrichtungen mit großer Wahrscheinlichkeit erhalten bleiben und sich auch in Zukunft im lokalen Umfeld weiter verbreiten.

Die vier Häuser des *Typs C* weisen ein Nachhaltigkeitspotenzial auf, das eingeschränkter ist als bei Typ A und B. Zwar können die Programminnovationen in den eigenen Einrichtungen über die Laufzeit des Aktionsprogramms hinaus fortgesetzt werden, jedoch besteht die Gefahr, dass sich die Häuser zu Projektinseln mit einer geringen oder gänzlich fehlenden lokalen Ausstrahlung entwickeln. Sobald der Fokus hier beispielsweise durch interne Umstrukturierungen oder neue Projektförderungen von den Zielen des Aktionsprogramms abgewendet wird, kann dies für die Häuser unmittelbar auf Kosten ihrer Nachhaltigkeit gehen.

Den fünf Häusern, die dem *Typ D* zuzuordnen sind, wird es vermutlich nicht gelingen, die zentralen Programminnovationen in der eigenen Einrichtung zu sichern. Diese Häuser haben jedoch durch Transferwirkungen dazu beigetragen, dass der Mehrgenerationenansatz nicht völlig aus ihrem lokalen Umfeld verdrängt wird und zumindest als Grundgedanke in anderen Einrichtungen fortbesteht.[88]

Die drei verbleibenden Mehrgenerationenhäuser gehören zum *Typ E* und erhielten in keiner der vier Dimensionen eine positive Nachhaltigkeitsprognose. Ebenso wenig ist es ihnen während der Programmlaufzeit gelungen, im lokalen Umfeld Transferwirkungen zu erzeugen. Diese Häuser werden sich daher mit hoher Wahrscheinlichkeit

---

[88] Nach der Systematik von Caspari (2004) ist dieser Typ in der Praxis nicht zu erwarten. „Denn wird eine Innovation in ein gesamtes System implementiert, dann schließt dies implizit die ehemalige Projektregion ein" (Caspari 2004, S. 73). Dies gilt jedoch nicht bei der hier zugrunde gelegten Definition der systemorientierten Nachhaltigkeit, da sie sich auf unterschiedliche Leistungssysteme bezieht. Insofern ist es durchaus möglich, dass eine Innovation lokal in einem gesamten Leistungssystem implementiert wird, ohne dass das ursprüngliche Projekt beziehungsweise dessen Zielgruppe davon beeinflusst ist. So kann das ursprüngliche Projekt in einem anderen Leistungssystem angesiedelt sein.

nach Ablauf des Aktionsprogramms in Richtung ihrer Ursprungseinrichtungen zurückentwickeln.

Tab. 10: Nachhaltigkeitspotenzial der Mehrgenerationenhäuser nach Nachhaltigkeitstypen[89]

Typ	Dimensionen				Anzahl Häuser	Nachhaltigkeitspotenzial
	I	II	III	IV		
A	+	+	+	+	3	→ Vollständig nachhaltig
B	+	+	−	+	5	→ Nachhaltig, keine Projektinseln
C	+	−	−	+	4	→ Nachhaltig, aber Projektinseln
D	−	+	+	−	5	→ Nicht selbst nachhaltig, aber Transfer des Ansatzes erreicht
E	−	−	−	−	3	→ Nicht nachhaltig

Quelle: Wirkungsforschung Aktionsprogramm Mehrgenerationenhäuser, Vor-Ort-Besuche 2011, N = 20

Resümee

Die Nachhaltigkeitsanalysen im Aktionsprogramm Mehrgenerationenhäuser waren von methodischen Herausforderungen geprägt, da sie als programmbegleitende Evaluation in jedem Fall während der Programmlaufzeit erfolgen mussten. Insofern können die dennoch erzielten Ergebnisse dieser Analysen lediglich als Prognosen über das Nachhaltigkeitspotenzial der einzelnen Häuser verstanden werden.

Trotz der methodischen Einschränkungen konnten Ergebnisse erzielt werden. In Anlehnung an den Nachhaltigkeitsevaluationsansatz von Stockmann (1996) und Caspari (2004) wurde das Nachhaltigkeitspotenzial der Mehrgenerationenhäuser in vier verschiedenen Dimensionen untersucht. Auf diese Weise wurde sichergestellt, Nachhaltigkeit nicht nur eindimensional als Fortbestehen des geförderten Projektes zu betrachten, sondern auch die Transferwirkungen auf das lokale Umfeld und die Wandlungsfähigkeit des Projektes einzubeziehen.

---

89 Zur Vereinfachung der Darstellung wurden zwei Sonderfälle jeweils einem fast identischen Typ zugeordnet. Typ B enthält den Sonderfall eines Hauses, das nicht nutzenorientiert nachhaltig ist, aber systemorientiert nachhaltig. Das Fazit zum Nachhaltigkeitspotenzial in der Abbildung „Nachhaltig, keine Projektinseln" gilt somit auch für den Sonderfall. Typ D wiederum enthält den Sonderfall eines Hauses, das nicht systemorientiert nachhaltig ist, aber ebenso wie die anderen Häuser des Typs nutzenorientiert nachhaltig. Somit hat das Fazit zum Nachhaltigkeitspotenzial des Typs D „Nicht selbst nachhaltig, aber Transfer des Ansatzes erreicht" auch für den Sonderfall Berechtigung.

Als zentrales Ergebnis der Nachhaltigkeitsanalysen ist festzuhalten, dass in nahezu allen vertiefend untersuchten Häusern zumindest einige der Programminnovationen nachhaltig sind. Lediglich drei der 20 untersuchten Häuser wiesen in allen vier Dimensionen ein fehlendes Nachhaltigkeitspotenzial auf. Dieses insgesamt positive Ergebnis ist auch darauf zurückzuführen, dass es in vielen Fällen gelungen ist, Programminnovationen im lokalen Umfeld zu verbreiten. Somit ist hier ein Fortbestand von Teilen des Aktionsprogramms im Umfeld gewährleistet und wird sich auch unabhängig vom Aktionsprogramm Mehrgenerationenhäuser II weiterentwickeln.

Weniger positiv stellt sich die Zahl der projektorientiert nachhaltigen Häuser dar. Nur für etwas mehr als die Hälfte der vertiefend untersuchten Häuser konnte innerhalb dieser Dimension ein hohes Nachhaltigkeitspotenzial prognostiziert werden. Während diese Häuser trotz wegfallender Fördermittel wahrscheinlich auch weiterhin Ressourcen und Strukturen für Angebote und Aktivitäten im Sinne der (Generationen-)Begegnung bereitstellen können, werden die anderen Häuser dies vermutlich nicht erreichen.

Ob es den Häusern gelingt, ihre Programminnovationen zu sichern und auch nach Ablauf des Aktionsprogramms umzusetzen, hängt nicht zuletzt von den Organisationsstrukturen der jeweiligen Einrichtung ab. Mehrgenerationenhäuser, deren Organisationsstrukturen auf Nachhaltigkeit ausgerichtet sind, weisen ein höheres Nachhaltigkeitspotenzial auf.[90] Daher ist es besonders wichtig, die Verantwortung für die Umsetzung und Verbreitung des Mehrgenerationenansatzes innerhalb der Häuser Leitungskräften zu übertragen, die nicht vom Aktionsprogramm finanziert werden. Zudem sollten Freiwillig Engagierte sowie Nutzerinnen und Nutzer strukturell in die Ausrichtung und Angebotsdurchführung des Mehrgenerationenhauses einbezogen werden. Die auf diese Weise gestärkte Identifikation mit den Zielen der Einrichtung trägt erheblich dazu bei, die inhaltliche Angebotsstruktur bedarfsorientiert und dauerhaft – und damit nachhaltig – zu gestalten.

---

90   Siehe auch Kapitel 13 zur organisatorischen Nachhaltigkeit.

Literaturverzeichnis

Anheier, H./ Glasius, M./ Kaldor, M. (2002): Global Civil Society. New York und Oxford: Oxford University Press.
Bachert, R./ Vahls, D. (2007): Change Management in Nonprofit-Organisationen. Stuttgart.
Bertelsmann Stiftung (2008): Demografie konkret – Regionalreport Sachsen, Sachsen-Anhalt und Thüringen.
Bertelsmann Stiftung (2009): Wer, Wo, Wie viele? Bevölkerung in Deutschland 2025: Praxiswissen für Kommunen, Gütersloh.
Bundesministerium für Familie, Senioren, Frauen und Jugend (2011): Zweiter Zwischenbericht zur Evaluation des Kinderförderungsgesetzes. Berlin.
Bundesministerium für Familie, Senioren, Frauen und Jugend (2010): Freiwilligensurvey 2009, München.
Bundesministerium für Familie, Senioren, Frauen und Jugend (2009a): Fachtagung Zukunftsfähige Strukturen für alle Generationen. Impulse aus dem Aktionsprogramm Mehrgenerationenhäuser (Dokumentation). Berlin.
Bundesministerium für Familie, Senioren, Frauen und Jugend (2009b): Begleit- und Wirkungsforschung im Aktionsprogramm der Mehrgenerationenhäuser. Zwischenbericht 2009 (Dokumentation). Berlin.
Bundesministerium für Familie, Senioren, Frauen und Jugend (2008a): Begleit- und Wirkungsforschung im Aktionsprogramm Mehrgenerationenhäuser. Zwischenbericht 2008. Berlin.
Bundesministerium für Familie, Senioren, Frauen und Jugend (2008b): Engagementpolitik wirksam gestalten, Neue Impulse für die Bürgergesellschaft – Ein Jahr Initiative Zivil-Engagement, Berlin.
Bundesministerium für Familie, Senioren, Frauen und Jugend (2006): Siebter Familienbericht. Familie zwischen Flexibilität und Verlässlichkeit. Perspektiven für eine lebenslaufbezogene Familienpolitik und Stellungnahme der Bundesregierung. Berlin.
Bundesministerium für Gesundheit (2011): Demenz – Eine Herausforderung für die Gesellschaft. (Online-Publikation unter http://www.bmg.bund.de/pflege/demenz/demenz-eine-herausforderung-fuer-die-gesellschaft.html, zuletzt abgerufen am 27.10.2011).

Bundesministerium für Verkehr, Bau- und Wohnungswesen (2005): Öffentliche Daseinsvorsorge und demografischer Wandel. Erprobung von Anpassungs- und Entwicklungsstrategien in Modellvorhaben der Raumordnung. (Online-Publikation unter http://www.bbr.bund.de/nn_21942/DE/Forschungsprogramme/AllgemeineRessortforschung/BereichRaumordnung/StrategienAktivierungPotentialeAlterndeGesellschaft/05__Ver_C3_B6ffentlichungen.html, zuletzt abgerufen am 05.12.2011).

Caspari, A. (2004): Evaluation der Nachhaltigkeit von Entwicklungszusammenarbeit – zur Notwendigkeit angemessener Konzepte und Methoden. Wiesbaden.

Dedy, H./ Hansen, C. (2006): Herausforderungen ländlicher Räume. Berlin: Deutscher Städte und Gemeindebund. (Online-Publikation unter http://www.dstgb.de/homepage/positionspapiere/herausforderungen_fuer_den_laendlichen_raum/herausforderungen_laendlicher_raeume.pdf, zuletzt abgerufen am 05.12.2011).

Dietz, B. (2010): Soziale Altenarbeit in alternden Gesellschaften, In: Benz, B./ Boeckh, J./ Mogge-Grotjahn, H. (Hrsg.): Soziale Politik, Soziale Lage, Soziale Arbeit. Wiesbaden.

Durlak, J./ DuPre, E. (2008): Implementation matters. A Review of Research on the Influence of Implementation on Program Outcomes and the Factors Affecting Implementation. In: Am J Community Psychol.

Eichhorst, W./Tobsch, V. (2008): Familienunterstützende Dienstleistungen: Internationale Benchmarking-Studie. I Z A Research Report No. 17, Bonn. (Online-Publikation unter http://www.iza.org/en/webcontent/publications/reports/report_pdfs/iza_report_17.pdf, zuletzt abgerufen am 17.11.2011).

Eisentraut, R. (2007): Intergenerationelle Projekte: Motivationen und Wirkungen. Baden-Baden.

Evers, A. (2011): Wohlfahrtsmix im Bereich sozialer Dienste. In: Evers, A./ Heinze, R./ Olk, T./ Strohmeier, K.-P./ Neu, M. (Hrsg.): Handbuch Soziale Dienste. Wiesbaden.

Evers, A./ Heinze, R./ Olk, T./ Strohmeier, K.-P./ Neu, M. (2011): Handbuch Soziale Dienste. Wiesbaden

Evers, A./ Olk, T. (2002): Bürgerengagement im Sozialstaat: Randphänomen oder Kernproblem? In: Bundeszentrale für politische Bildung (Hrsg.): Aus Politik und Zeitgeschichte. B9/2002. Bonn.

Früchtel, F./ Cyprian, G./ Budde, W. (2010): Sozialer Raum und soziale Arbeit. Wiesbaden.

Gehrmann, G./ Müller, K. (2006): Management in sozialen Organisationen. Handbuch für die Praxis Sozialer Arbeit. Regensburg/Berlin.

Gess, C./Emminghaus, C. (2010): Mehrgenerationenhäuser als Dienstleistungszentren für Familien. In: Bundesministerium für Familie, Senioren, Frauen und Jugend (Hrsg.): Lokale Handlungsfelder nachhaltiger Familienpolitik, Berlin.

Gottschall, K./Schwarzkopf, M. (2010): Irreguläre Arbeit in Privathaushalten – Rechtliche und institutionelle Anreize zu irregulärer Arbeit in Privathaushalten in Deutschland. Bestandsaufnahme und Lösungsansätze. Arbeitspapier 217. Hans-Böckler-Stiftung, Düsseldorf.

Grohs, S./Bogumil, J. (2011): Management sozialer Dienste. In: Evers, A./ Heinze, R./ Olk, T./ Strohmeier, K.-P./ Neu, M. (Hrsg.): Handbuch Soziale Dienste. Wiesbaden.

Halfar, B. (1999): Geld und das System Sozialer Arbeit, In: Finanzierung sozialer Dienste, Baden-Baden.

Hasseler, M./Görres, S. (2005): Was Pflegebedürftige wirklich brauchen, Zukünftige Herausforderungen an eine bedarfsgerechte ambulante und stationäre pflegerische Versorgung.

Jurczyk, K./ Schier, M./ Szymenderski, P. et al. (2009): Entgrenzte Arbeit – entgrenzte Familie. Grenzmanagement im Alltag als neue Herausforderung. Berlin.

Jurczyk, K./Rauschenbach, T./Tietze, W. et al. (2004): Von der Tagespflege zur Familientagesbetreuung. Zur Zukunft öffentlich regulierter Kinderbetreuung im Privathaushalt. Gutachten im Auftrag des BMFSFJ, Weinheim [u. a.].

Klages, H. (2003): Motivation und Motivationswandel bürgerschaftlichen Engagements. In: Deutscher Bundestag (Hrsg.): Enquete-Kommission „Zukunft des Bürgerschaftlichen Engagements" – Politik des bürgerschaftlichen Engagements in den Bundesländern, Band 7, Opladen.

Klein, A./ Fuchs, P./ Flohé, A. (2011): Handbuch Kommunale Engagementförderung im sozialen Bereich, Berlin.

Klingholz, R. (2009): Raumwirksame Folgen des demografischen Wandels in Ostdeutschland, Berlin: Berlin-Institut für Bevölkerung und Entwicklung (Online-Publikation unter http://www.berlin institut.org/fileadmin/user_upload/Aktuelles/Raumwirksame_Folgen_des_demografischen_Wandels_in_Ostdeutschland.pdf, zuletzt abgerufen am 05.12.2011).

Knopf, D. (2000): Die Inszenierung „gelungener" außerfamilialer Generationsbeziehungen – Tendenzen und Beispiele intergenerationeller Projekte. In: von Tippelskirch, D. (Hrsg.): Solidarität zwischen den Generationen – Familie im Wandel der Gesellschaft. Stuttgart [u. a.].

Kostka, C./ Mönch, A. (2009): Change Management. 7 Methoden für die Gestaltung von Veränderungsprozessen. München.

Kröhnert, S./ Medicus, F./ Klingholz, R. (2006): Die demografische Lage der Nation. Wie zukunftsfähig sind Deutschlands Regionen? Berlin-Institut für Bevölkerung und Entwicklung, München.

Lenz, A. (1998): Kooperation – eine wirksame Strategie zur Schaffung integrierter Angebotsstrukturen. Paderborn.

Lutz, R. (2008): Perspektiven der Sozialen Arbeit. In: Bundeszentrale für politische Bildung (Hrsg.): Wandel der Sozialen Arbeit. Aus Politik und Zeitgeschichte 12–13/2008. Bonn.

Naegele, G. (2011): Soziale Dienste für ältere Menschen. In: Evers, H./ Heinze, R. H./ Olk, T. (Hrsg.): Handbuch Soziale Dienste. Wiesbaden.

Neubert, D. (2010): Soziale Altenarbeit – Theoretische Bezüge und Perspektiven. In: Spitzer, H./ Höllmüller, H./ Hönig, B. (Hrsg.): Soziallandschaften – Perspektiven sozialer Arbeit als Profession und Disziplin. Wiesbaden.

Niederfranke, A. (2010): Mehrgenerationenhäuser und Unternehmen: Eine starke Allianz für alle Lebensalter. In: Gesellschaftliches Engagement von Unternehmen: Der deutsche Weg im internationalen Kontext; Wiesbaden.

Niedersächsisches Ministerium für Soziales, Frauen, Familie und Gesundheit (2003): Modellprogramm in Niedersachsen 2003 „Mehr-Generationen-Häuser". Konzept für ein lebendiges und generationsübergreifendes Miteinander in Niedersachsen. Niedersachsen.

Nollert, M. (2011): Wörterbuch der Sozialpolitik. (Online-Publikation unter http://www.socialinfo.ch/cgi-bin/dicopossode/show.cfm?id=744, zuletzt abgerufen am 14.10.2011).

Nullmeier, F. (2011): Governance sozialer Dienste. In: Evers, A./ Heinze, R./ Olk, T./ Strohmeier, K.-P./ Neu, M. (Hrsg.): Handbuch Soziale Dienste. Wiesbaden.

Meyer, J./ Rowan, B. (1977): Institutionalized Organizations: Formal Structure as Myth and Ceremony. In: American Journal of Sociology 83. Chicago.

Miller, T. (2005): Die Störungsanfälligkeit organisierter Netzwerke und die Frage nach Netzwerkmanagement und Netzwerksteuerung. In: Bauer, P./ Otto, U. (Hrsg.): Mit Netzwerken professionell zusammenarbeiten. Band II: Institutionelle Netzwerke in Steuerungs- und Kooperationsperspektive. Fortschritte der Gemeindepsychologie und Gesundheitsförderung Band 12. Tübingen.

Ministerium für Generationen, Familie, Frauen und Integration des Landes Nordrhein-Westfalen (2007): Generationenübergreifende Projekte. Beispiele aus der Praxis für die Praxis. Düsseldorf.

Olk, T./ Klein, A./ Hartnuß, B. (2010): Engagementpolitik – Die Entwicklung der Zivilgesellschaft als politische Aufgabe. Wiesbaden.

Pracht, A. (2008): Betriebswirtschaftslehre für das Sozialwesen. Eine Einführung in betriebswirtschaftliches Denken im Sozial- und Gesundheitsbereich. Weinheim/München.

Rauschenbach, T. (2008): Neue Orte für Familien; Institutionelle Entwicklungslinien eltern- und kinderfördernder Angebote. In: Diller, A./Heitkötter, M./Rauschenbach, T. (Hrsg.): Familie im Zentrum. Kinderfördernde und elternunterstützende Einrichtungen – aktuelle Entwicklungslinien und Herausforderungen. München.

Rauschenbach, T. (1999): Dienste am Menschen – Motor oder Sand im Getriebe des Arbeitsmarktes? Die Rolle der Sozial-, Erziehungs- und Gesundheitsberufe in einer sich wandelnden Arbeitsgesellschaft. Lahnstein.

Reinecke, M./Gess, C./ Kröber, R./Stegner, K. (2011): Machbarkeitsstudie „Haushaltsnahe Dienstleistungen für Wiedereinsteigerinnen" – im Auftrag des Bundesministerium für Familie, Senioren, Frauen und Jugend, Berlin.

Riedel, B. (2009): Local Governance: Ressource für den Ausbau der Kindertagesbetreuung für Kinder unter 3 Jahren. Explorative Studie in drei Kommunen und einem Landkreis, München.

Rüling, A. (2007): Jenseits der Traditionalisierungsfallen. Wie Eltern sich Familien- und Erwerbsarbeit teilen. Frankfurt a. M.

Robbins, S./ DeCenco, D. (2004): Fundamentals of Management, Upper Saddle River.

Rothgang, H. et al. (2010): BARMER GEK Pflegereport 2010 – Schwerpunktthema: Demenz und Pflege. Schwäbisch Gmünd.

Santen, E./ van Seckinger, M. (2003): Kooperation: Mythos und Realität einer Praxis. Eine empirische Studie zur interinstitutionellen Zusammenarbeit am Beispiel der Kinder- und Jugendhilfe. München.

Schneider H./ Halfar, B. (1999): Ein „Finanzierungsportfolio" am Beispiel eines Freien Trägers. In: Halfar, B. (Hrsg.): Finanzierung sozialer Dienste und Einrichtungen. Baden-Baden.

Schroeter, K. R. (2006): Das soziale Feld der Pflege: Eine Einführung in Strukturen, Deutungen und Handlungen. Weinheim/München.

Shediac-Rizkallah, M. C./ Bone, L. R. (1998): Planning for the sustainability of community-based health programs: conceptual frameworks and future directions for research, practice and policy. Health Education Research 13/1 1998. Oxford University Press.

Spatscheck, C. (2008): Theorie- und Methodendiskussion. In: Deinet, U. (Hrsg.): Methodenbuch Sozialraum. Warschau.

Sprengler, N./ Priemer, J. (2011): Daten zur Zivilgesellschaft – Eine Bestandsaufnahme, Zivilgesellschaft in Zahlen – Band 2, Essen.

Statistische Ämter des Bundes und der Länder (2007): Demografischer Wandel in Deutschland, Heft 1. Bevölkerungs- und Haushaltsentwicklung im Bund und in den Ländern. Wiesbaden: Destatis.

Statistisches Bundesamt (2011a): Im Blickpunkt – Ältere Menschen in Deutschland und der EU. Wiesbaden: Destatis.

Statistisches Bundesamt (2011b): Pflegestatistik 2009. Pflege im Rahmen der Pflegeversicherung. Deutschlandergebnisse. Wiesbaden: Destatis.

Statistisches Bundesamt (2010a): Alles beim Alten: Mütter stellen Erwerbstätigkeit hinten an. Wiesbaden: Destatis.

Statistisches Bundesamt (2010b): Pressemitteilung Nr. 409 vom 10.11.2010. Wiesbaden: Destatis.

Statistisches Bundesamt (2008): Pflegestatistik 2007. Pflege im Rahmen der Pflegeversicherung. Deutschlandergebnisse. Wiesbaden: Destatis.

Steiner, M./ Böhmer, M. (2008): Dossier „Familienunterstützende Dienstleistungen – Förderung haushaltsnaher Infrastruktur", http://www.bmfsfj.de/RedaktionBMFSFJ/Broschuerenstelle/Pdf-Anlagen/Dossier-Familienunterst_C3_BCtzende-Dienstleistungen,property=pdf,bereich=bmfsfj,sprache=de,rwb=true.pdf, zuletzt abgerufen am: 17.11.2011.

Stockmann, R. (2007): Handbuch zur Evaluation. Eine praktische Handlungsanleitung. Münster [u. a.].

Stockmann, Reinhard (1996): Die Wirksamkeit der Entwicklungshilfe. Eine Evaluation der Nachhaltigkeit von Programmen und Projekten der Berufsbildung. Opladen.

Stockmann, R./ Meyer, W. (2010): Evaluation – Eine Einführung. Opladen.

Stockmann, R./ Caspari, A./ Kevenhörster, P. (2003): Das Schweigen des Parlaments. Die vergessene Frage der Nachhaltigkeit deutscher Entwicklungszusammenarbeit. In: Bundeszentrale für politische Bildung (Hrsg.): Aus Politik und Zeitgeschichte. B 13–14/2003. Bonn.

Stockmann, R./ Caspari, A./ Kevenhörster, P. (2000): Langfristige Wirkungen der staatlichen EZ. Ergebnisse einer Querschnittsevaluierung zur Nachhaltigkeit. In: E+Z-Entwicklung und Zusammenarbeit (Nr. 10, Oktober 2000) . Deutsche Stiftung für internationale Zusammenarbeit (DSE).

Straus, F. (2010): Wir brauchen mehr Qualität in der Vernetzung – Anmerkungen aus der Perspektive qualitativer Netzwerkforschung. In: Berkenmeyer, N./ Bos, W./ Kuper, H. (Hrsg.): Schulreform durch Vernetzung – Interdisziplinäre Betrachtungen, Münster.

Tews, H. P. (1993): Neue und alte Aspekte des Strukturwandels des Alters. In: Naegele, G./ Tews, H. P. (Hrsg.): Lebenslagen im Strukturwandel des Alters. Alternde Gesellschaft – Folgen für die Politik, Opladen.

Wagner, G./ Frick, Joachim R./ Schupp, J. (2007): The German Socio-Economic Panel Study (SOEP) – Scope, Evolution and Enhancements. In: Schmollers Jahrbuch, 127. Jg., Nr. 1.

Weber, A./ Klingholz, R. (2009): Demografischer Wandel. Ein Politikvorschlag unter Berücksichtigung der neuen Länder, Berlin: Berlin-Institut für Bevölkerung und Entwicklung. (Online-Publikation unter http://www.berlin-institut.org/fileadmin/user_upload/ Studien/Demografischer_Wandel.pdf, zuletzt abgerufen am 05.12.2011).

Weishaupt, H. (2004): Veränderungen im elementaren und sekundären Bildungsbereich durch demografischen Wandel. In: Statistisches Bundesamt (Hrsg.): Demografischer Wandel – Auswirkungen auf das Bildungssystem, Beiträge zum wissenschaftlichen Kolloquium am 18. und 19. November 2004 in Wiesbaden; Wiesbaden: Statistisches Bundesamt (Online-Publikation unter http://kolloq.destatis.de/2004/weishaupt.pdf, zuletzt abgerufen am 15.05.2010).

Westphal, C./ Scholz, R./ Doblhammer, G. (2008): Jugend ist Zukunft – die Zukunft der Jugend. Diskussionspapier 19, Rostock: Rostocker Zentrum zur Erforschung des demografischen Wandels (Online-Publikation unter http://www.rostockerzentrum.de/publikationen/rz_diskussionpapier_19.pdf, zuletzt abgerufen am 05.12.2011).

Wiechmann, Thorsten; Neumann, Ingo (2008): Demografie konkret – Regionalreport Sachsen, Sachsen-Anhalt und Thüringen, Gütersloh: Verlag Bertelsmann Stiftung (Online-Publikation unter http://www.wegweiser-kommune.de/themenkonzepte/demographie/download/pdf/Regionalreport_Sachsen_Sachsen-Anhalt_Thueringen.pdf, zuletzt abgerufen am 05.01.2012).

Willke, H. (1995): Systemtheorie III: Steuerungstheorie. Stuttgart.

Wippermann, C. (2011): Haushaltsnahe Dienstleistungen: Bedarfe, Motive und Potenziale der Bevölkerung und geeignete politische Instrumente. Berlin. http://www.bmfsfj.de/ RedaktionBMFSFJ/Broschuerenstelle/Pdf-Anlagen/haushaltsnahe-dienstleistung,property=pdf,bereich=bmfsfj,sprache=de,rwb=true.pdf, zuletzt abgerufen: 17.11.2011.

Wittmann, S./ Rauschenbach, T./ Leu, H. R. (2011): Kinder in Deutschland. Eine Bilanz empirischer Studien. Weinheim/München.

Zimmer, A. (2007): Vereine – Zivilgesellschaft konkret. Wiesbaden.

Zeman, P. (2005): Altenpflegearrangements – Vernetzung der Netzwerke. In: Otto, U./ Bauer, P. (Hrsg.): Mit Netzwerken professionell zusammenarbeiten, Band II – Institutionelle Netzwerke in Steuerungs- und Kooperationsperspektive. Tübingen.

Abbildungsverzeichnis

Abb. 1	Standorte der Mehrgenerationenhäuser in der Bundesrepublik Deutschland	14
Abb. 2	Sieben zentrale Handlungsfelder im Aktionsprogramm Mehrgenerationenhäuser.	17
Abb. 3	Untersuchungsschritte der Wirkungsforschung	20
Abb. 4	Schwerpunktanalysen der Wirkungsforschung	24
Abb. 5	Das „ideale" Mehrgenerationenhaus: Organisationsstrukturen und Prozesse zur wirksamen Steuerung	35
Abb. 6	Anzahl an Partnern der Mehrgenerationenhäuser	44
Abb. 7	Beitrag der Kooperationspartner in den Mehrgenerationenhäusern	46
Abb. 8	Art der Kooperationspartner der Mehrgenerationenhäuser	47
Abb. 9	Anteil der Mehrgenerationenhäuser mit mindestens einem Partner aus verschiedenen Gruppen	53
Abb. 10	Art des Beitrags der Kooperationspartner in den Mehrgenerationenhäusern	54
Abb. 11	Ansätze zur Stärkung von Generationenbeziehungen	61
Abb. 12	Schaffung von offenen Räumen für die Begegnung der verschiedenen Generationen (Prozessdarstellung)	62
Abb. 13	Generationenübergreifender Kompetenzaufbau und Wissenstransfer (Prozessdarstellung)	64
Abb. 14	Kontakthäufigkeit zwischen den Generationen	65
Abb. 15	Kontaktwunsch zwischen den Generationen	66
Abb. 16	Unterstützung füreinander (Prozessdarstellung)	67
Abb. 17	Art der Begegnung in den Mehrgenerationenhäusern	68
Abb. 18	Begegnungsart nach Altersgruppen in Angeboten	69

Abb. 19	Strukturelle Verbesserung im Umfeld (Prozessdarstellung)	69
Abb. 20	Ansprache Freiwillig Engagierter	76
Abb. 21	Bewertung der Bedeutung von Aktivitäten der Ansprache Freiwillig Engagierter	77
Abb. 22	Gründe für ein Engagement im Mehrgenerationenhaus	78
Abb. 23	Anreize zur Motivierung Freiwillig Engagierter	82
Abb. 24	Anteil der Aktiven und der Angebote je Mehrgenerationenhaus nach Regionstypen.	89
Abb. 25	Verteilung der Aktiven nach Regionstypen	90
Abb. 26	Art der Kooperationspartner nach Regionstypen	91
Abb. 27	Unterstützungsformen von Kooperationspartnern nach Regionstypen	92
Abb. 28	Anteil der unterschiedlichen Dienstleistungsarten 2008 und 2011	106
Abb. 29	Anteil der vom Mehrgenerationenhaus selbst erbrachten Dienstleistungen, die sich an spezielle Zielgruppen richten	107
Abb. 30	Anteil der verschiedenen Inhalte an den Vermittlungsangeboten, Mehrfachnennungen möglich	110
Abb. 31	Anteil der Häuser nach Art der angebotenen Leistungen	111
Abb. 32	Anzahl der Kinderbetreuungsangebote 2008 und 2011	117
Abb. 33	Anteil der Mehrgenerationenhäuser mit Kinderbetreuungsangeboten 2008 und 2011	117
Abb. 34	Arten der Kinderbetreuungsangebote in den Mehrgenerationenhäusern	118
Abb. 35	Arten der Kinderbetreuungsangebote in den Mehrgenerationenhäusern – Ost- und Westdeutschland	119
Abb. 36	Arten der Kinderbetreuungsangebote in den Mehrgenerationenhäusern nach Regionstyp	120
Abb. 37	Verteilung der Arten von Kinderbetreuungsangeboten nach Ursprungstypen	121

Abb. 38	Anzahl der pflege- und demenzbezogenen Angebote in den Mehrgenerationenhäusern nach Ursprungstyp	134
Abb. 39	Anzahl der pflege- und demenzbezogenen Angebote in den Mehrgenerationenhäusern nach Regionstyp	135
Abb. 40	Wahrscheinlichkeit mindestens eines pflege- oder demenzbezogenen Angebots/Logit-Analyse	136
Abb. 41	Ansätze der Arbeit mit Pflegebedürftigen/Demenzerkrankten und ihren Angehörigen	137
Abb. 42	Aspekte der Nachhaltigkeit politischer Programme	146
Abb. 43	Anteil unterschiedlicher Finanzierungsquellen am Gesamtbudget, Haushaltsjahr 2010	153
Abb. 44	Zentrale Faktoren auf Programm- und Einrichtungsebene zur Erreichung von Nachhaltigkeit	162
Abb. 45	Zentrale Faktoren auf Programm- und Einrichtungsebene zur Erreichung von Nachhaltigkeit: Berücksichtigung der Faktoren im Aktionsprogramm Mehrgenerationenhäuser	165

Tabellenverzeichnis

Tab. 1	Anteil der Ursprungseinrichtungen beziehungsweise Prototypen an den Mehrgenerationenhäusern	15
Tab. 2	Regionstypen und ihre Definition	24
Tab. 3	Beziehungsebene und Notwendigkeit der Zielverständigung in interinstitutionellen Netzwerken	48
Tab. 4	Längsschnittanalyse – Entwicklung des Generationenindex	62
Tab. 5	Gegenüberstellung Freiwilligenbegegnungsstätte und Freiwilligendrehscheibe	82
Tab. 6	Beitrag der Kooperationspartner nach Regionstypen	93
Tab. 7	Abgrenzung der Betrachtung von Dienstleistungsarten	102
Tab. 8	Arten pflege- oder demenzbezogener Angebote	131
Tab. 9	Spannungsfeld zwischen Kosten und Nutzen einer breiten Projekt- und Programmfinanzierung	157
Tab. 10	Nachhaltigkeitspotenzial der Mehrgenerationenhäuser nach Nachhaltigkeitstypen	178